U0446735

财政学
名著
丛书

公共财政研究

A Study in Public Finance

〔英〕阿瑟·塞西尔·庇古 著

王建伟 译

创于1897　The Commercial Press

Arthur Cecil Pigou

A STUDY IN PUBLIC FINANCE

London MacMillan & Co Ltd, New York St. Martin's Press 1960

本书根据伦敦麦克米伦公司纽约圣马丁出版社 1960 年版译出

专家委员会

杨志勇

范建鏺　范子英　贾俊雪

吕冰洋　李　明　刘　晔

毛　捷　邢　丽　石绍宾

目　　录

序言 ………………………………………………………………… 1

第一部分　总体关系

第一章　前言 ……………………………………………………… 4
　　第1—4节　尽管在现代社会中，公共财政主要是通过货币来实现的，但货币交易并非公共财政的实质：物质层面的多样性往往是形式相似性的基础和成因。

第二章　补偿原则 ………………………………………………… 7
　　第1—3节　虽然，一般来说，政府以通常的方式购买它们所需要的物品，但对于不可再生产的物品和马上而且大量需要的可再生产的物品，政府有时不得不采取以专制性固定价格强制购买的办法来获得。
　　第4—6节　在确定补偿款项的购买价格时，政府的指导原则应是不同的人应该被同等对待——除非他们在相关的方面体现出异质性。
　　第7—11节　这一原则的应用所针对的是征用一般类别中的特定物品，既适用于稳定条件也适用于不稳定条件。
　　第12—18节　更困难的问题是如何将之应用于整体类别当中。
　　第19—21节　讨论了由于敌对行动和灾难性货币贬值所造成的损害的赔偿问题。

第三章　政府转移性支出与非转移性支出 …………………… 23
　　第1—3节　将政府非转移性支出与转移性支出进行了区分。非转移性支出是指政府为维护自身利益或者为偿还外债利息而实际消耗资源的行为。

第4—8节　讨论了这一区分的一些意义。

第9节　列出了英国预算中转移性支出在不同时期所占的相应的比例。

第四章　公权部门商业经营中的财政 …………………… 28

第1—2节　既然公共权力部门的运营与服务可以通过收费来提供经费，那么就要决定：在什么情况下，这种财政方式才是可取的。

第3—5节　由税收提供资金的无限量免费供应，只有在对刚性需求的商品和服务（例如医疗护理）不造成大量浪费的情况下，才是可行的。

第6节　而免费供应加上配额供给，对于很多类服务来说，都是难以施行的。

第7—8节　在一些特殊情况下，或是在收费极不方便的情况下，免费供应可能是可取的。

第9节　但，一般来说，当政府向个体提供特定用途的商品或服务的时候，应该收取费用以包含生产成本。

第五章　政府支出的范围 …………………………………… 35

第1—2节　政府支出的非强制部分（即不是根据过去的合同确定的），应该适当参照为其筹集资金所带来的负担，再行确定。

第3—5节　边际成本与边际回报之间的平衡，这一概念可以帮助阐明这一问题。

第6节　但是，必须允许税收当中存在强制性因素，尽管这类因素可能会对经济福利造成间接损害。

第六章　战争以外的贷款 …………………………………… 40

第1节　一般来讲，人们的共识为，经常性开支应由税收来支付。

第2节　而有偿公共工程的支出则由贷款来解决。

第3节　真正的问题在于无偿的偶然性支出。

第4节　人们一度认为，税收融资是现在的负担，而贷款融资是未来的负担；因而，选择的方式应取决于现在和未来分别从该支出中获益的程度。但其实并非如此。

第 5 节　这一问题并不是代际公正的问题，而是技术上方便、政治上可行的问题。

第二部分　税收收入

第一章　税收原理 ·· 46

第 1—8 节　讨论了最小总牺牲原则和同等牺牲原则作为税收根本原则的对立主张；并得出结论：从实际出发，最小总牺牲原则可被视为税收唯一的最根本原则。

第二章　赋税方案与赋税规则 ······································ 52

第 1 节　每一个赋税方案都由一条或多条赋税规则组成；每条规则都包含一个课征对象和一个赋税函数；赋税函数将该课征对象的数量与该对象相关持有人所应纳的税额关联起来。

第 2 节　课征对象一般来说是一笔款项，但也不尽然。

第 3—6 节　研究了不同形式的赋税函数。

第 7 节　实践当中，政府只能采用广泛适用的赋税规则；除通用规则外，不能对纳税人进行区别对待。

第三章　不同赋税规则的相互作用 ·································· 59

第 1—5 节　区分并讨论了一种赋税规则可能影响其他赋税规则的税收额的几种方式。

第四章　最小牺牲原则与赋税分配 ·································· 63

第 1—2 节　解释了何谓排除赋税宣告这方面的影响。

第 3 节　赋税分配方面的影响只有在将赋税方案作为整体考虑时才有意义。

第 4—5 节　如果税收当中的所有牺牲都是立即的直接牺牲，那么排除赋税宣告的影响，以所有纳税人为对象的均等边际牺牲税制可以实现最小牺牲原则。

第6—9节　然而，鉴于对富人征收重税所造成的对资本积累的影响，以及对穷人征收重税所带来的对效率的影响，这种机制实际上不会促进最小牺牲。

第10节　因而，需要一种对富人和穷人都不那么严苛的机制。

第五章　最小牺牲原则与赋税宣告 …………………………… 71

第1—4节　在任何同等收入的群体中征收给定的税额，如果赋税规则（以收入为课税对象）能够更多地扩大劳动或者说更少地缩小劳动，而不是相反，那么，牺牲就会较小。

第5节　从这个角度来看，在低税率与高税率之间，如果两种税率所产生的岁入相同，那么低税率要优于高税率。

第6—8节　对于给定的税额，赋税规则的优劣等级为：第一，人头税；第二，累退所得税；第三，比例所得税；第四，累进所得税。

第9节　鉴于大多数人的劳动供给是没有弹性的，有理由相信，这种优劣等级的差异不可能很大。

第10节　但是，当把大幅累进税制应用于风险型企业所呈现的差异时，这一结论得到了修正。

第六章　赋税分配与赋税宣告综合考量 ………………………… 81

第1—2节　由于税收制度必须建立在一般通用性规则基础之上，因此，在实践中，从赋税分配和赋税宣告两个方面都实现最小牺牲的角度来得到最佳结果，是不可能的。

第3节　有些税收从赋税宣告的角度来看是理想的，应该在赋税分配因素允许的范围内加以推行；但是，并非如此理想的税收也是必要的。

第4节　现实社会由收入不等的人组成，因而第五章以收入相等为前提的结论就不见得成立了；不过，即使在赋税宣告方面，累进税也可能要优于累退税。

第5节　在实践中，我们必须主要从赋税分配的角度来考虑最佳方案。

第七章　无储蓄情况下同等牺牲所得税的结构 ················ 86

第1节　尽管没有理由认为同等牺牲税制会符合最小牺牲原则，研究此一税制的结构却可以获得一定的启示。

第2节　同等牺牲税制不能采取商品税方案的形式，而只能采取所得税方案的形式。

第3—6节　作为前奏，讨论了与定义"收入"这一概念相关的一些困难。

第7—8节　在向同等收入人群征税时，应考虑到其家庭财产的差异。

第9节　并且，劳动所得与投资所得应区别对待。

第10—11节　定义了在经济状况相同的人之间征收同等牺牲所得税所需的条件。

第12—14节　根据这些条件，得出了同等牺牲所得税的赋税规则。

第15—16节　可以看到，在有些条件下，该赋税规则成了比例税的规则，在另外一些条件下，成了累进税的规则，还有一些条件下，则成了累退税的规则。

第17—18节　在实际情况下，一定程度的累进几乎肯定是适宜的。

第19节　但是，需要以属于不同税族的赋税规则，来征收不同的税额。

第八章　赋税与补贴——纠正资源错配 ···················· 107

第1节　当私人利益得以自由放任的时候，在不同的职业之间就会发生资源错配的情况，这是由两方面原因造成的：一个是边际社会净产值与边际私人净产值之间的背离，另一个是人们的愿望与愿望实现所带来的满足感之间的背离。

第2—5节　对此予以说明。

第6节　如果出现资源错配的情况，从最小牺牲的角度来看，对过度扩张的行业征税，并以此收益对过度收缩的行业给予补贴，这是有充分的理由的。

第九章　不同支出类别之间的赋税差异 ···················· 114

第1节　假设上一章所设想的调整是不需要的或者是已经进行过的，

那么现在的问题是，征收统一税（不区分个人收入用途）和征收差别税（区分收入用途），哪一种税制才能更好地促成最小牺牲原则？

第 2—18 节　从赋税宣告方面，对该问题进行了详细的探讨；

第 19—22 节　从赋税分配方面，对该问题进行了详细的探讨；

第 23—24 节　从技术与行政成本方面，对该问题进行了一定的说明。

第 25 节　总的结果是，从上述三个角度的无论哪一个来说，有一些差别似乎都是可取的；但是，这三个角度所表明的这几类差别，彼此之间互不相同，并且也不同于务实的政府所可能采取的差别税。

第十章　所得税与储蓄 …………………………………………132

第 1—3 节　英国模式的一般所得税差别化对待（收入的）储蓄（用途）。

第 4 节　总体来讲，这并不符合最小牺牲原则。

第 5—6 节　通过对收入的储蓄部分免税来消除差别化，很可能不会命中目标，而且还可能诱发逃税，而这种形式的偷漏税在行政上是无法应对的。

第 7 节　通过征收针对消费品的综合税来替代所得税，从而间接消除这种差别化，也是行不通的。

第十一章　收入来源的差异 ……………………………………143

第 1—4 节　劳动收入与财产性收入这两大类别"内部"的差别搁置一边，这两大类别"之间"的差异必须予以探讨。

第 5—6 节　如果财产性收入在数量上刚性不变，赋税宣告方面的因素就会指向对其集中征税。

第 7 节　但事实上，财产性收入在数量上并非刚性不变。

第 8 节　尽管对财产性收入免税可以消除英国所得税里面存在的针对储蓄的差别化，但是，在现有条件下，这会迫使劳动所得税率大幅增长，从赋税宣告的角度来看，总的来说，这种大幅增长很可能会造成损害。

第 9 节　而从赋税分配的角度来看，这种大幅增长一定会造成损害。

第 10 节　对于投资收益，在一定年限内予以免税，还有很多需要探讨的地方。

第 11 节　但是，要想大规模应用这项政策，还有不少实际困难。

第十二章　投资所得税与财产税……………………………………151

第 1—4 节　从多个角度对这两种税进行了比较，结果表明，一般来讲，最好采用投资所得税。

第十三章　遗产税与投资所得税……………………………………155

第 1 节　遗产税侵犯"天赋权利"的思想是没有根据的。

第 2 节　遗产税与投资所得税之间的问题主要体现在两者对储蓄的比较效果上。

第 3—9 节　对此进行了详细的探讨，结果表明，这两种对立的获取财政收入的手段，没有哪一个会比另外一个"独具"优势。

第 10—11 节　讨论了里根纳诺计划及其他类似的方案。

第十四章　土地公共价值税………………………………………165

第 1—2 节　从赋税宣告的角度来看，对土地的未改善价值征税是理想的。

第 3—4 节　对澳大利亚和新西兰的做法进行了介绍。

第 5 节　未改善价值等同于马歇尔的"公价值"。

第 6—7 节　讨论了这些税的赋税分配方面。

第 8 节　得出的结论是，如果税额适中、税率适当，这些税总体上是应予推荐的。

第十五章　垄断收入税………………………………………………173

第 1—3 节　在无法防止垄断价格的情况下，有充分的理由对垄断收入适度收税。

第十六章　偶然所得税………………………………………………175

第 1—3 节　对真正的偶然所得征税在赋税宣告方面是理想的，在赋税分配方面也不令人反感。

第4节 英国在两次大战期间征收的超额利润税就是一个例子。

第5节 在正常情况下，偶然所得税只是以土地价值增值税的形式被尝试。

第6—7节 为使上述增值税成为真正的偶然所得税，必须对因总体价格水平和一般利率变化而造成的表面而非真实的价值增长予以补贴。

第8—10节 也必须允许预期增值。

第11节 然而，如果只对15年内价值翻三倍的土地课征增值税，那么完税的增值不大可能包含大量非真偶然所得。

第十七章 国内税的国际反应……………………………185

第1—4节 讨论了税收在驱使资本外流和工作向海外转移方面可能产生的影响。

第十八章 向外国人征对人税……………………………188

第1—3节 大多数政府根据永久居住地和原籍来进行征税。

第4节 由此产生的双重赋税构成了国际资本与劳务自由流动的障碍，这种障碍是反社会的。

第5节 国联任命的专家已经提出了解决这一障碍的计划。

第6节 让外国人为我们的岁入做贡献，这在伦理道德上是站不住脚的——除非有什么正当的理由来这么做。

第十九章 赔款与进出口交换比率（或贸易条件）…………194

第1—3节 本章讨论的是每年以固定额度持续征收的赔款（而不是一次性征缴的赔款）所带来的后果；其假设为：有充足的时间将现有问题解决，从而无论有没有赔款或者征不征税，在任何情况下，都会产生大致相同的生产效力。

第4—11节 首先，明确了"进出口交换比率"这一术语的含义；之后，经过复杂的分析，我们能够指出，在一定的边际弹性下，进出口交换比率分别有利于和不利于赔款（只要该赔款不是过于庞大）

支付国的条件。

第12—13节　结合一些特殊情况，说明了上文所得到的结果。

第14—15节　在现实情况下，进出口交换比率极有可能不利于赔款支付国。

第16节　根据上文提到的几个弹性，得到了一个公式，该公式根据赔款的规模，给出了交换比率的变化限度。

第十九章注释

第二十章　国际金本位制下赔款对价格的影响 ………………208

第1—5节　讨论了价格反应的一个难题，这一难题因1914—1918年大战后德国赔款而引发热议。

第二十一章　赔款接收国从赔款支付国获得的净收益 ………211

第1—2节　讨论了赔款对赔款接收国与赔款支付国间进出口交换比率的影响和后者对前者支付的净收益之间的关系，并得出了净收益额的计算公式。

第3节　一般来讲，净收益会大于赔款。

第4节　给出了一个算例说明。

第二十二章　进出口的统一从价税 ………………………………214

第1—6节　经过初步的解释说明之后，通过与第十九章所进行的类型相同的分析，得出了一个公式，用以表示一国征收一般统一进口税（或出口税）对该国与世界其他地区之间进出口交换比率的影响。

第7—8节　该公式也用以表示该国因此从外国人那里获得的净收益。

第9节　这些讨论并非无源之水，而是与下面这个问题相关：英国能够在多大程度上以进口税的方式向外国人"征税"？

第10—11节　上述各节的分析是针对本书早先几版进行的，前几版后来被发现只适用于某些特殊且极不可能发生的情形。

第12节　借助赔款，无论是小国从大国获得净收益，还是大国从小国获得净收益，这两种情况下的收益额是一样的。但是，以一般进出口税的方式征税，小国就会处于相对弱势的地位了。

第13节 通过征收进口税来产生一定的岁入，显然不能使一个国家像索要同等数额的赔款那样，对外国人施以重税。

第14节 在任何情况下，即便一国拥有通过此类关税向外国人索取净收益的权力，也不代表该国就应该行使这样的权力。

第二十三章 保护性关税 ·················225

第1节 保护性关税既是增加税收的工具，又是阻止竞争性进口的壁垒，因而，很难准确地回答有关保护性关税的问题。

第2节 作为增加税收的工具，它们在某些方面要优于非保护性进口税，在另一些方面则不及非保护性进口税。

第3—5节 经济萧条时期的保护性关税不在本章的讨论范围之内，这里只考虑保护主义与自由贸易作为持续政策的情况。从这一立足点出发，阐明了这些关税有益的条件。

第6节 但是，现实中，能否信任各国政府恰当地利用这些能够为其所用的理论依据，是值得怀疑的。

第三部分　公共财政与就业

第一章　序言 ·················234

第二章　就业、失业与货币工资额的关系（不考虑货币工资率的变化对货币工资额的反拨效应）·········238

第1—7节 经过一些初步的准备之后，探讨了工资额固定不变情况下的就业形势。

第8—9节 探讨了工资额围绕一个固定的均值上下波动情况下的就业形势。

第10节 探讨了工资额持续性上涨情况下的就业形势。

第11节 探讨了工资额在持续性上涨中上下波动情况下的就业形势。

目　录

第三章　货币工资率的变化对货币工资额的反拨效应 ……… 245

第1—2节　一般来讲，货币工资率的变化会带动货币工资额沿着同方向变化，但是，在"正常的货币与银行体系"下，变化的比例要小一些。

第3节　由于工资额的变化反过来又影响工资率的变化，如此往复不断，在收敛级数中，可以看到，上一章所形成的所有结论都保持不变。

第4节　但是如果货币与银行体系受到严格控制，使得货币工资率提高时，利率保持不变，那么货币工资率的提高会导致货币工资额等比例上涨。

第5节　这并没有推翻上一章关于上下波动或趋势变化结果的结论。

第6节　但这的确推翻了下面这条结论，即用来将货币工资额从较低的固定水平推升到较高的固定水平的政策，一般情况下，会被货币工资率的相应变动所抵消，因而变得无效。在这些情况下，此类政策将提高平均就业水平，但代价是持续的货币扩张。

第四章　货币工资率不变情况下货币工资额与货币总支出的关系 ………………………………………………… 250

第1—2节　货币总支出的上升或下降趋势使货币工资额产生与其趋势一致的变动。

第3—7节　在劳动力充分流动的条件下，在所有具有现实意义的例子当中，稳定货币支出就意味着稳定货币工资额，但这并不总是需要扩大其平均规模。

第8—9节　如果劳动力在公共部门和私营部门之间完全没有流动性，那么公共部门将支出从好年景转移至差年景，总支出究竟能不能稳定工资总额，相应地取决于这种转移能否稳定公共部门自身的工资总额。

第10节　如果劳动力在这两个部门之间具有完全的流动性，那么无论是哪种情况，这种转移都必然会稳定工资总额。

第11节　任何促进流动性的措施，都会增加公共部门上述行为从总体上稳定工资总额的可能性。

第12—13节 讨论了一个复杂的问题和另外一点。

第五章 货币总支出与公共财政操作的关系……………257

第1—3节 讨论了所谓"财政部观点"一说,并证明这种观点是不正确的。

第4—10节 详细研究了由借贷提供资金的政府投资对货币总支出可能造成的影响。

第11节 研究了政府部门的借贷转移支付对穷人可能造成的影响。

第12—14节 简要评论之后,研究了上述两种公共财政操作通过税收(而不是借贷)筹集资金可能产生的影响。

第15节 研究了赤字预算的意义和结果。

第16节 讨论了国际贸易关系对这些问题的影响。

第17节 基于一定税率的税收收入会产生回报,而失业救济金的支出也会产生正反馈。本节对相关的影响进行了讨论。

第六章 政府为促进就业而影响货币总支出的主要方式……270

第1—2节 公共财政操作可以区分为两大类:一类是稳定性操作,其目标为稳定货币工资额;另一类是提升性操作,其目标为在稳定货币工资额的基础上将其提升到一个更高的平均水平。

第3—4节 给出了这两种操作类型的实例,其中一些将在后续章节中详细讨论。

第七章 政府部门支出的时机………………………………272

第1—3节 迄今为止,在实践中发挥了最主要作用的稳定性政策是:保持公共支出的波动幅度不变,但使其峰值与私人支出的谷值相匹配;反过来,若私人支出为峰值,则与公共支出的谷值相匹配。并举例说明。

第4节 中央政府可以适当地利用拨款来刺激地方政府按照此类政策采取行动。

第5节 举例说明了此类稳定性政策在不同情况下"成本"的差异。

目　录

第八章　政府采购：经济不景气时购买，经济景气时卖出 …279

第九章　经济景气与不景气时保险费的调整 ……………281

第十章　经济不景气时的工资补贴 ……………………283
　　第1节　在经济不景气时给予雇主支付工资的补贴，在经济好转后却没有予以抵消的措施，会使货币总支出更稳定，总体而言也使货币工资额更稳定，但同时也推高了它们的平均水平。
　　第2—3节　这类补贴可能仅针对特定的行业，或者仅针对得到雇用的额外的员工；但是，这些计划很难实施。
　　第4节　指出了普及工资补贴到各项工业所面临的一些实际困难。

第十一章　学术提炼 ………………………………287

第十二章　一次性扩张货币工资额 ……………………289

第十三章　趋势的运动与变化 ………………………291
　　第1节　由于工资率反应的滞后性，政府采取的任何使人均货币收入呈上行趋势的行动，至此为止都会改善失业率。
　　第2节　当独立趋势呈下行时，只要总趋势还没有转为上行，这些行动就不会产生难以避免的不良后果。
　　第3—4节　有证据表明，在战间期，本国趋势略呈下行。
　　第5节　使总体趋势适度上行的公共财政操作也不大可能产生难以避免的不良后果。
　　第6节　但是，快速而猛烈的上行趋势有引发恶性通货膨胀的危险。
　　第7节　借助足够强健的扩张主义政策很可能会达到接近于实现充分就业（除了摩擦性失业等情况）的状况；但并非没有风险。

索引 ………………………………………………297
译后记 ……………………………………………352

序　言

1921年，我出版了一本书，名为《战争政治经济学》，其中有几章是关于战争财政的。到1928年、1929年，本书的第一版和第二版准备出版时，《战争政治经济学》已经绝版，因此，将上述几章内容列入本书，似乎并无不妥。在本次大战爆发之际，人们要求修订《战争政治经济学》，当然，相关的讨论都是必需的。鉴于此，我并未将之包括在目前新版本的《公共财政研究》里面。是故，窃以为这两本书在内容上已无重要重叠。

关于银行信贷融资、战争债与特别税的余殃，这几章内容已经过时，故而在新版中不再赘述。而希克斯教授（Professor Hicks）、希克斯夫人（Mrs. Hicks）和罗斯塔斯博士（Dr. Rostas）在《战争财富的赋税》一书中所进行的非常深入的研究，也消除了重写后面几章的任何理由。

新版对第一部分的部分内容进行了重新编排和修改。对于第二部分"税收收入"，根据1932年12月发表在《经济学杂志》上的一篇文章，增加了三章（第十九章到第二十一章）新的内容；同时，其他一些章节，特别是第九章和（目前的）第二十二章，也做了很大的改变，我希望这种改变能带来实质性的改进。第三部分简要论述了失业政策与公共财政的关系，这一部分为新增内容。

罗伯逊教授（Professor D. H. Robertson）非常亲切地通读了本书的打印文稿，当然，他对本书的内容并不负有责任。

阿瑟·塞西尔·庇古
于剑桥大学国王学院
1946年3月

第一部分 总体关系

第一章 前　言

§1 每一个成熟社会，都有某种形式的政府组织。这种政府组织不见得会代表该社会形态所有成员这个整体，却一定会对该社会形态中每个个体都具有强制性权威。一般来讲，政府组织由两部分组成：一是中央政府，掌握大权；二是数个地方政府，也握有一定权力。不管是中央政府，还是地方政府，其统治权威都被赋予一定的职能与责任。个中详情，因地而异。但这些职责都离不开支出，因此，也就离不开赋税。

§2 在现代社会中，实现这些过程，都是以货币为媒介——几乎毫无例外。毋庸讳言，政府有的时候会征收所必需的实物资源。因此，大多数欧洲国家，即使在和平年代，士兵服役也是采取征兵制；现实当中，即便是征用民用劳务，例如保加利亚，也是采用与此相同的方式。在战时，"征用"则趋于扩大到更大、更广的范围。建筑、车辆、马匹、食物储备等等，都可能会被强行征用。在1914—1918年间，第一次世界大战后期，英国政府曾经征用了全国整个羊毛业和全部小麦作物。在最近这次世界大战中，女性，跟男性一样，也成为征用的对象，为国家服役。然而，诉诸此类手段，并非真正替代了资金的使用。应征的人会得到工资，被征用商品的货主则会收到资金补偿。我们所看到的，并非抛弃了金

第一章 前　言

钱这个工具，而是对这一工具的补充——国家强制公众出售商品或者服务，并制定官方价格，以完成整个买卖过程。因此，我们可以认为，作为现代国家的一条通用规则，政府部门对资源的募集和消耗，均彰显于对资金的筹措和支出。

§3 这条规则只有一个例外，却是我们应该注意的。对于接收诸如伦敦港、铁路系统、煤炭业或者酒业等大型企业或者将其国有化的情况，政府一定不要通过税收来提高购买价格，也尽量不要通过发行公共贷款（公债）来提高。政府应该支付给卖主的是有息政府文契，而不是货币。只要他们持有这种文契，他们实际上——尽管并非形式上——就是把有关企业贷售给了政府；如果他们在市场上将文契售出，那么，买方就获得了相关权益。不论是哪种情况，政府本身实际上都不支付货币，而是发行新的证券。

§4 除了这种特殊情况，货币实际上一直是公共财政的工具，不过，公共财政所真正买卖的却并非货币。所谓货币在此只是一纸文书，或者说有价券书，具体体现了对服务和商品的支配。正是这些文书，或者券书，而不是代表它们的资金或者货币，才真正构成了买卖双方的交易对象。当然，这不过是老生常谈，但这种老生常谈其内在含义却复杂得多。除了上文提到的那些特殊情况，再除去铸造新货币，每一个完整的公共财政行为基本上形式类似，如出一辙。比如，政府从公众筹集到一亿英镑，并将之支付给某些特定之人，这笔资金就具有相应的购买力。原先持有这笔资金的那些人，如今失去了这笔资金，就要被迫放弃某些事情，比如一段休闲时光，而这些本是他们在持有资金时可以享有的。政府募集成功之后，要支出这一个亿，这里面也大有文章。显然，纳税人、缴费人、放贷人等等，都有无数方式来调整其购买以及其他行为，来提供这一亿英镑；而这一个亿的支出同样有相当多的方式，并相应地影响不同服务、不同商品的产出。因此，虽然物品层面纷乱繁杂，但最终落脚到资金，却是大同小异。

第二章 补偿原则

§1 在上一章第 2 节，我们提到，政府部门意欲取得某种物品或服务时，一般会支付一定的资金作为补偿。尽管如此，考虑到政府的强势地位而物主并无定价权，这其实与征用并无二致。不过，在现实中，这种情况鲜有发生。原因在于，政府所需要的某种物品或服务的数量，与该物品或服务的生产能力相比，通常都是小巫见大巫。因此，如果不是情势非常紧迫，供需所能达成的价格一般不会让任何一方获得超额利润。比如说，政府在一般情况下"征用"载重汽车或者办事人员，就是毫无意义的，因为政府的支付不可能比市场价格低很多；而另一方面，政府不必征用即可以市场价格获取相应的资源和人员，政府何乐而不为呢？但是，这里面确有两个例外。

§2 第一，政府可能会决定全盘接收某种"现有资产"，其再生产，即便不是完全不可能，也可以肯定地说将是极其浪费的。政府全盘接收的目的是希望今后自己经营这些资产，或者政府认为将该项资产全部充公对日后执行某个庞大的计划至关重要。因此，假设政府希望永久性地或暂时性地将铁路、电话、酒店国有化，那么，为达此目的，政府就要从所有现持有者那里买断这些资产，或者与其达成租赁协议。这里，政府要面对的是拥有垄断力量的卖方。除非政府能够借助法律将其掀翻，否则，恐怕就得被迫支付一大笔资金，垄断者就能因此获得远超其预期或其资产真正所值的收入。这样一来，就等于公众都在为垄断者支付赎金了。同理，为了促进铁路建造，为了建设小块农地，或是出于其他社会目的，政府需要"特定的几块"土地。再一次，政府要面对垄断力量。除非政府能够利用法律强制执行，否则，要么是这些对社会有益的建设无法实施，要么是被诈取十分离谱的资金。这些情况下，官方定价、强制收购，就成了最为明智也是唯一的解决之道。如果政府决定永久性地或暂时性地将煤矿、地租、矿采特许等"所有"产权收归国有，也会碰到同样的问题。既然政府需要"所有"产权，那就不存在市场定价行为，因此，除非有强制措施，一些卖主可能就会挺身而出，正如垄断者所为，要求不合理的价格。

§3 第二，政府可能会突然需要非常大量的物品，尽管这些物品通常都是可以再生产的，但其生产却需要相当长的时间。这时候，政府就会希望利用全部现有存货。如此庞大而又紧急且远远超出现有生产能力的需求，往往只有在战时才会发生。马匹、汽车、某些种类的食品、特定类别的外国证券，等等，一夜之间，有多少需要多少。市场价格——甚至于远高于市场价格的价格——也不能促使"全部"货主"马上"出货。即使其中有些货主最终一定会出货，也不会选择现在就出货；而另外一些货主则要价要得离谱，根本不会以任何合理的价格出售。本质上来说，这种情况和上一节所讨论的情况别无二致。一旦政府所需要的潜在的卖主处于一种格外强势的地位，那么，在政府强制手段缺失的情况下，这些卖主就会要挟、敲诈，从而导致延误，致使公众利益受到极

第二章 补偿原则

大危害。

§4 因此，鉴于以上各种情况，我们必须考虑当政府强行购买某项物品及服务的时候，究竟要依照什么原则才能合理地制定采购价格（如果确有采购价格的话）或者给出补偿金额。对此，意见分歧很大，其中有几个要严格加以区分。在此，首先澄清一个普遍的看法：如果物主因放弃某项特定的财产权利而未得到适当的补偿，人们往往冠之以"掠夺""抢劫"等字眼，暗指这里面一定有什么猫儿腻或者非法勾当。可是，财产权乃是律法之子，而律法本身即为公共政治权利的缔造者。因此，除非有一部高于一切的成文法，否则，就其公民迄今为止一直享有的财产权而言，无论主权政府作何处理，都不可能存在"违法"的问题。这一点是显而易见的。比如，英国议会以正当的程序通过了一项法规，该项法规剥夺所有红发人，或者某个特定的红发人，一切财产权或某项特定的财产权。这项立法可能会令人生厌，但却不太可能是违法的。因此，将诸如"掠夺""抢劫"之类的字眼用于描述主权政府的行为，是不恰当的。此类字眼强调"强行剥夺"或者"以欺诈的手段攫取"某人合法享有之物。如果公权部门遵从正当的程序，他们绝不会如此行事：撤销其自身创造的一项权利；同时，从合法性的角度上讲，又不会给人以口实。一个个体侵占另一个个体的合法权益，与公权部门撤销该项合法权益，这二者的性质是截然不同的。因此，任何将其混淆的措辞都应加以避免。

§5 补偿最根本的问题是公平原则。这一原则最朴素的形式就是"相同的人要受到同等对待"——不论是由公权部门，还是由任何其他人。西奇威克（Sidgwick）认为直觉赋予我们对公平的认知。这种观点意味着：如果有一个特定的私利（私人的利，private good，注意此处并非指具象化的利益、好处、好事）集合，可以分配给两个或多个完全相同的人，那么，当这笔私利在他们之间平均分配的时候，一个新的元素——公利（公共的利，public good）——就产生了。现在，某些伦理哲学家秉持这样的观点：利之全部要素乃在于人之意识状态。如此而言，公平所反映的却是意识状态之间的关系，因而显然不能成为利本身的要素；同时，如果不考虑其效果，利也不具有道德的价值。这个问题至关重要，但就本章而言，还不必对此详加阐述。因为，即使不认同西奇威克所主张的"公平本身即为利"，我们也还有其他的考虑，足以确立经济活动中的公平原则。首先，如果两位同等富有、同等秉性之人必须共同拿出1000英镑，那么根据效用递减规律，最佳的办法就是两人各拿一半，任何其他的分配比例都不会是最小伤害。其次，如果以任何其他比例进行了分配，付出多的一方就会认为受到了不公平待遇，这本身就是恶。第三，如果给不同的人以不平等的待遇却又没有充分的理由，那么就会产生一种普遍的不安全感，因为人人都会认为自己会成为下一个牺牲品。这等于鼓励人们不要努力工作、不要努力储蓄以获取并占有耐用物品，从而间接地打击资本的积累；这比依照某种可理解的、非武断的计划来收取同等数额资金的做法所造成的打击要沉重得多。我们大可以认为，就目前所讨论的目的而论，上述这些考虑足以确立公平的原则，并且基础牢固。

§6 哀哉，这一原则，其基本形式虽如上文所述，却无法投入实际运用，因为在现实生活当中，根本不可能找到两个完全相同

第二章 补偿原则

的人。因此，上述原则就要扩大为"不同的人应该被同等对待——除非在相关的方面体现出异质性"。理论上讲，这个定义似乎毋庸置疑。但是，所谓"相关的方面"却带来了一个棘手的问题：因为我们必须决定哪些异质性是属于这种"相关的方面"，而哪些则不属于。作为最后一招，我们只能针对具体的个案就其具体的环境径行做出判断。不过，通过对更为一般的情况进行初步的探讨，这种径行判断还是可以有章可循的。为此，我们有必要区分如下两种情况：一是征用个人拥有的同一门类下的少量物品，二是征用同一门类下的全部物品，后者还包括该类物品只有一种的情况。我们首先来考虑征用同一门类下的特定物品，并且征用的时机是在一般形势都很稳定的情况下。

§7 在形势稳定时期，确定物品的门类属性不是件难事。比如，毫无疑问，汽车有多种类型，于是，可能就会产生这样的疑问：某辆车究竟是属于"通用车辆"一类，还是说它"自成一类"？不过，既然我们假设是在"一般条件都很稳定"的情况下，那么，不同类型车辆的拥有者之间的关系就是稳定不变的。因此，对车辆类别的划分尽可见仁见智，在此都差别不大；对于常识或一般用途所认可的分类也不必吹毛求疵。至此，我们可以对所述问题加以举例说明：比如，要征用某些特定的地块儿，这些地块儿恰好位于拟修建铁路的必经之地，或者特别适合于小型地产（无论是由公权部门全部接管还是强行租赁）；再比如，征用马匹、草料，或者征用建筑以驻军，等等。公平原则清楚地表明，对待这些特定物品的拥有者，政府行为不应该使其比类似物品的类似拥有者蒙受更大的损失。这些人应该获得足够的赔偿，以避免此类事情的发生。

§8 可能有人认为这种处理方式过于简单了，真正的公平要求我们还要考虑财富、家产，甚至相关人等的年龄。其实不然，因为这些因素其实是与纳税额高度相关，抑或是在补偿原则不适用的某些困难的情况下，体面地发放抚慰金时所应该考虑的因素。但是这些因素与公平原则的适用性并不相关（就上例而言），与征用了某些人的土地或者汽车是否应该做出补偿无关。补偿已婚人士而不补偿单身人士，补偿穷人而不补偿富人，都将是"不公平"的，因为，我们必须相信，这些方面的差异性在评估一般税时是早已经考虑过的了。在规范赔偿额时若还要再考虑这些因素，就等于双重赔付了——所谓一罪不能二罚，是也。同理，我们在对某一般类别中的特定财产征税时，与该类别整体特征相关的考量也都是不相关的。如果坚持认为该类别有特殊负担应纳入评估，那么，这也应该由税收来完成，以作用于整个类别，而不是任意作用于该类别内的特定物品上。当特定物品被征用之时，基于该类别（比如酒业许可证）的性质，确实可以认为补偿不应出自于"一般"基金（general fund）。但，这一点与向物主支付补偿并无不相容之处，因为补偿可以由所涉及类别的全部物主（包括被征用项目的物主）所筹集的资金来完成。

§9 就目前考虑的情况而言，补偿原则已经确立。不过，仍有一个问题：补偿的额度还没有界定。有了补偿额才会使被征用了田地或者汽车的人与未被征用（类似的）田地或汽车的人处于同等的地位。假设被征用之物为七包1号红冬麦，所要求的付款金额显然就是这些红冬麦的市价。这笔款项足以弥补被征业主的损失。

因此，除了他们需要承担的那部分用于提供补偿金的赋税（这使之与其他人并无二致）之外，他们不会受到丝毫影响。但是，某块特殊的土地或者一座房子，甚至于一辆汽车，对于持有者来说，可能具有远高于市场价值的某种特殊价值。放弃这些价值，意味着他会损失"他自己"所估计的一万块钱，虽然市场估值只有两千块钱。在这种情况下，应该以什么价值作为赔偿的基础呢？公平原则认为：货币代表了财产权对其所有者的特殊价值。这是因为如果采用市场价值，比起其他人，那他就真是损失巨大了，而这种损失仅仅是因为他恰好拥有该项财产。不过，这一结论在应用于实践之前必须加以限制。如果该块土地或者该座房子对于持有者的特殊价值在于其良好的商誉（例如，某个商店，大家都认识店主），那么这种商誉不必太过费力就能被衡量并计算在赔偿金里。但是，如果其特殊价值是在情感等方面的话，可就没有这种客观估值了，因此也就无法予以充分考虑。我们只能退而求其次，进行大致判断，予以适当弥补，比如以高出市值10%的价格来进行精神补偿。

§10 当一般条件不再稳定的时候，就要面对更为棘手的问题了。假设我们现在要处理的问题不存在上一节中提到的难题，这样，在正常情况下，市场价值足以确切地给被征用人以合理的补偿。在正常情况下，这一市场价值大致对应于生产成本，因此，其支付也就同时维持了被征用人相比于如下三种人的地位：一是相比于其他持有相同财产的人；二是相比于其他持有不同财产的人；三是相比于财产被征用之前的他们自己。然而，在动荡时期，情况则并非如此。有三件事可以体现出公平：与其他相同财产的持有人对等；与其他不同财产的持有人对等；与财产被征用之前的自己对等。其困难之处，我们可以从下例中一窥究竟。在1914—1918年一战期间，英国政府曾从私人手中征用民船——注意，并非征用所有民船。未被征用的船主，无论是与其战前相比还是与其他大多数财产拥有者相比，都大获其利。那么，被征用的船主是否应该照此给予补偿呢？事实上，英国政府是按照战前蓝皮书中的价格予以补偿的，其参考系为这些船主在战前的经济状态；但是，由于政府没有为货币购买力的下降提供补贴，这些船主实际上的损失要远大于这些补偿。对于普通人而言，除了没有考虑到货币价值的变化之外，这种安排不可谓不公平。本来就是嘛，凭什么某个特定的船主不过是失去了一个获得意外之财的机会，他就应该得到那般的补偿？就因为别的船家发财了？那要是反过来，船的价值不是暴涨而是暴跌呢？政府以战前的价格来补偿征用的船只，这些船主相比那些未被征用船只的船主所享有的价格就要比目前的价格高得多，这难道就是合理的吗？这里，普通人的想法看似在于：在动荡年代，补偿条款应足以防止被征用者享有在征用之外可能获得的意外之财；如此便可，但同时，也不能拯救被征用者遭受在征用之外可能受到的意外之灾。这种观点缺乏逻辑对称性，但却是大多数研究者——包括本作者——倾向于采纳的观点。

§11 另外，还有一种特殊情况需要考虑，也与动荡年代相关。假设国内某地爆发了叛乱，并且为了平叛，政府需要征用那里的机动车和房屋设施；或者，更甚于此，政府不得不如此，因为该地区已经遭受了外敌入侵。这种征用总体上讲是一种偶然事件，

第二章 补偿原则

而且征用是否应予以补偿的问题必须取决于叛乱或者入侵对该地区其他财产拥有者所造成的损失是否予以补偿。如果政府无法或者不愿对这种损失做出补偿，那么也就没有理由对由于征用而造成的损失予以补偿。同样的考虑也适用于，比如说，对未受破坏的房屋的征用，以应对地震中几无完卵所造成的危难。除去上述这些特殊情况，我们可以认定，对于一般类别内的特殊物品的征用，其补偿之道应该是：未被征用者既已免受征用之苦，则应勿使被征用者由于征用而蒙受损失。

§12 现在，我们来探讨一下某类（或几类）物品全部——而不是某个类别下的特殊物品——被征用的补偿问题。从某个方面来说，这个问题等同于下述问题，即针对某类别之内被征用的个体，其补偿是否应该（或者说，在什么情况下应该）由整个社会所纳的赋税来提供，而不是仅限于该类别内成员所纳的赋税？在前一种方案下，由于某类别中的一些成员被征用了，因而整个类别所受的损失都得到了补偿；但后一种方案则并非如此。前一种方案可以参见前面所探讨的1914—1918年间征用船只的例子；后一种方案则可见于《贝尔弗酒业许可法案》，其中通过对未被征用（酒业）持证人征税，设立了被征用持证人补偿基金。我们需要弄清楚这些竞争性政策各自的适用条件。

§13 第一，就某类别之内特定物品的征用行为而言，不论是征用行为本身导致的还是由于某项政策导致的该类别其他物品增值，政府都有充足的理由向那些受益物品的持有者征收补偿金税。因此，假设国家征用一块土地用以修建通往城郊的有轨电车，从而带来周边地价的升值，那么，显而易见，周边土地的所有者就应该出点血。同理，如果竞争对手被强行关张，那么临近获益的执业酒店就应该付出点代价。这就是增益－付出原则（the principle of betterment）。理论上讲，其公平性无可争议；但在一些情况下，由于无法准确地确定究竟是谁获得了增益、获得了多少增益，因此，在实践中，我们根本无法将此原则付诸应用。

§14 第二，如果某一类别（其中部分被征用）整体上获益颇丰，那就有充分的理由从该类别收取补偿金，即使其获益并非来自于征用政策。这样看来，1914—1918年间被征用船只的费用很可能就是从向未被征用船只所征的特别税获得的。这样一种安排，如果在实践中能行得通，几乎肯定会迎合普通人眼中的公平；以战前价格来征用一些船只，被视为部分地抵消了船业整体的财源滚滚，但即便如此，获利之巨也不容小觑。

§15 除了这些特殊情况之外，原则上，没有理由将补偿特定被征用成员的负担加之于该类别所有成员之上，除非能够证明该类别整体应该承担比现有国税或地税制度下所负担的更大的责任。一种颇能说明这个问题的例子就是某个类别整体——不论该类别只有一个成员还是有很多成员——全部被征用的情况，比如，征用私有铁路公司、电话公司、版税所有者、一般土地所有者、奴隶主、封建权利所有者、腐败选区*拥有者，等等。在此，我们不必再行探讨由动荡年代所带来的那些困难，也不必再行研究因某些物品对于其现有者的特殊价值所产生的难题。除了这些困难和难题之

---

* 腐败选区（rotten borough）在英国历史上指《大改革法案》（1832年）通过前选民锐减但选区未做调整而仍在议会占有议席的选区。这些选区通常由地主（landowner）或贵族（peerage）控制。"rotten"含有"腐败"和"影响力下降"之意。——译者注

外，我们还需考虑：上述情况所支付的赔偿金是不是能够将被征收类别的物主与未被征收的其他类别的物主放到同等的地位？被征收的类别是否有某些相关的特性致使政府有权不予其全额赔偿，甚或根本不必支付任何赔偿？

§16 某些（财）产权的法律地位是有缺陷的。由于酒精饮料销售许可证的持有者不具备续签以更新其许可证的合法权利，这样，拒绝续签并不意味着剥夺任何合法权利。由此之故，有人认为所谓补偿便无从道来。我则不以为然。我认为"合理的预期"（reasonable expectation）较之于法定的权利更为重要。因此说，既然自其伊始所有的许可证就一直得到更新，那么，缺少法定权利就不过是一个技术问题了。当然，这不是说，拥不拥有法定权利，其补偿都应该完全相等，因为一般来讲，如果只有惯例（而没有法定权利），许可证续签的合理预期只会更小而不会更大。当然，其大小将会反映在"权利"的市场价值当中；因此，除本章第18节将会探讨的情况之外，补偿最高达到该市场价值是合情合理的。

§17 拒绝赔偿的理由有时是基于某些权利产生的方式。关于土地与矿产特许权国有化方面的提议都采用了这种论点。它们认为这些东西本来就从不应该成为私有财产权利的一部分。其他财产都是人类劳动和等待而获得的硕果，而矿藏和土地却是天赐之礼。因此，这种观点认为，它们理当被征用而不给予补偿，它们应当被恢复到与这个国家未发现的金银相同的法律地位。而今，究竟应否允许土地和矿藏落入私人之手仍备受争议。但事实上，它们已然如此，其现在的拥有者也是通过购买或者继承而得，这与其他人购买或者继承其他财产是一个道理。征用这些人而无补偿，征用其他人而有补偿，这会造成严重的不平等。举例来说，假设恰恰就在新的法律被颁布之前，某甲以价值十万英镑的土地向某乙换得价值十万英镑的战时公债。这时候征用土地对甲可以说毫发无损，而乙却搭上了全部身家；尽管就在一刻之前，甲才是土地的拥有者，而乙并不是。这种不公平是显而易见的。主张予以补偿的观点自身即表明土地是市场化的商品，其主要的说服力正源于此。一个人过去一直以来便享有某种不正当的权利（倘若这种权利本身毫无辩护余地），仅凭这一点是不能继续享有这种权利的。但是，这种东西却一直沿袭了下来，并且在现实生活中经常转让出售。因此，"总体来说"，我的结论是特定类别的产权来自于遥远的过去，其起源与应否得到补偿无关。

§18 如果与某类产权相关的活动被认为是反社会的（但迄今为法律所允许），那么这一点更为棘手。这种诉求并不适用于国家提出要买断特定类别的全部产权并依然按照其原来运作的方式进行运作的情形，因为从国家方面来讲，这一意图"意味着"国家认为所涉活动并非反社会，[①] 例如，国家购买私人拥有的铁路或者电话公司。然而，如果国家寻求摧毁某一类财产权，而不是将其转归国有，那么，这里的假设就是国家确实认为与该项权利相关的活动是反社会的。在这类情况下，主张给以补偿的一方强调该活

[①] 有人认为，如果是国家接管来经营的话，那么补偿的力度就会加强，因为会有一项基金保障补偿金的支付。但是，除了从预算技术这一相对来讲不甚重要的角度来看，这方面似乎没有什么特别起眼的地方；因为如果国家决定废止而不是进行运营的话，这意味着国家期望以这种方式来把最终的福利"基金"池子做得更大。

动迄今为止是合法的，人们对其投资、依法行事，对这些人予以打击而对其他同等合法企业的投资人则听之任之是不公平的。而反对给予补偿的一方则指出，如果因为废除某项权利就给予其补偿，那么，随着这种反社会而合法的行为被禁止，就会制造出对补偿的预期。因此，人们就会受到鼓励，从事比以前更多的反社会的投资，因为以前的情况是要么肯定不会有补偿，要么是吃不准到底会不会有补偿。可能有人认为，由于是以"市场价值"进行补偿，这种影响不具有持续性，因为市场价值充满了不确定性。但这种观点是虚妄和错误的。一旦事先宣布在征用情况下将以市场价值予以补偿，这种不确定性就会被消除，进而，市场价值就会基于这种确定性，而非不确定性。因此，在一个孤立的情况下，当对补偿前景不确定的事物决定征用时，市场价值可能是最"直接"而适当的依据；但是，尽管如此，考虑到对其他反社会活动的市场价值的影响，这恐怕不是"最终"适合的依据。在此，应该注意，我们的探讨对下列两种"权利"被剥夺的情况并不完全适用：其一，外力暂时使得某项权利变得反社会，例如，由于爆发战争，发布气象报告的权利被认为是反社会的；其二，被剥夺的权利只是最近才被数量可观的人视为反社会。实际上，主张给予补偿与反对给予补偿，双方的矛盾导致了针对不同情况的不同处理方式。因此，在英国，最初提出废除腐败选区的时候，是提议要给予补偿的；但当1932年腐败选区真的被废除的时候，却是没有补偿的。当西印度群岛废除奴隶制的时候，大英帝国议会投票支付两千万对奴隶主做出补偿；但当美国内战之后废除奴隶制的时候，却是丝毫未予补偿。同样，当美国颁布禁酒令的时候，也没有对酒业从业人员做出补偿。一种折中的方案是既要多少减轻一些被征用人的负担，但又不使他们达到倘若未被征用而会达到的那般状态。为此，政府可以支付一定的补偿，比如被征用人在不被征用情况下收入的一半左右。另外一个方法是，政府可以给出一份足够分量的征用声明，比如，以利率5%征用15年，这样一份声明基本等同于负担减半了。

§19 在上述全部讨论中，我们一直关注的是，当政府部门强行占有向为私人所有的财产时，应当做出的补偿问题。但是，政府也常常因由其他方式引起的损失和损害而做出补偿规定。因此，英国，还有其他国家，才会有对工人所遭受的因工伤害进行补偿的规定；二战期间还曾有因空袭遭受损失而得到补偿的财产所有人。与诸如此类补偿相关的问题，不在本书讨论之列。然而，显然上述很多因素都是彼此相关的，比如，由于轰炸造成破坏而带来的损失，其补偿是应该出自一般税收收入呢，还是应该出自对房主征收的特别赋税呢？这一点与本章第12节所区分的情况非常相似。

§20 接下来我们简要谈一点儿另一类型的补偿，这种补偿的必要性——如果其必要性被承认的话——产生于政府的行为，但不是政府的征用行为。1914—1918年世界大战的余波导致德国等国的货币大崩盘，面对这种货币大灾难，在抵住急剧的通货膨胀的冲击之后，受到影响的相关国家必然会发现，其货币单位原本的票面价值，以商品来衡量，跟大灾难之前相比，已经荡然无存了。究竟是像法国那样保留法郎的旧有货币单位，还是像德国那样创造出新的货币单位但却保留旧有的名称——马克，并通过颁布政令

第二章 补偿原则

来将旧的货币以远低于其票面的价值兑换成新的货币，抑或像奥地利那样创造出新的货币单位并且赋予它新的名称——奥地利先令，并如此这般地把旧货币换成新货币……这些都由政府来做出决策。在所有这些情况下，旧货币真正的持有人都处于同等的地位。然而，这只是表面现象而已。货币大灾难之前以及大灾难期间签订的合同，在德国体系和在法国或奥地利体系之下所受到的影响是不同的。在法国或者奥地利体系下，合同所体现的全部价值会按照新旧货币体系转换，按实际价值被缩减；但是在德国体系下，除非颁布法律明确规定，否则只有当新货币单位的实际价值低于合同签订时同名旧货币单位的价值时，这些价值才会降低。不过，事实上，在此类货币贬值最为重要的案例里，即，在德国，旧马克以及以旧马克计价的合同与稳定的新马克之间通过法律找到了共同的基础。因此，在战后所有的货币贬值当中，不管其具体形势如何，以旧货币计价的合同与旧货币一起都相应地贬了值。

§21 最后一点，如果一方在货币实际价值较高的时候将钱借给了另外一方，但是当借款方向他偿还利息或者归还本金的时候，该货币却贬值了，那他显然受到了损失。他的损失究竟有多大得看货币贬值的预期有多大，这样就能计算其合同相应的缩水情况。但如果是灾难性的大崩盘，那么无疑在危机爆发之前及其早期阶段，是不大可能计算折价的；甚至于在后期，折价也不大可能得到充分的计算。因此，如果实际操作没那么复杂的话，最好是能够增记合同债务的账面价值，使之在一定程度上调整到当初签订合同时的货币价值。然而，我们要知道，在货币危机之后，会有大量的在个体之间签订的合约，也会有大量的政府欠给个体的债务。如果这些债务及其利息均以其当初的价值由政府支付的话,政府很可能难以平衡预算,从而将自己置于窘境。因此,政府不会出台什么修订合同的法律,以与货币贬值相同的比率来增记债务,这是意料之中的事;另一方面,如果一项政策增记私人到期债务的幅度远远大于增记政府到期债务的幅度,那就很难为这种政策辩护。由是,部分地增记债务来减轻——而不是抹平——对债权人的伤害,恐怕是所能希望的最好结果了。在德国,当马克稳定之后,政府即颁布了法律,由政府定价解决债权人私人债务的问题。比如,1920年7月1日之前的公司债券持有人,定价标准最高可达当初购买债券时金价的25%,但对于1920年7月1日之后的债券持有人,因涉嫌投机目的,这一标准最高为15%。考虑到国家财政仍处困难时期,1920年7月之前购买了政府债券的债权人,这一标准仅为12.5%,而新的债券持有人则显然没得到任何保障。另外,为了债权人的利益,已经用贬值货币结算的某些类别的合同又重新开始定价。因此,从1922年1月1日到新法颁布这段时间,已经还清的抵押贷款又重新修订并重新估价,政府定价标准同样最高可达当初金价的25%。不过,坦率地说,这样的政策不可能持久。大规模地重新开始已经成交的交易,而新的合同很可能就是在这些交易成交的基础上签订的,这种做法会使整个工业陷入混乱,也因此很难指望它能成功。①

---

① 参见 Hargreaves, *Restoring Currency Standards*, pp. 97-98。

第三章　政府转移性支出与非转移性支出

§1 政府支出可以分为两个项目,既清楚又方便,一个是购买生产性资源的当前服务以实现政府职能的支出,另一个是政府无偿提供给私人的或者购买私人现有财产权的支出。前者包括组建与维持陆海空三军、行政、教育、司法、邮政、市政轨道交通等的支出。后者包括支付政府债的利息、养恤金、失业救济金、医疗补助(以现金支付)等的支出,还包括对特定商品(糖、牛奶、肉、住房等)的生产补助,另外还有偿还政府债务的支出,即政府债券的回购。前一种类型的政府支出,在第一版中,我把它叫作消耗性支出,在第二版中,叫实际支出。不过,简单称之为非转移性支出,可能更为恰当。这样,后一种类型相应地就可以称为转移性支出。[1] 这两种政府支出的根本差异在于非转移性支出确实会产生经济学家所常说的社会(货币)收入,即当前产出的货币价值,而转移性支出则不会产生社会收入。然而,准确起见,我们需要把一些散乱的地方整理起来。

---

[1] 希克斯(Hicks)夫人在其著作《英国政府财政(1920—1936)》中所使用的术语"转移性支出"与我所定义的"转移性支出",其含义完全不同。希克斯夫人的"转移性支出"用来衡量通过政府行为将实际收入向有利于穷人阶层进行再分配的情况。因此,对于她而言,教育服务的主体成本属于转移性支出,但国家债务的主体成本则不是。

§2 比如，尽管政府直接购买劳务、资本或者土地，没有什么问题，但是，当政府购买这些生产要素参与生产的商品时，就不好处理了。这是因为政府所购买的商品是已经存在的财产，"可能"会发生的情况是，向政府供货的经销商没有将其置换。在这种情况下，政府的支出就不会是用于购买生产性资源的当前服务，也就不会产生任何社会收入。不过，这种问题，从定量上来看，其重要性极其有限。一般来讲，政府购买普通商品（平价商品）可被视为包含并实际上构成了购买生产这些商品的生产性资源的服务。

§3 如果政府的转移性支出包括对外国人的支付，这个问题就更难处理一些。其中，直接的支付涉及海外债务的利息和偿债基金，间接的支付涉及享有政府补贴的国有出口产品所获得的补贴。这种外部的转移性支出与国家内部的转移性支出在很多重要的方面都不相同，其效应更像是非转移性支出。如果政府打算通过购买国内产品并运往国外来偿付对外的利息，这种以货代款的支付方式其实就是非转移性支出。因此，将这些政府支出认定为非转移性的，或者，不论如何，都把这些支出与国内的非转移性支出归为一类，而不是与国内的转移性支出归为一类，这些做法都是很有道理的。我将之视为一种特殊类别的非转移性支出。

§4 鉴于以上所论，人们自然认为（在附带一点条件的情况下），既然非转移性支出在政府提供服务过程中需要消耗掉一定的生产性资源，那么就应该相应地限制私营部门对生产性资源的使用，而转移性支出虽然改变了私营部门生产性资源的分布，但其总量依然保持不变。然而，这种看法并不正确。

§5 即使政府收支对生产性资源能够解决多少就业没有影响，

第三章 政府转移性支出与非转移性支出

这种看法也是不正确的。原因是政府很大一部分非转移性支出都用于提供诸如防止抢劫、防备人身攻击、提供教育设施、保障公众健康等服务。如果政府不提供这些服务，那么，私人就得被迫在一定程度上为自己提供。因而，就算减少了非转移性支出，政府由此而释放出来的生产性资源也绝不可能全部面向私人来提供"超过"其实际享有的服务。其中很大一部分生产性资源将会用于私营企业，以替代公共企业迄今所提供的服务。因此，虽然公众作为个人消费者将从政府减少非转移性支出中获益，但是，这种益处在很大程度被抵消掉了。事实上，公众很可能不仅不能获得"净"收益，反而会遭受净损失。

§6 还不仅如此。上文说公共财政的活动对生产性资源能够解决多少就业没有影响，这一点并不属实。相反，有些政府支出会不时地唤醒生产力，否则，这部分生产力就睡大觉了。在这种情况下，政府扩大使用生产性资源并不意味着私营企业得相应地缩减使用生产性资源。因此，把握二者的关系，了解这可能会在多大程度上发生，十分重要。

§7 就某笔款项而言，公共财政上的一个完整的行为，既包括该笔款项的募集，也包括该笔款项的支出。初步来看，如果政府收入来自直接税并由政府各部门用于非转移性支出（即创造货币收入）或者转移性支出，那么，不论有没有公共财政的这种收与支的双向行为，货币总收入其实是一样的。这是因为政府从税收当中获得资金随后又将其花掉——不管是由政府支出，还是由受让人消费，其创造货币收入的效果看起来与"将其放入人们的口袋"的效果并无二致。如果政府需要的资金是由公众贷款筹集的，初步来看，其结果亦是如此。但是，货币收入的规模在一定程度上取决于货币收入流通速度，换句话说，取决于人们所持有的活跃资金（与存款、储蓄相对）所占货币存量的比例，而这又一定程度上取决于保持资源流动性并将之投入创造货币收入的活动而实际取得的盈余等。因此，如果整个社会（包括政府）都更加热衷于投资、消费，那么，在其他条件相同的情况下，货币收入流通速度就会提高，相应地，货币总收入就会增加。举例来说，正是出于这一原因，政府在战时庞大的非转移性支出很可能会增加货币收入流通速度，因此，即使货币存量与战前和平时期相当，货币收入也会得到扩大。甚至于经由政府将购买力直接从普通纳税人转移至养恤金领取人或者政府公债持有人，也会影响货币收入流通速度和货币总收入，因为不同人群持有活跃资金和储蓄存款的比例是不同的。因而，即使银行创造信贷不存在任何复杂情况，也没有理由认为公共财政操作与货币总收入的规模无关。恰恰相反，这二者总是在某种程度上密切相关。

§8 不过，就目前我们讨论的目的而言，重要的不是货币收入，而是实际收入，即生产性资源的活动所带来的总产出。公共财政无论何种情况都会影响货币总收入，这并不说明公共财政在任何情况下都会影响实际收入。宽泛地讲，我们可以认为，公共财政的执行方案如果影响了货币总收入的规模，那么，货币工资率"往往"会自我调整，使由生产要素决定的就业率不会受到影响。但这种调节只能是按辔徐行，不会一蹴而就。我们认为，任何一套既定的公共财政方案，只要具有持续性，其工业活动都相差无几；但如果方案总是发生变化，那么，工业活动的水平就会间或（甚至于普遍）受到相当大的影响。需要指出的是，失业保险制度本身是一劳永逸地建立的，但由于在经济状况不好的时候，所支出的失业救济金总是要多于经济状况好的时候，因此，虽然失业保险制度本身是一劳永逸地建立起来的，但该制度依然体现了公共财政措施根据经济状况所做的"变化"。

§9 政府非转移性财政支出和转移性财政支出所扮演的角色，会因时间、地点不同而不尽相同。对于英国中央政府而言，转移性支出主要（虽然不是全部）由邮政、地方政府账外拨款、内债利息、养恤金等构成，其中，1913 年，这部分支出占政府总支出的大约 21%，而 1923 年，这部分支出则高达 53% 左右。[1]根据 1943 年《白皮书》，转移支付在 1938 年占中央政府支出的 41%，在 1943 年则占 11%；而对于所有的政府支出，包括来自于预算外资金的支出和地方政府支出，相应的百分比分别为 36% 和 10%。[2]

---

[1] 参见 *Report for Commission on the National Debt*, p. 235。
[2] Cmd. 6520, p. 25.

第四章 公权部门商业经营中的财政

§1 本书不足以（也无意于）讨论一些有争议的问题，例如，私营部门从事的普通经济活动可以在多大程度上由公权部门来承担？众所周知，在有些国家，铁路是由股份制公司经营的；在另一些国家，是由政府经营的；还有一些国家则是半公共性质的。我们再来看看英国的情况。在英国，一直以来，人们强烈要求将煤矿、致醉型饮品收归"国有"。为消除其隐患，各式设计精巧的公共管理形式都被提了出来，有政治管理方面的，也有官僚机构方面的。然而，诸如供气、供水、供电、有轨电车等"公用事业服务"，有时候是在私营公司的手中，有时候是在地方政府手中。关于这两种安排孰优孰劣，人们进行了激烈的辩论。在这些相左的意见中做出正确的选择非常重要。显然，要做好选择必须回答好下面两个问题：其一，在对象国现行经济、政治条件下，哪一种选择在技术上更加有效？其二，哪一种选择对避免私营企业垄断更加可行？[①] 就我所理解的公共财政而言，这些并非公共财政研

[①] 参见 *The Economics of Welfare*, Part ii, chap. xxii；也可参见 *Capitalism versus Socialism*，该书各处。

究的问题。因此，我绝不会提出探讨究竟什么类型的企业适合进行公共运营，而是会假设此事已经确定好了。所以，我们对这个事情的兴趣就限定在下面这个问题上：购买公共运营企业的产品应该以什么方式来支付？

§2 "从假设出发"，既然这些产品可能会由私人企业以普通的商业方式运营，这里所涉及的企业必然属于那类可以通过向那些使用其所提供的产品或服务的人收取费用来维持其资金运转的企业。这其中并不包括维持陆军海军、保障行政机关这类企业，而是仅仅指给特定的个人带来特定"利益"的企业。这么说来，国有化的邮政、电报、电话、铁路、道路、教育系统，还有市镇里的有轨电车、供气、供水、供奶等都属于我们的研究主题。这些企业所提供的服务，有一些，比如邮政、铁路、供气，始终都是收费的，而另一些，比如道路和教育，虽然多数情况是不收费的，但有时候也依靠全体纳税人的消费。本章的目的在于探询如下问题：既然公权部门职能的履行，在技术上可以通过收费来提供其经费，那么，在什么情况下，这种财政方式才是可取的？

§3 显然，为了普遍的利益，社会资源在分配给不同的服务机构时，其中任何一个机构的最后一个单位都应该产生同样的满足感。由于社会资源总量是有限的，这也就意味着对于每项服务的提供都要加以一定的限制，而不是想取用多少就取用多少（在成本忽略不计的情况下）。如果不加以限制，就会出现社会浪费，浪费的程度取决于人们对该服务的需求的性质。对于高度无弹性（或曰刚性）的需求，不论是免费供应还是附加成本价格费用，其取用数量都是大致相同的，那么，浪费就小；反之，对于高度有弹性的需求，浪费就大。在无限量免费供应（不限数量、免费供应）的条件下，如果浪费很大，那么，这种方法就是不可取的；而如果浪费很小，那这种方法就可以进一步研究。

§4 此类服务中最重要的服务是基础教育、医疗护理和供水。基础教育属于绝对刚性需求，因为凡是需要的人都是迫切需要的人，无论成本多少，在合理的限度之内，都会购买此项服务；而不需要的人，无论如何诱导，即便是免费提供，都不会购买——除非采取强制措施。医疗属于高度刚性需求，因为人们身体好的时候，无论如何也不会去看医生；而身体生病的时候，无论如何都会去看医生。水在一般情况下也属于高度刚性需求，因为水价反正是低廉的，对于大多数人而言，其价格的变化无关紧要。此外，所有这三类——教育、医疗和供水——都带给购买者间接的利益。尽管这些利益一眼看去并不明显，但是，如果在政府提供的情况下，民众愿意多取，而在政府不提供只能靠自己时，人们甚至不愿意以成本价多买，那么，从社会的角度来看，由政府提供也是可取的。因而，就这些服务而言，由无限量免费供应而引起的很多所谓浪费，并不算真正的浪费。对于基础教育，英国政府强烈地意识到了这一点，因此，英国政府不仅提供免费供应，还以立法强制其推行。

§5 如果是以无限量免费供应来取代总体价格随"估计"购买量变化而变化的个人购买，而不是取代总体价格随"实际"购买量变化而变化的个人购买，那么，这种情况下，实无所谓浪费不浪费。举例来说，一个人必须支付的自来水水费，如果不是基于水表所确定的实际用水量，而是基于房屋大小所决定的估计用水量，那么，水费的存在对用水量不会有任何影响。同理，如果有些人习惯于通过加入健康俱乐部来为医生的服务付费，其俱乐部年费的多少与个人实际每年请医生的次数无关，对于此类人而言，即使医疗服务以公共支出免费提供，他们每年请医生的情况也不会有什么变化。应当注意的是，除非所涉及的服务需求本身是不大具有弹性的，否则像这类财政安排实际上是不可能存在的。因而，使无限量免费供应可行的根本条件是需求的无弹性（或曰刚性）。

§6 如果这一条件不能得到满足，正如我在本章第3节所言，无限量免费供应就"不"是财政上可行的办法。但这并不意味着所有的免费供应都不可行。其是否可行取决于条件——政府能否限制供应以杜绝资源的大量浪费，同时又不给自己造成其他棘手的问题。与这一条件密切相关的最重要的一项服务就是道路交通。公权部门出于自身的动机可随意决策修多少路、修的路养护到何种程度；并且，一般来讲，也不会因为道路过度拥挤就强行禁止潜在的用户上路。然而，道路有其独特之处。我们这里面对的通常不是一个没什么直接成本的、被动式的工具所提供的服务，而是可消费的商品，或者诸如铁路上实实在在的运输货物、运送乘客这样的服务。因此，如果对商品或者服务不收费却限制其供应，以至无法满足人们在免费条件下最低的期望值，那么，在其分配方面，就会带来严重的问题。一旦需求大于供应，现有供应品的分配就只能交由运气、武力、与经销代理的私交，等等。政府避免这类问题的唯一途径就是采用某种配额制，将现有供应品分配给潜在的消费者，正如两次大战期间对部分商品所采取的措施一样。由于通过行政手段只能粗线条地勾勒配给方案，因此，不可能针对特定个人的具体情况给予补贴。即使在战时，哪怕是简单到主食这种商品，也会产生巨大的困难，异常情况也非常严重。在和平年代，任何形式的配额供给，比如铁路旅行，都必定触犯众怒、贻笑大方。在所有此类情况下，如果以浪费为借口排除无限量免费供应，那么，任何形式的免费供应就都被排除掉了。

§7 因而，关于浪费的探讨使我们明确，就若干类别的商品及服务而言，如果政府决定提供，那就应该通过收费来负担供应这些商品和服务的资金。对于未包含在这个类别中的商品和服务，基于其他理由也可以得出相同的结论。显然，公平的做法是，普通服务的使用者应根据其使用按比例付费，而不应以他人的利益为代价获得补贴。在有些情况下，毫无疑问穷人的社会福利可以通过向富人征税来得到提升。尽管这点通常来说并不可取，即以富人为代价将福利转移给穷人，而穷人则根据其消费特定商品的比例来分配这笔福利，但是有时候这种转移也可能是可取的。在那种情况下，穷人应支付的费用会得到减免，其中的损失则由政府一般收入来弥补。[①] 一般认为，基础教育是可以如是得到妥当处理的一项服务。给人的感觉是，如果（比如在英国）政府强迫一个人接受政府手里的服务，不论他愿不愿意，要求他为此项服务付费都是不公平的。不过，这种情况并不常见。对于大多数专门供

---

① 有时人们认为，补贴用的资金也可以不通过政府一般收入，而是通过消费者中富有的阶层承担超过成本以外的费用来获得，比如，工人的廉价有轨电车票和火车票就可以此方式解决。不过，除非我们基于一般的理由做出决定，出于一般目的，购买这些特定服务的富人应当被课以派在他们头上的赋税，否则，我认为，这种论点是站不住脚的，因为我们没有理由把碰巧经常坐电车或者火车的富人单独挑选出来，承担补贴的成本。

给个人的商品和服务,即使免费供应在技术上是可行的,公平的做法依然是按同等费率向所有消费者收费。

§8 然而,在某些情况下,采用这种机制会带来诸多不便,并涉及巨大的托收费用。科尔松先生(M. Colson)强烈主张:就大江大河、运河水道而言,都是大船远距离、长时间航行,中途还可以停靠、造访,这种考虑相对无足轻重;但就陆路交通而言,这种考虑就至关重要了。"在那里,交通被分割成无数段;行人、小型车辆不可胜数;很多交通,特别是几乎所有的乡下交通,都是人们以自己的方式进行的,没有任何合同、任何文字的记录。由于村民出行的路途非常短,因此需要一大批工作人员分散在这条巨型公路网的每一公里处,这样才能将每一位通行者记录下来——然而,由于各自的行程不同,无法以按照固定的价格定期收费来取代工作人员。在长途驾驶曾是主要交通方式的时候,征收过路费还是可行的;自从铁路得到发展以后,只剩当地交通,如果想普遍设卡收费的话,这种收费不仅会造成不堪忍受的成本,还会带来一种令人无法容忍的不便;除了涉及价格不菲的珍稀艺术品以外,这种收费方式已经不再是可接受的了,实际上,这就是所有的文明国家早已放弃了这种方式的原因。"[①] 简而言之,在这件事上,为了避免更大的祸患,个体之间必须接受一点"不公平"。

§9 作为本章讨论的一个结果,当政府向特定的个体提供特定用途的商品和服务的时候,向使用者免费供应基本都是不可取的。

[①] *Cours d'économie politique*, vol. vi, pp. 52-53.

广泛采用的一般规则应该是，向该商品或者服务的使用者按使用情况进行收费，以保障这些公共企业运营的资金，同时，收费要充足，其总额足以支付所有费用。当然，这一结论也带来了更进一步的问题：究竟应不应该向这些商品和服务征税？如果某个公权部门提供的特定的商品或者服务被判定为是适宜于征税的对象，政府所要做的就是把税附加在费上，也就是提高收费，使最终的收费除了覆盖正常的生产成本之外，还要加上要征的税额。

第五章 政府支出的范围

§1 政府部门从事商品和服务的生产制造，销售这些商品和服务，用销售所得来解决生产费用。就此而言，投入生产和销售的资源量由公众需求本身决定。当然，现代政府的主要职能并非在此。政府非转移性支出的主体在于一般性的服务，比如国防、民政等等，这些一般性服务不可能卖给个人以换取费用；而其全部转移性支出均不在收费范围以内。因此，没有什么神奇的自动装置来确定支出的范围，我们还需要其他的方法来确定。

§2 在任何时候，目前大部分转移性支出实际上都很可能受到不可撤销合同的约束和规范。现今，在英国，国债利息、战争抚恤金、养老金等的支出，就属于此类。而政府对特定行业的补贴、对特定人群的补助，以及在穷困救济方面的支出，则是非强制性的，因为在相当宽泛的范围之内，政府有权依据现有政策决定这些项目支出的多少。除了政府支付的外债利息和外债偿债基金以外，就法律方面而言，几乎所有的非转移性支出在这个意义上都是非强制性的。但鉴于其数量庞大，除非以打破根深蒂固的传统为代价，否则，经济负重前行，不大可能走得很远。政府支出的非强制部分（也是唯一能为政府控制的部分）显然应该适当参照为其筹集资金所带来的负担来加以约束和规范。在公共财政里面，这是非常重要的一个方面，但并不是我目前研究的主题，因此只能一笔带过。

§3 就政府非强制性支出的分配（注意：不同于总成本、总开销）而言，显然，正如个人要在其不同种类的支出之间保持某种平衡才能从其收入当中获得更大的满足感，那么，社会之于政府，也是一个道理。这两种情况下的平衡原则都是基于如下这一先决条件：资源在不同用途之间进行分配，使得各个用途所获得的满足感的边际回报都是相同的。显然，这一原则适用于政府非转移性支出——只要这不是由过去的合同所确定的。在各种形式的政府非强制转移性支出当中，这一原则毫无疑问也都适用。同时，这一原则还适用于一般性非强制的非转移性支出和一般性非强制的转移性支出之间的比较——这个事情更难想清楚，我们来举一个例子：用于战舰的支出和用于贫困救济的支出，其分配应该使得这两种用途各自所获得的最后一先令所产生的满足感具有同样的边际回报。这样，理论上讲，我们就有了一个检测手段，来解决不同行业之间的政府支出的分配问题。①

§4 这种方法提供了一种模拟检验，以确定政府支出总体大小应该是多少。如果某个社会是一个一元体的单位，由政府充当它的大脑，流向四面八方的支出应该达到这样一种程度：就最后一先令所能调用的政府服务而言，花费最后一先令所获得的满足感应该等于没有最后一先令所失去的满足感。当然，这最后一先令，

---

① 有人认为牺牲的概念与此如出一辙。对于这一观点的批判和回应，请参阅后面第二部分第一章第3节。

第五章 政府支出的范围

或者说"边际"先令,应该被视为由所有的对政府资金做出贡献的独立个体共同构成,其构成比例按照每个个体所做的贡献大小来决定,而不应该被看作是从最少的贡献者那里所取得的最后一个先令。经如此阐释之后,上述概念虽然不尽符合实际情况(下文将会看到),但能使我们得出几条尽管明显却很有用的推论。

§5 第一,这一概念让我们看到,在人口数量不变的情况下,社会的总收入越高,政府支出(不管是真的把钱花光了还是由富人转移给穷人了)的"最优化"数额越大,因为在其他条件相同的情况下,构成公共收入的货币(此处为先令)数量越大,筹集 N 先令(假定代表一个给定的实际值)所付出的边际牺牲越小。在战争当中,资本设备消耗殆尽,并且市场组织也混乱不堪;在战后,一般来讲,实际收入会大幅降低,为政府提供资源的能力也就随之而降。因此,就连政府过去一向都认为值得去承担的那部分支出,也捉襟见肘,甚至无法负担了。第二,在其他条件相同的情况下,如果政府支出有了新的机会,能够带来很大的利益、铲除很大的祸害,而私人的支出却没有相应的机会,[①]那么,财政收入的边际效益和边际损失之间的平衡会达到一个更高点,也就是说,需要筹集更多的财政收入。第三,在总收入和总人口不变的情况下,如果大量的个人收入集中在少数富人手里,那么,就有可能制定出一种税收方案,以更小的"直接"边际牺牲来筹集给定的财政收入,这是任何一种个人收入在整个社会中平均分配条件下

[①] 设置这一条件的目的是排除资本新用途的发明(例如,在修建铁路方面)等情况。即使政府完全有能力修建铁路,这些也不是政府筹集更多的财政收入的理由,因为私营资本同样有能力做这件事情。

的税收方案所无法比拟的。①最后一点，在其他条件（包括收入分配）都相同的情况下，筹集财政收入方案的累进程度越高，筹集给定财政收入的"直接"边际牺牲越小。因而，鉴于本书第二部分第四章将要讨论的"直接"牺牲与"总"牺牲的关系，在以下这两种条件下，政府可以适当地扩大支出：(1)居民收入分配较不平均；(2)政府所采用的财政收入方案累进程度较高。

§6 上述分析的基础是本章第4节的假设，即该社会是一个一元体的单位，而政府则充当它的大脑。当然，实际情况并非如此。如果战舰也成为满足个人需求的商品，那倒也无关紧要。不过，就像个人购买衣服与个人向供销公司买煤之间存在边际平衡一样，这里也存在同样的边际平衡问题，即个人购买衣服与个人通过政府购买战舰之间的边际平衡。但是，战舰毕竟是一项集体物品，是政府为民众公共利益服务的。因此，纳税人愿意出资购买这些战舰的意愿不仅依赖于他本人希望国家拥有这些战舰，同时，也依赖于其他纳税人于此有共同的意愿。这样，政府也就不能简单地被视为代表其公民执行其指令的一个代理人；政府仅仅寻求公民购买战舰的意愿与公民购买衣服的意愿之间的边际平衡也是远远不够的，因为这种情况不等同于他们购买衣服的愿望与他们购买煤炭的愿望之间的边际平衡。作为全体公民的代理人，政府必须对每个个体施加强制措施，通过现行的税收或者与后续

---

① 在这一点上，当我们把个人收入分配情况作为一个相关因素的时候，我们假定一个普通人个人收入（用于纳税的部分除外）的主要部分是用于个人的消费和投资。显然，如果所有的富人都愿意捐赠自己的收入，在他们捐赠之后所有人都有相等的消费和储蓄，那么，这时的境况实际上相当于所有收入从一开始就是相等的。

税收相关的贷款来确保所需要的资金，以提供利息和偿债基金。然而，在施加强制措施的同时，却引入了两个新的要素，而这两个要素是目前我们的分析方法所无能为力的。两要素当中第一个是行政成本。这不仅包括政府各部门征收和分配从公众那里筹集的财政收入的成本，还包括以会计师和律师费的形式直接加在公众身上的成本，以及纳税人个人填写所得税表等等所面临的麻烦。第二个要素没那么明显，但不意味着没那么重要。增加一镑额外的财政收入需要提高征税的税率，要么是现在提高，要么是以后提高（如果是诉诸贷款的话）。某些种类的税收，除了会造成实际支付的金钱损失外，还会对纳税人这一群体造成间接的损失。在存在间接损失的情况下，只有把间接损失加到由于税收造成的单位资源边际满足感的直接损失当中，才能做到与边际支出产生的满足感相平衡。由此可见，一般来讲，政府支出不应该产生这样的效果，即政府消耗的最后一单位资源的实际效用等于公民手中最后一单位资源的实际效用。进一步来说，既然允许这一缺口存在，缺口大小也会根据筹集额外资金的方法而有所不同。如果只得诉诸产生大量间接损害的方法，缺口就更大；但如果可以采取一些相对无害的权宜之策，缺口就会小很多。

第六章 战争以外的贷款

§1 正常时期，政府财政收入的主体需要满足年复一年相对固定的经常性费用。如果国家秩序井然，所有这些支出（除了依赖于收费的支出以外）都将通过税收而不是借贷来保障，这一点毫无疑问。如果借贷，不管是向国外还是向国内，政府的债务规模都会持续增长，相应的债务利息也会不断增加。结果，每年为偿还利息，政府支出都会扩大；而如果一开始政府就是依靠税收进行支出的话，则每年的支出就要少得多。如此一来，国家信贷就会受到严重损害；最终，政府每年的债务可能会超过政府权力所能募集的最大税收收入，即使其目的只是为了转移性支出。① 这一观点普遍为人所接受，没人愿意政府的经常性支出（比如陆军海军的费用、政府行政开支）在正常情况下需要仰仗税收之外的收入。不过，这倒不是说此类支出任何时候都绝对不能出自于贷款。在其他条件相同的情况下，每年的税率还应尽量保持稳定，毕竟赋税的变化会给社会带来波动。那么考虑到经常性费用的波动变化，在适当时机制定预算不啻为可取之策，这样，好年景和差年

---

① 在英国体制下，政府债券的利息也被记作应纳税收入。当然，国内债券的利息尽管可能会无限接近但实际上绝不可能超过国民收入。但是，利息很容易就能超过任何政府通过税收所能实际募集得到的最大数额。

第六章 战争以外的贷款

景能够相互弥补,一年的赤字可以通过另一年的盈余来保持收支平衡。如果其中一部分费用包含在偿债基金中,那么,将其作为缓冲来保持年度税收的稳定也是可取的。尽管政府支出会有适度波动,但只要人民收入稳定,通过这些手段,就可以保持"税率"的稳定。顺着同样的思路,当国家的收入产生波动时,以一系列盈余与赤字相抵消的预算来满足"固定"的经常性支出,也同样是合理合法的。否则,要在收入不同的情况下维持相同的预算收入,税率必须与经济繁荣程度成反比。就这一点来看,我们应该慎重抨击一国之政府,在遭受突如其来的灾难之际,在试图整顿国内秩序之时,以贷款来应对一般性支出,甚至连续数年如此。此外,在有些情况下,可能要在差年景利用预算赤字(由好年景的盈余来抵消)作为稳定和改善就业的手段,这一点请详见本书第三部分。但如果是短周期的调整,一个非常普遍的共识是一般经常性费用应由当期税收支付。不过,即使短周期调整也会为人所诟病,其理由是,一旦该政策被承认,在不好的年景,政府便会堂而皇之背负赤字、动用偿债基金,但在好年景,却会忽视为补偿性盈余做预算。

§2 下面,我们来探讨政府生产资本设备(国家电厂、城市燃气工程、有轨电车等)的支出。这些设备生产出来后会出售给购买者,政府从而获得相关的费用。这种情况下,人们普遍认为所需资金应来自于贷款。如果这样做了,便可避免突然而剧烈的税率改变:从新资本设备所提供的服务当中获益的人们按照其使用比例支付服务;当然,只要所收取的费用在资本设备生命周期之内足以抵消贷款的本金,就没有必要为此征收额外的赋税。在这个问题上,只要一般经常性支出所需资金的融资手段得当,就没有争论的余地。

§3 现在让我们转向另一类支出。此类支出只是在某些特殊情况下才会产生,并且其成果将被卖掉来换取相关的费用。从这个角度来讲,这种支出并不是"有利可图的",或者说"有偿的"。在此,纯粹从财政角度来考虑,这种支出"如果是由贷款提供资金",那么,一般来讲,在可能再次需要类似的开支之前,贷款就应该已经由税款还清了。否则的话,必然导致不断增长的债务,最终,需要不断增长的税收来偿还债务的利息,这就类似一般经常性支出如果是由贷款来提供资金的那种情况。另外,在筹措贷款的时候,应提供证据以表明:有能力也有意愿不负江山不负卿,能够征收足够的新赋税来支付利息和合理的偿债基金。[①] 若非如此,不仅人们对当时国家财政稳定的信心可能会受到伤害,而且在后来完成这种异常支出之后,国家还会面临一场意想不到的、表面上看来毫无根据的税收增长。这很可能会招致不满。因此,贷款不应当超出这些限制所允许的最大程度,这一点显而易

---

① 我们目前所探讨的这种贷款,应该在不太长的时期之内予以还清——这种观点通常以设立偿债基金为具体形式。当然,这并不是还款的必要条件。没有偿债基金,也丝毫不会影响政府偿还一项贷款。政府可以在市场上将其全部买下来,或者依条款按约定价格赎回。另一方面,设立了偿债基金并且在不抛售偿债基金的情况下,也不能保证贷款的本金能够按照原先的设计还清:因为没有什么可以阻止政府借新债还旧账。尽管如此,在筹集贷款之时,依法建立偿债基金对于促进还款还是有实际作用的,因为,对一个陷入困境的政府来说,不论是抛售已设立的基金还是借新还旧,比起简单地赖账(故意不留出钱来还债,因为反正之前的承诺并没有明确要求这样做),在政治上都要困难得多。补充一点,偿债基金有两种形式:一种形式是定额本息,即整个贷款期间每年以固定的数额来偿还本金的利息和分期款;另一种是定额本金,即每年偿还固定数额的本金,再加上当年应还利息。在完成还款之后,后一种形式相比前一种形式,对于未来的一年不会造成那么剧烈的变化,因而在贷款的后几年也不大容易放弃继续还贷。(参见 Pierson, *Principles of Economics*, vol. ii, pp. 629)

见,但是,这最大程度究竟是多少,却是难以把握的。

§4 人们一度认为企业该不该贷款获得资金以及企业贷款获得资金的程度取决于子孙后代能否获益以及获益的程度。这种观念的理念在于贷款所支付的任何成本都要落在子孙后代的身上,而税收所支付的成本则是由这一代人自己承担。放在二十五年前,这种观念还能获得一些可敬的支持,但是现在全世界都知道这种观念谬以千里。的确,如果贷款"来自国外",所要偿还的利息和偿债基金会给借款国未来几代人带来一定的负担。但是,"国内"贷款的利息和偿债基金不过是从一组人群转移到另外一组人群,因此,两组人群(也包括未来几代人)放在一起就谈不上负担了。当然,这需要满足一些小小的条件,①但广义上而言,这一点的确如此,而且显而易见。究竟是通过征税获得融资还是通过贷款获得融资,并不以此为基础来做出选择。不论是哪一种情况(除非是国外贷款),都是这一代人在承担。

§5 因此,这一问题并不是代际公正的问题,而是技术上方便、政治上可行的问题。既然如此,有些政府于是断然地认为那些无法带来金钱回报的企业,根本就不应当求助于贷款。因而,巴斯塔布尔(Bastable)曾经写道:"非经济性(即非营利性)支出首先要应量入为出,并且,如果做不到这一点,那就不应该有这种支出。民族文化、教育、社会进步都是最需要提升的,但又都没有迫切到一定要靠公权部门来借贷的地步。的确,很多的国家支出被视为具有间接的生产性,在将来很可能会带来国民收入。

---

① 参见我所著 *Political Economy of War*, 2nd edition, chap. vii。

以拓展教育为目的的贷款，或者为改善职工住房为目的的贷款，尽管不能直接带来所需要的效益，却可能带来社会收入的增加，从而在既不提升税率也不加大税收力度的前提下就能增加税收额度。就事论事，这种处理方式倒也不是全无道理：其真正的异议在于实际应用方面的困难。此类支出的结果很难追踪或者测量，任何公布的结果在很大程度上都只能是推测。贷款的成本是肯定而又确切的，而这也确实给社会资源带来了真实的负担。因此，谨慎而言，一方面除非是严格意义的经济性支出，否则几乎不应该采用借贷；另一方面，只有当国家领域的拓展显然是可取的，才予以借贷。"[1] 我认为，这一严格的规则，指出了在一般情况下的正确道路，但有一个非常重要的例外情况（将于本书第三部分详加探讨），即有时候公共工程如果以贷款而不是以税收来融资，可以构成应对失业的一种有力手段。然而，巴斯塔布尔的规则显然无法扩展到以"完全不正常的规模"进行的"不计回报"的政府支出的情况，例如，应对地震带来的灾难性后果，或是应对迫在眉睫的战争威胁。在这些情况下，通过税收机制在短时间内获得所需要的必需品，无论从政治上还是从行政管理上，都是不切实际的。（英国）财政大臣确实应该奋力挥舞税收这一武器，但是，仅有税收还远远不够。

---

[1] Bastable, *Public Finance*, book v, chap. v, pp. 621-622.

第二部分 税收收入

第一章 税收原理

§1 在这一部分，我们假设政府支出（包括转移性支出和非转移性支出）已经给定，所涉及的"费"的部分排除在外，借贷（不管是从公众还是从银行）工具也不予考虑。此外，除了本部分第九章以外，我们只考虑财政"收入"的问题，而不考虑财政"收支"这个更大的问题。本部分开篇第一章，我们的任务是要找到税收政策的基本原理。

§2 在任何税收机制下，税目的实际规定（暂不考虑税收的支出）对每一位纳税人都造成了一定的负担和牺牲，而不同的纳税人所承担的负担彼此之间都有着某种联系。对于一个特定的社会形态，不同的税制可以获得同等的岁入，若评判这不同税制的优劣，初看起来大致有两类标准：一是总牺牲的大小；二是构成总牺牲的各分量之间的关系的性质。当然，我们得承认围绕"牺牲"所做的任何测量，即对满足感的损失的测量，都不能触及事物的根本。这是因为，对于同样的满足感，一个人比另一个人可能更能体现出"善"的一面：牺牲更大的，可能"恶"意更小。当然，在这种情况下，明智的政府所看中的应该是善恶之和，而不是满意与否的统计。因此，对于酒精饮料消费的特别税，时有抗辩之声。然而，这种看法并不具有广泛的重要性。为了寻求建立一个标准来比较不同税制的优劣,对此我将不予考虑。我的假设是,标准一定要以某种方式建立在牺牲之上,且只考察这个标准之下的总牺牲以及总牺牲在纳税人之间的分布情况。

§3 在此,从一开始,我们就面临着一个根本的问题。当谈到总牺牲(或者总满足感)及其分布情况的时候,意味着至少从原则上来说,满足感是可以加总计算的。否则的话,无论是"最小总牺牲原则"还是"同等牺牲原则"都不大可能成为税收的基本原理了。究竟能否加总,争议很大。主张不能者,其依据有二:其一,人的心理状态本质上来讲是非计量性的;其二,不论同一个人的不同心理状态如何,人与人的心理世界是完全分开、永久独立的,因此无法将不同人的心理状态进行比较、加以汇总。下面,就让我们分别考察一下上述两点。

我觉得第一点不难反驳,因为这明显有悖于我们的经验。正如我们所知,我们在某一时刻比在另一时刻更加快乐,可以享受更多的满足,而有些事情则会给我们带来更大的牺牲。我们能不能确切地说出,比方说,对此我感到两倍的快乐,对那我做出了两倍的牺牲,这一点值得怀疑,但确实没这必要。我们只要知道同一个人不同的满足感和牺牲"确实"是可以量化并做出比较的即可。

第二点更具说服力,因为两个不同的人的思想当然不可能并排摆在一起(让我们来计算),我们也无法反驳这种说法,即在完全对等的情况下,两个明显相似的人,其中一个所获得的满足感要远远大于另外一个。因此可以说,直接测量难以做到,而借由客观测试的间接测量又难以服众。但是,我们总不至于认为所有其他人都不存在吧？在生活的方方面面，我们承认存在个体的秉性差别、种族差异、习惯不同、习性相远等等，但我们也总是认为相似之人在相似之情境下，其心理会受到相似之影响。比如，从一道火腿煎蛋中，他们应该享受到几乎同样的愉悦；而在火车上把座位让给别人，应该是做出了几乎同样的牺牲。我们"预期"类似的情境会产生类似的心理效应；只有在正常的（非哲学的）情绪下做出了异常的反应，我们才认为需要做出解释。如果接受上述理念，我们大可以像我们的父辈一样放心使用总牺牲、牺牲分布等经典概念，而不必过度谨慎。

§4 有的政府主张最根本的原则是要使征税所带来的总牺牲尽可能地小（即最小牺牲原则），有的政府主张所涉人员的牺牲要做到平等才是最根本的原则（即同等牺牲原则），有的政府则认为上述两点皆为最根本的原则。但是，当上述原则产生冲突的时候，我们就会陷入一种困境，这种困境理论上无法消解，实践中只能做出艰难的妥协。本章的任务就是研究这些观点。

§5 在完成此项任务之前，我们首先要澄清一个核心概念——牺牲。某个税制强加于个体的所谓"牺牲"是指在没有税收制度情况下他本应获得的净满足感（注意：此处未予考虑政府税收支出所带来的好处）与在某税收制度庇佑下他所实际获得的净满足感之间的差值。即使在这样一个税制里面，对某甲征税所得税款对某乙的满足感丝毫没有影响，一般来讲，某甲所实际获得（或失去）的满足感也并不等同于他所纳的税款所代表的满足感。其原因在于，税制的存在多多少少会刺激纳税人更加努力劳动，比平时赚更多的钱（税后），也可能更不努力劳动，从而比平时赚更少的钱

（税后），但这对于其净满足感的影响并不能由他所纳的税款体现出来。[1] 如果我们只关心对特定商品的消费所征收的税，我要说明的观点就更加明显了：因为课税扭曲的消费者剩余（以货币表示）与纳税额有时候会相差很大，这是现在大家都熟悉的观念。不过，稍做思考就会知道，这一点有其更为广泛的适用范围。

§6 根据本章第 2 节所限定的条件，在我看来，毫无疑问"最小牺牲"是税收的一项最根本原则。征税是政府职能之一。人们普遍认为政府所有的行为都应受到管制以着眼于在最大程度上提升人民的福祉。这里，我暂时不予考虑一国政府凌驾于其他政府及其民众之上的情况。这是整个法律体系赖以检验的标准——税法当然概莫能外，因为税法正是其法律体系的一部分。一类公民的福祉堂而皇之地优于另一类公民的福祉，这样的时代已经一去不复返了。现在没有人胆敢说增加贵族的福利要优于增加农民的福利。就政治理论而言，社会总福利最大化已然成为各个政府所追求的正确目标。如果政府实际在追求别的目标（这种情况时有发生），那么，政府可能会多多少少对其行为进行貌似合理的解释，但绝不会公开加以辩护。就赋税这一特定领域而言，这项一般原则等

---

[1] 因而，为简单起见，我们假设给定纳税人的每单位劳动产出 1 英镑，a 为征税之前每年完成的劳动单位总数，$\emptyset(a)$ 为最终消费所获得的总满足感，$F(a)$ 为工作所造成的总不满足感。因此，该纳税人的净满足感 $=\emptyset(a) - F(a)$。

有了征税之后，假设该纳税人纳税额为 k 英镑，劳动额为 $(a+h)$ 单位，则税后净收入为 $(a+h-k)$ 英镑。那么，按照我的定义，其牺牲

$$= \{\emptyset(a) - F(a)\} - \{\emptyset(a+h-k) - F(a+h)\} \quad (1)$$

其实际纳税额所代表的满足感

$$= \emptyset(a+h) - \emptyset(a+h-K) \quad (2)$$

只有在特殊情况下，即当 $h=0$ 时，第（2）个表达式才与第（1）个表达式相等。

同于"最小牺牲"原则。其有效性于我而言是直接凭直觉给出的。

§7 将"同等牺牲"作为税收的最根本原则要复杂得多。在第一部分第二章,我们曾经提到西奇威克的公平原则,也就是说,相同或同等处境的人应该受到同等的对待。西奇威克将之视为一条最根本的原则。如果情况如此,相同或同等处境的人应该做出同等牺牲,也应该成为税收的一项最根本的原则。我对此并不否认,毕竟这种意义和这种程度上的平等本身并没有错。但是,"相同或同等处境的人做出同等的牺牲"与"人人做出同等的牺牲",这二者完全不同。那么,这种在更广泛意义上的"同等牺牲"还是税收的最根本原则吗?如果你仍然坚信如此,那就要面对一个严重的问题了。毫无疑问,从公平原则出发,可以得出"赋税应使人人负以同等牺牲"这一主张,但同样也可以得出另外一个主张,即整个司法体系,包括税法,应使人人得到公正对待,保证所有人获得同等的净满足感。抛开比例均等牺牲(equi-proportional sacrifice)这些主张不谈,以西奇威克赋予的直觉为基础,至少应该有那么一种税制,既使净满足感相等又使牺牲相同。其实,还有一个更好的例子,因为人民的经济福利有赖于整个司法体系,包括物权法、合同法、遗产法等等,而不仅仅是依靠税法。听任法律体系中除税法以外的其他部分对不同的人产生不平等的影响,同时却认为税法应该平等地影响不同人的满足感,这种看法恐怕不是一般地任性和武断。我们必须承认,这些考量其实什么也证明不了。但是,对于有些人而言,这些考量应该足以动摇其信心了,使他们不再轻言凭直觉就知道税收的广义的同等牺牲原则。我个人认为,直觉在这件事上真的无能为力。事实上,同等牺牲

(这不同于相同或同等处境的人的情况)本就不是税收的一项根本原则。

§8 如果接受上述讨论,我们就有了一项最根本原则,即最小牺牲原则,这一点无可争议;似乎还有第二项最根本原则,即同等牺牲原则(仅限于相同或同等处境的人,而非其他情况,因其真实性不太可靠),不过,这第二项原则恐怕还要存疑。如果第二项原则得到与第一项原则同样的认可,那么就有了理念上的冲突有待分析。两项"最"根本原则必须被带到一个更为"最"根本的东西面前加以检验——这个更为"最"根本就是福利最大化;并且两项最根本原则必须被赋予一定的权重,使其比例适当,从而将总福利(包括平等在内)尽可能做大。然而,在实践当中,也正如我们所看到的那样,遵从最小牺牲原则的税收安排总是且必然是遵从相同或同等处境的人彼此之间的同等牺牲原则。因此,即使相同或同等处境的人彼此之间的同等牺牲原则真的是一个最根本原则,它也不是必要的一个,因为它可以由最小牺牲原则推导出来。因此,尽管从学者的角度来讲,可能有更为复杂的玄奥的学说,但对于政治家和企业家而言,我们完全可以断定最小总牺牲原则(least aggregate sacrifice)是税收唯一的最根本原则。

第二章　赋税方案与赋税规则

§1 纳税人收到的赋税方案是一个清单列表，将纳税人应付税额与所列条目一一对应起来。满足某一现有条件，则对应一定的应税额，比方说：红头发对应一定的应税额；收入 x 英镑对应一定的应税额；支付 y 英镑买啤酒对应一定的应税额；获得 z 英镑的土地收入对应一定的应税额；拥有 w 英亩的土地对应一定的应税额；等等。赋税方案中所包含的类似上述几种清单条目，我称之为赋税规则。每个赋税规则包含两个元素，即课征对象和函数——下文我将之称为赋税函数，赋税函数将纳税人个人手中的课征对象与该对象被评估后所应纳的税额关联起来。

§2 理论上来讲，赋税规则中所包含的课征对象可以是任何事物。在实践当中，很多赋税规则是一笔笔款项，比如，一个人从劳动、财产、租金*、外快或垄断经营中获得的收入，或者一个人买啤酒、赌博、买汽车、买茶叶或购买其他物品的开销，抑或一个人死后留下的遗产、另一个人继承的遗产，等等。也有些赋税

---

* 此处指"真租金（true rent）"。有时，出租人会把保险、维护费等履约成本放在租金里，这时每个月向承租人收取的租金中，就不全都是"真租金"，所以，把履约成本这个"假租金"从合约租金中扣除后，才是"真租金"。——译者注

规则是基于物品的参量[*]，比如，向商品征收的从量税（specific tax），或者每英亩的土地税，这些税目可能是一般性的，也可能是面向特定的职业。对于人头税这个特殊情况，课征对象并非可变参量，因而乍一看，这一税种很难与其他税种一起分类。不过，这个困难可以解决，下文将会论及。

§3 赋税函数将纳税个人所纳税额与他们手上可课征对象的数量关联起来。对于任何一个赋税规则，从"先验"论的角度考虑，只要我们愿意，赋税函数悉听我便，是什么都可以。但实际上，其变化的可能性在不少重要方面都大大受限，这一点适用于所有的赋税规则而不论其内容如何。下面我们举个例子来加以说明，此例中课征对象为收入所得。这个例子中，实际一定存在下面几条限制。第一，收入为零，所征赋税却不为零，这样的赋税规则必不为任何政府所接受。第二，低收入缴纳的"税额"比高收入缴纳的税额还要高，这样的赋税规则亦必不为任何政府所接受。第一、第二这两条限制共同排除了负所得税（或曰逆所得税）的情况。第三，"平均税率"随着有些收入的增加而增加，随着另外一些收入的增加却下降，也就是说，对于某些收入水平来讲是累进式的，对于另外的收入水平则是累退式的，这样的赋税规则必不为任何政府所接受。第四，所课税额比所得收入还要高，这样的赋税规则同样必不为任何政府所接受。如果我们将赋税规则写作 $R=\psi(x)$，其中 R 为纳税人所纳税额，x 为收入所得，那么，上述四个条件可作如下表达：

（1） $\psi(0)=0$。

---

[*] 例如，课税对象的数量、重量、容量或体积等。——译者注

（2）对于所有的 x 值，$\psi'(x) \geq 0$。

（3）如果 $\left\{\dfrac{d\dfrac{\psi(x)}{x}}{dx}\right\}$ 对于某些 x 值为正，那么，对于任何 x 值，它都不可能为负；反之亦然。

（4）对于所有的 x 值，$\psi(x) \leq x$。

在满足这些规则的函数当中，有一个非常重要的函数，就是比例税（proportionate tax），即 $\psi'(x)$ 为常量，$\psi(x)$ 可以写作 kx。另外一个重要的形式是可课征对象每单位的"平均"税率随着其数量增长而增长，但其增长率在某一点之后会趋向于 0 或等于 0，即对于所有的 x，$\left\{\dfrac{d^2\dfrac{\psi(x)}{x}}{dx^2}\right\}$ 为正，当 x 达到某一点之后，$\left\{\dfrac{d^2\dfrac{\psi(x)}{x}}{dx^2}\right\}$ 趋近于 0。上文提到的人头税归类的问题，我们也就由此找到了答案。人头税（poll tax），其含义我们稍微做一下变通，可以描述为一种限制性的所得税。当 ψ 满足一定的条件，对于所有 $x > A$（A 为最低收入）都有 $\psi(x)$ 为常数且不大于 A，我们可以说，规则表达式 $R = \psi(x)$ 对人头税进行了正确的描述。

§4 所有的赋税规则，不管是包含在内的还是排除在外的，都可以被归类为不同的"族"。我们来看 $R = \psi(x)$ 和 $R = \phi(x)$ 这两个规则。如果对于所有的 x 值都有 $\psi(x) = m\phi(x)$，其中 m 为常量，我们就可以说这二者属于同一族。换言之，对于所有的收入水平而言，一个赋税规则所课征的税收收入是另一个赋税规则所课征的税收收入的倍数（一倍或多倍），那么，这两个规则属于同一族。因而，所有的比例税，不管其税率是多少，都属于同一族；所

第二章　赋税方案与赋税规则

有的人头税，不管其税额是多少，都属于同一族；由诸如方程式 $R = a\left\{\dfrac{x^2}{5000} - 20\right\}$ 和 $R = b\left\{\dfrac{x^2}{5000} - 20\right\}$ 等表述的所有的赋税都属于同一族。另一方面，所有的比例税与所有的累进税和累退税都属于不同的族；另外，由规则 $R = \psi(x)$ 所表示的税和由规则 $R = \phi(x)$ 所表示的税，一般来说，都不属于同一族，除非如上文所述，对于所有的 x 值，都有 $\psi(x)$ 等于 $\phi(x)$ 乘以某个常数。[1]

§5 目前来说，还没有必要探讨人头税和比例税这两"族"。但对于其他族而言，为方便起见，我们还需要进一步地澄清。我

---

[1] 有些读者可能觉得有必要进一步讨论一下赋税规则的分类。我们不妨以方程式 $R = a\psi_1(x)$，$R = b\psi_1(x)$，等等，来表示某一族的成员，以方程式 $R = a\psi_2(x)$，$R = b\psi_2(x)$，等等，来表示另一族的成员，使得 x 取到某一值时，有 $\psi_1(x)$，$\psi_2(x)$，等等，都相等。当然，使等式成立的 x 的取值，以及 $\psi_1(x)$ 等的得值，都是任意的。因此，为方便起见，让我们假设当 $x=1000$ 时，$\psi_1(x)$ 等都等于 10，则在此 x 值下，$\dfrac{\psi_1(x)}{x}$，$\dfrac{\psi_2(x)}{x}$，等等，都等于 $\dfrac{1}{100}$，即该"税率"为百分之一。在这个基础上，仅从对 1000 英镑征收"一定"税额的角度来说，每一项可能的赋税规则都可以方程式表示为 $R = m\psi(x)$ 的形式；因而，对于每一个可能的赋税规则，收入 1000 英镑时，百分之所得税率即为 m。我们将 m 命名为税收常数，$\psi(x)$ 为税收函数，那么，同一族的所有成员都有相同的税收函数、不同的税收常数。为说明这种分类方法，我们引入 t 为税率的百分比，那么，规则 $R = m\psi(x)$ 就可以转化为 $\dfrac{t}{100} = \dfrac{m\psi(x)}{x}$，则 $t = 100\dfrac{m\psi(x)}{x}$。于是，对于所有按收入比例征收的所得税而言，因为 $\dfrac{\psi(x)}{x}$ 为常数 $\dfrac{1}{100}$，这样便有 $t=m$，即税率的百分比就是税收常数，这与我的定义是一致的。对于定额税，即人头税，$m\psi(x)$ 是个常数，因此，既然当 $x=1000$ 时，$\dfrac{\psi(x)}{x} = \dfrac{1}{100}$，那么对所有的 x 值都有 $\psi(x) = 10$。因此，该规则变成方程式 $R=10m$，即税额等于 10 倍的税收常数。我们再看一种累进税的情况：假设赋税规则为收入的平方的五千分之一（赋税封顶为收入全额），那么，在我的表示法里面，该税收常数为 20，税收函数为 $\dfrac{x^2}{100000}$。倘若赋税规则是 $R = \dfrac{1}{10000}x^2$，那么，在税收函数不变的情况下，税收常数就应该 10 了。当然，我想许多人并不都认为这种阐述值得一读。

们来看赋税规则 $R = a\psi(x)$。收入 x 的"平均税率"由 $\dfrac{a\psi(x)}{x}$ 计算，其"边际税率"（即随着 x 的增长，征收税款总额的增长率）则由 $a\psi'(x)$ 来计算。当我们说一个赋税规则是"累进的"，我们的意思"要么"是指随着 x 的增长，$\dfrac{a\psi(x)}{x}$ 在增长，"要么"是指随着 x 的增长，$a\psi'(x)$ 在增长。前者意味着 $\dfrac{\mathrm{d}\dfrac{a\psi(x)}{x}}{\mathrm{d}x}$ 是正的，后者意味着 $a\psi''(x)$ 是正的。如果在我们的探讨范围内把混合型赋税规则（即有些 x 值的增长会带来平均税率的增加，而另外一些 x 值的增长则会带来平均税率的降低）也包括在内，我们就会发现有的赋税规则，对一定的 x 值来说，是累进的（上述两种含义之一），但对另一些值则不是。然而，当我们把这种混合型规则排除在外之后，可以证明，三次及以上高阶导数忽略不计，所有剩下的那些，如果在一种含义上是累进的，那么在另外一种含义上也必然是累进的。这是因为：

$$\frac{\mathrm{d}\dfrac{a\psi(x)}{x}}{\mathrm{d}x} = a\left\{\frac{1}{x}\psi'(x) - \frac{1}{x^2}\psi(x)\right\}$$

对于所有的 x 值，如果 $x\psi'(x) > \psi(x)$，即对于所有的 x 值都有 $\psi''(x)$ 为正，那么就有 $\dfrac{\mathrm{d}\dfrac{a\psi(x)}{x}}{\mathrm{d}x}$ 为正，这就证明了上述命题。

§6 上述分析进一步表明，对于我们所考察的所有规则，如果某一税族的一个成员是累进的，那么，该族所有成员都一定是累进的；反之，如果一个成员是累退的，该族所有成员都一定是累退的。因而，每一个税族都可以明确地被描述为累进的、按比例

第二章 赋税方案与赋税规则

的或者累退的。不过,当我们考虑累进"度"或累退"度"的时候,事情就没那么简单了。这些"度"可以用来指平均税率计算的累进(或累退),也可以指边际税率计算的累进(或累退)。在前一种意义上,对于收入 x 来说,赋税规则 $R=a\psi(x)$ 的累进度由 $a\dfrac{\mathrm{d}\dfrac{\psi(x)}{x}}{\mathrm{d}x}=a\left\{\dfrac{1}{x}\psi'(x)-\dfrac{1}{x^2}\psi(x)\right\}$ 来计算;在后一种意义上,则由 $a\psi''(x)$ 来计算。这两种表达式只有在如下这种特殊情况下才彼此具有常数关系,即对于所有的 x 值,都在第二种意义上有相同的累进度或累退度。① 因此,有必要从这两种形式当中选择一种。我选择第二种形式,即对于收入 x,以 $a\psi''(x)$ 来衡量一个赋税规则的累进度或累退度。

§7 可以设想这样一种方案,同一个税务部门对一个纳税群体的不同成员以不同的赋税规则进行课税。因而,对于甲来说,假设目前其收入为 1000 英镑,其所适用赋税为:收入 900 英镑课税 9%,收入 1000 英镑课税 10%,收入 1100 英镑课税 11%;对于乙来说,假设其收入为 1100 英镑,其所适用赋税为:收入 900 英镑课税 20%,收入 1000 英镑课税 21%,收入 1100 英镑课税 22%,以此类推。同理,甲可能被课以 1000 英镑的人头税,而乙则被课以 100 英镑的人头税;甲的啤酒税为其消费的 20%,乙的啤酒税则为其消费的 40%。然而,在现代社会,这种方案极难付诸实施。除了在非常特殊的情况下,给诸如专制暴政、怀恨报复、个人

---

① 在这种情况下,既然(根据本章第三节)$\psi(0)$ 和 $\psi'(0)$ 都等于 0,很容易证明 $a\left\{\dfrac{1}{x}\psi'(x)-\dfrac{1}{x^2}\psi(x)\right\}$ 等于 $\dfrac{1}{2}a\psi''(x)$。

好恶、倒买倒卖、逃税漏税等等制造点机会之外，一定要摒弃这种做法。为避免滥用，课税必须遵循根据"客观"标准制定的通用规则。因而，一个通用赋税方案中的每一个赋税规则都必须向所有纳税人传达一个且是同一的内容。比方说，"'任何人'已婚并育有一子且收入达多少多少，应如何如何纳税"。如果某甲被告知根据其收入1100英镑、1000英镑或者900英镑，应分别纳税11%、10%或9%，那么所有与之相当的人都应照此纳税。如果要征收比方说100英镑的人头税（以生存为条件），那么，"所有人"无论其财富多寡，都应该支付相同的税额。如果每英亩地征收5英镑的土地税，那么，不管是不是百万富翁，"每一位"拥有百英亩土地的人都应支付500英镑的土地税。不过，如果征收10%的茶叶税，而两位收入相同的人，一位喜茶一位恶茶，那么，他们应该缴纳不同额度的税。政府有责任有义务对社会各界人士以同样的赋税方案进行课税，[①]其影响重大。由于一些人有着不同的喜好，对于别人的收入也有着不同的敏感度，如果政府不受这些条件的约束，那么任何给定的税收都可以更小的总牺牲课征到，比现在能够施加的最小牺牲还要小。简而言之，对于最小牺牲的理想追求会有一定的障碍。我们寻求最小牺牲，但并不是绝对意义上的最小牺牲，而是相对意义上的，即相对于如下条件：向每一位公民提出单一的（同一的）税收方案。

---

① 当英格兰和爱尔兰统一税收部门的时候，有人强烈主张，鉴于英格兰人和爱尔兰人对于啤酒和威士忌的不同喜好，以同税课之，并不妥当。但实际过程中，他们还是被套用了同样的赋税规则。参阅后文第七章第2节。

第三章　不同赋税规则的相互作用

§1 当一项赋税方案之中包括多个赋税规则的时候，税收收入一般并不等于每项规则单独实施时所收税额的总和。这其中所涉及的关系有点复杂，我将在下文中加以简要分析。

§2 首先，给定税收的征收与使用并非仅仅是再转移给公众（比如以权益的形式）。[①] 这种情况下，该税征收额度很容易影响后续赋税（如果有这些后续赋税的话）的征缴，而这与该先征税的征收方式及其宣告效应都没有关系。"某些"后续征税其实丝毫不受影响，因此，像人头税、土地税（按每英亩实际征收），或者租金税（按照真租金比例征收）等，会产生同样的税收收入，而不管同时期以其他方式所征税收之多少。此外，劳动收入所得税在任何情况下，也不会受到直接影响（其间接影响请见下文第3节），因为所得税一般情况下都已经在实际收入水平上先于其他赋税课征完了，故而后续赋税并不影响被评估对象的整体规模。另一方面，任何普通的商品税都会受其他赋税负担的影响，赋税负担带来的贫困会导致商品税的减少。对于投资收益税和遗产税，也是同样

---

① 即便是将税收资金重新转移给公众，我们也不能保证不发生本段所探讨的这类结果，除非该转移是按纳税人缴税比例进行的。

的道理，因为苛捐杂税会减少资本的积累。因此，一组（套）税收方案——始终假定以非转移性支出为目的——会在一定程度上影响某些其他税收。再请注意，在一个极其贫穷的国家，如果征收面包税，相比于没有其他重税的情况，在有其他重税的情况下反倒可能会带来"更多"的税收收入，这是因为人们会被迫购买面包来替代更贵的其他食物。

§3 第二，新税受现有税制影响的程度不仅取决于现有税制情况下的税收收入，还取决于不同收入人群的赋税额的分布情况。因而，如果现有税制显著地由向富人征收的税种组成，比方说，如果其主要组成部分为递增的累进所得税，那么，与针对常用物品的普通消费税相比，富人手里的钱就会更少，而穷人手里的钱会更多。由此可见，主要针对富人消费品的新税，在给定税率的情况下，前一种情况比后一种情况所产生的增收岁入要少；反之，针对穷人消费品的新税，在给定税率的情况下，会产生更多的增收岁入。因而，换个角度来说，在增收税额给定的情况下，对于前一种情况，征收香槟税就得设一个更高的税率，而对于给定递增程度的遗产税，则其公式应该设一个更高的比率；[①] 反之，对于第二种情况，啤酒税应该设一个较低的税率。

§4 第三，当征税额度及其赋税分配已定，后续赋税的收入会受到现有赋税的"性质"的影响，并将根据后续赋税自身的性质而以不同的方式进行调节。因而，如果税收收入（"税额给定"）的主体为人头税，那么，比起主体为一系列的商品税的税制，一项

[①] 用第二章第2节的语言来说，税收常数应该更大。

第三章 不同赋税规则的相互作用

按给定规则计算的所得税将会带来更多的税收收入。因为虽然人头税增加纳税人的货币边际效用的方式，与能够带来同等税收收入的商品税一样，但是人头税与其他这些税种不同的是，即使纳税人为了补偿自己，做更多的工作从而获得更多的收入同时也产生更多的消费，人头税也不会增加纳税人额外的赋税负担。① 因此，如果税制的其余部分是由人头税构成的，那么就会有更多的收入可以用于所得税的评估，因而，从任何一种给定的所得税方案中，都可以获得更大的收益；而如果现行税制的其余部分是商品税的话，就不尽然了。另外，如果税制的其余部分里面还包括一种重税，而且这种重税是针对两种竞争性商品中的一种进行征收的，比方说牛肉，其竞争性商品假设为羊肉，这样人们就会主要靠羊肉来提供肉食；这时候对另外一种竞争性商品（这里指羊肉）来适度征税，那么，新征的羊肉税会比以某种方式抬高的牛肉税产生多得多的税收收入。反之，如果税制的其余部分里面，有对两种互补商品之一（比如茶或者啤酒）征收的重税，那么，对另外一种互补商品（比如糖或者啤酒花）适度征税，新征税将会产生大大低于其他方式所能带来的税收收入。在这些反应当中，某些相互的属性还会使事情变得更为复杂。故而，如果已经存在牛肉税，那么新征的羊肉税会提高牛肉税收入；而新征的糖税或者啤酒花税则会降低茶税或者啤酒税的收入。因此，由新增税所带来的总税收的增加并不等于新税的收益；根据税收机制整体的结构，

---

① 请注意，这一论点假设货币与银行体系是正常的，并非无论实际收入如何变化，货币收入都保持不变。

二者的关系也会因不同的新税而千差万别。

§5 鉴于以上考虑，显然，当要达到特定新增税收额度的时候，我们往往无法说出究竟一个给定的税族里面哪一个成员（或者，举一个简单的特例，某个税种的什么税率）可以带来目标收入，除非我们既知道目前已征税额多少，也知道这笔税额的赋税规则如何。

第四章 最小牺牲原则与赋税分配

§1 任何国家的税收总收入都是由各个部分组成的，即向不同经济条件下许多不同的个体课税而得。因此，在税收收入总额确定之后，会有两大因素决定课税的总牺牲：其一，税收总收入的各个部分在不同经济条件（即拥有财富的不同程度等情况）人群中的"分布"情况；其二，对每一位纳税人"宣告"的特定的纳税责任，具体体现在其纳税方案内。在后面的章节，我们再行讨论税制的这两方面复杂的相互关系。在本章，我们暂不考虑赋税宣告这一方面，而只探究最小牺牲原则会导致什么样的赋税分配。

§2 不过，在着手进行我们的任务之前，我们首先需要澄清我们所理解的赋税宣告到底是什么？我们所说的暂不考虑又是何意？一般来说，一项税收的宣告会使人们调整他们的行为，其用意多多少少在于规避纳税的压力。因而，如果喝啤酒需要被征税，人们就会少买啤酒。所以，当我们说不考虑税收宣告的这些方面的时候，大致上来说，我们的意思是假设这不会使人们调整他们的行为。当然，这其实是一种很荒谬的假设。如果某人赋税之外，收入为2000英镑，被迫向政府缴纳500英镑且政府没有任何返利，那这个人必然调整其行为。当我把赋税宣告这一方面排除掉，我的假设是，这个2000英镑收入的人，在被夺走500英镑之后，他的行为方式一定不同于不被夺走500英镑的情况，但他的行为方式应与缴纳了500英镑定额税没什么两样，即无论如何，他都无法改变缴税额。在缴定额税的情况下，他的行为方式应该是：第一，其缴税前后劳动量不变；第二，其净收入为1500英镑；第三，其收入用于购物的分配方式不是原有2000英镑完好无损情况下的支出方式（比如，会多花点钱在奢侈品上，而少花点钱在食物和住宿上），而应该与收入为1500英镑、不纳税且秉性与之相同的人的消费方式毫无二致。正是由此而非其他原因，我们才可以排除赋税宣告这方面的影响，而集中考虑赋税分配的情况。

§3 当然，考虑赋税分配问题不能孤立地看待某项特定的税收。最小牺牲原则要求"全部"各项税款依照某种方式进行分配，并且在无法找到"最优"分配方案的情况下，最小牺牲原则也要求该分配方案虽不及"最优"方案，但要优于其他方案。在现有税制的基础上，如果我们要决定应以何种手段征收特定数量的追加税（或曰附加税、新增税），我们在确定赋税分配时，必须将新税、旧税放到一起，通盘考虑，而不能只是考虑新税。这既取决于旧税的性质，也取决于新税的性质。如果旧税是如此这般，新税A比新税B更符合最小牺牲原则；但如果旧税是这般如此，新税B就会更符合了。例如，假设甲乙二人在各个方面均相同，那么，如果现行税制下其赋税相同，则新增税所带来的负担亦应相同；但是，如果现行税制对甲更为严苛，那么新增税就应对乙更为严苛，以纠正这种不平衡。正如马歇尔所言，"繁重的赋税，不论（英国）国税还是地方税，都应通盘考虑，以整体待之。几乎每一项赋税本身都会给此阶层或彼阶层带来过度的负担，造成不平等；但是，如果此处的不平等能由彼处的不平等予以弥补，并使各部同步变化，就无关紧要了。如果这一困难情况能够得以解决，整个（税收）机制还是有可能公平合理的，尽管其各组成部分单独看仍会存在不公平、不合理的地方"。①

§4 有了上述这些理解，我们便可以放心地做如下假设来进行讨论，即因税收而致的所有牺牲都是相关纳税人立即的直接牺牲，并且不存在将来需要被考虑的间接牺牲。这一假设我们暂且留中以供后用，现时我们可能注意到了，穆勒在其赋税分配的讨论中，犯了（或者至少是貌似犯了）一个严重的错误。穆勒写道："不论它（政府）要求他们（各类人等）做出的牺牲是什么，大家所承担的压力应该尽可能相等；**我们必须看到，这就是给整体带来最小牺牲的模式**。"② 在这一段中，穆勒的考虑很可能不只是赋税分配的结果，尽管我认为并非如此。在任何情况下，也不论我们对穆勒的观点做何阐释，事实是在我们只考虑赋税分配的时候，一个处处都是平等牺牲的机制"不"会促进最小总牺牲原则的实施。这一点显而易见。比如，如果从10000英镑收入当中扣除1000英镑与从1000英镑收入当中扣除100英镑，二者牺牲相同，那么，从10000英镑收入当中扣除1100英镑所带来的总牺牲，"一定"小于从该收入当中扣除1000英镑再"加"上从1000英镑收入当中扣除100英镑二者牺牲之和。为了保证最小总牺牲，赋税分配应该使得纳税款的货币边际效用对所有纳税人都是相等的。如果纳税

---

① Marshall, *Memorandum on Imperial and Local Taxes* [C.—9528], p. 113.
② *Political Economy*，第五册第二章第二节第一段。黑体为本书作者所加。

人甲所缴纳的最后一分钱的效用小于纳税人乙所缴纳的最后一分钱的效用,那么我们就可以通过将乙的一部分税额转移给甲来减少牺牲。因而,遵从最小总牺牲原则的赋税分配,是使社会中每个纳税人所承担的"边际牺牲"(而不是总牺牲)相等。

§5 如果我们进一步深入到具体问题,就会发现,一个得到充分实施的均等边际牺牲机制似乎必须要砍掉所有收入超出最低收入的那部分,使得每个人在缴税之后收入相等。如果所要求的税收额不足以吸收超出最低收入的全部过剩额——用埃奇沃思(Edgeworth)的话来说,如果没有足够的税项来征税——那么符合逻辑的步骤应该是,首先满足政府的需要,削平最高收入的尖顶,之后,继续向中档收入征税,然后,从收益当中拨出补助金来补差给最少收入者,最终实现完全意义上的平等。如果排除掉后面这一步,即只允许按政府需求额度征收税款,那么这些税收收入应全部征缴于最高收入者,使其在此过程中减少到最高免税收入。当然,由于人与人的性情、喜好不同,严格来讲,应因此而设置一定的补贴;比如,如果甲如此之敏感,他从 5000 英镑收入中的最后一英镑所获得的满足感如同乙从 1000 英镑收入中的最后一英镑所获得的满足感,那么,就没有理由从甲拿走钱而不从乙拿走钱。在实际当中,显然不可能体谅不同人群感受快乐的能力的差异,这种考虑也就只得放弃;同时,又没有更好的解决办法,因而只能做如下假设,即所有的纳税人秉性相似。基于这项假设,上面所勾勒出的情况就是所谓均等边际牺牲理论的主张。

§6 乍一看,只要是仅考虑赋税分配而不考虑赋税宣告这一因素,这样所取得的结果就会既完美无缺又毋庸置疑。然而,事实上，这一结果要受到一条特别重要的条件限制，其原因是本章第4节开头所做的假设——大意为赋税造成的唯一牺牲因而也是唯一应考虑的牺牲就是当前的牺牲——是无效的。税收所产生的牺牲可能会是间接的，也可能会对将来造成影响，比如，对课税之时尚未出生的人造成影响。毫无疑问，借用概念界定的某种技巧就可以在不改变上述均等边际牺牲计算规则的情况下，将未来牺牲纳入考虑范围之内。然而，更方便的说法是，当未来没有相关的牺牲时，最小牺牲原则要求均等边际当前牺牲；而当未来有相关的牺牲时，则在均等边际当前牺牲基础上需做出必要的调整。下面，我将对此详加阐述。

§7 这其中首要内容大致如下。我们有理由认为贫困之人其收入用于储蓄的比例，相比于用于消费的比例，一定很小（事实也的确如此），而随着收入水平的提高，用于储蓄的比例也会相应地上升。[①] 因而可以说，即使人们税后可支配收入用于不同用途的分配比例与纳税之前没有不同，征收特定的税额也会使人们首先减少储蓄，而达到该税额的赋税更多地是集中在上层收入阶层。此外，如我们在本章第1节所言，事实上，当人们被征税时，他们对剩余资金的各项使用，并不是按照纳税项目同比例缩减的。人们对某些商品的需求收入弹性会高于另外一些商品。对于储蓄而言，这种弹性可能非常巨大。人们会把满足正常生活标准（这是刚性的）之后的结余都存起来。于是，如果赋税集中在更高收入阶层，而不是按照不同阶层储蓄的相对比例来计算，那么，储蓄数量甚

[①] 参看作者本人所著 *Employment and Equilibrium*，第二部分第六章。

至会减少得更多。① 这意味着，赋税只能按照均等边际当前牺牲原则来分配，其代价为每年新增储蓄额的减少，并进而影响每年新增资本工具的增长。需要说明的是，这里面已经考虑了如下条件：个人储户继续投资而不囤积储蓄，或者允许其他人来利用他们的储蓄。②

§8 当年创新增资本受到约束时，那些利用资本工具的人（数量给定）得到的实际收益会比他们本来应该得到的要少，因而会蒙受损失。如果我们假定他们的人数在一定程度上增加了，对于资本积累的约束可能会迫使他接受较低的实际薪资水平；而如果没有约束，尽管人数有所增加，他们的薪资水平可能也会保持不变。因纳税而收入减少的个人不会考虑这类影响。纳税人减少储蓄，与减少消费购物不同，会产生一项副产品，即对他人造成额外的牺牲，这一点往往被忽视，但广义而言，显然于总牺牲却不是无关紧要的。因此，除了采取相关的国家行动来抵消集中向富人征税所必然产生的对资本积累的影响之外，看来最小牺牲原则也指向一种对这些人多多少少更加宽大为怀的机制，而均等边际

---

① 将这些一般性的考虑运用于大不列颠这一特例时，我们必须牢记，国家年储蓄当中很大一部分来自于股份公司未分配利润对公司储备的增加。公司未分配利润适用于所得税的标准税率，而不是附加税率。据 1943 年白皮书（Cmd. 6520）估计，1938 年个人净储蓄额达 1.58 亿英镑，非个人净储蓄额达 1.70 亿英镑（第 11 和第 29 页），比未分配利润略高。

② 在普遍采用的定义（参见 *Employment and Equilibrium*，第一部分第三章）中，总储蓄和总投资必然相等，因而不可能有净储蓄的囤积，但以此便认为没有必要考虑上述限制条件，则是错误的。囤积确可发生，但这只是因为，如果一个人的储蓄大于投资并且囤积起来了（除非其结余被他人用作投资），其他人的收入以及消费之后的收入结余（即储蓄）都会相应地减少到一定的程度。因此说，个人完全能够以囤积货币的方式进行储蓄。税收可以限制这种行为，但不会妨碍新的资本工具的积累。相反，税收能刺激货币收入，因而可能带来真正的投资和真正的消费，使之大于任何其他方式所能产生的效果。

第四章　最小牺牲原则与赋税分配

当前牺牲原则则不然。①

§9 与此同时，还有另外一种考虑，本质上也有着类似的性质。在一定程度上，任何人购买某类商品的每一英镑价值，除了产生与其欲望相当的直接满足感之外，还会产生一种意外收获。这种收获就是他本人的（也许还有他的子孙的）生产效能，以及这种增长的生产效能所带来的产量增加使他获得的满足感。如果由于赋税而使其减少了消费，以至于降低了他及其子孙的生产效能，那么，他及其子孙的满足感的损失，即最终的总牺牲，就会多于所受到的直接牺牲。此外，还应注意到，一个人把部分收入花费在不能提升效能的地方，例如，"普通的必需品"等等，仅凭这一事实并不能证明，如果他被迫削减收入，其方式将无害于效能。如果一定要采取这样的方式，也不是没有"空间"，但人们很可能更愿意紧紧抓住普通的必需品，甚至以摒弃真正的需求为代价。我们还应指出的是，消费的数量，降低到什么程度就会破坏效能，对于各行各业的人群而言是不一样的。挖河筑路的工人一年花费300英镑所产生的效能与其任何更大数额的支出所产生的效能恐怕都是一样的；而对于一位需要安静、需要精神刺激的哲学家来说，

---

① 上述讨论的本质可以通过一个抽象的例子来进行说明。假设某社区只有两个人，其中一个是收入微薄的穷人，另外一个是收入丰厚的富人，所有的资本积累都仰仗于后者，并且二人都永生不死。那么，穷人的总满足感既取决于他本人税后的剩余货币收入，也取决于富人税后的货币收入，"在永恒的相下"（斯宾诺莎语，即以永恒的观点或视角。——译者注），就是一个由二者税后货币收入共同决定的函数。因此，为了最大化总满足感，我们所要求的赋税分配并不是穷人最后一英镑赋税给穷人带来的牺牲要等于富人最后一英镑赋税给富人带来的牺牲，而是从富人手里拿走的一英镑所带来的牺牲要等于加在富人身上的直接牺牲加上加在穷人身上的间接牺牲。

如果其支出从1000英镑减少到900英镑，那么他的效能也会相应地减少。然而，这些都是次要的问题。重点是当税收减少了净收入的时候，对于收入少的人而言，净支出也会减少，但对于中等富裕的人或者富人而言，则并非如此，这里面除了直接牺牲之外，还涉及间接牺牲的元素（本章第4节和第5节所探讨的内容）。

§10 这一结果与第8节所获得的结果多多少少可以相互抵消。第4、第5两节的讨论忽视了两个重要的元素，即一方面忽视了与对高收入征税相关的牺牲，另一方面也忽视了与对低收入征税相关的牺牲。显然，在任何最终的判断当中，这两项被忽视的元素都应被考虑在内。当把这两项元素综合起来考虑的时候，最终的结果是，穷人和富人乍看起来是但实际都不是令人满意的课税对象，天平倾向了不幸的中等富裕的中间阶层。①

---

① 本章的讨论并不能（本讨论也无意于此）阐释存储额受征税与税收"支出"的影响的方式，我们的论证，正如第一章第1节所设置的前提，假设了支出，所关心的是比较募集所需资金的不同方式。显然，根据政府花钱的方式，政府"筹款"与"开支"的效果是不同的。在非转移性支出的情况下，用于建造房屋的资金可以构成储蓄，而用于维持军队和行政部门的费用则不然。在转移支付的情况下，则取决于收到转移支付的那些人储蓄的意愿和能力。对于战争抚恤金或者养老金的领取者，他们不大可能将其抚恤金或养老金的大部分都存起来；而对于国内战争债券所支付的利息，其持有人很可能将其中相当一部分存起来。鉴于大部分战争贷款都是由银行、保险公司、股份公司等持有，尽管剩余的大部分也都由殷实富裕的人持有，但是，转移支付接受者将一部分钱用于储蓄，其储蓄额度很可能会超过原持有者（倘若钱仍在他们手上的话）所能产生的储蓄（参见 *The Report of Committee on National Debt and Taxation*, p. 99）。对于国内战争债券持有人的本金的偿还，转移支付实际上一定会带来储蓄额的净增长；因为，尽管所偿还的本金大体上会被持有者用于再投资，但是为了偿还债务而筹集的一部分资金肯定是从消费当中提取的。

第五章　最小牺牲原则与赋税宣告

§1 在本章，我将不考虑赋税分配的影响，就像前面一章，我没有考虑通过不同的赋税规则来宣告纳税人责任所带来的影响一样。为了达成这个目标，如下假设虽不真实，但十分必要：假设课税对象为这样的收入群体，其所有收入均来源于其辛勤劳作，其各个成员均一般无二，不仅秉性、家产等等一模一样，能令其满足的收入水平也完全相同。在此基础上，我们来研究由此种或彼种赋税宣告来取得特定的税收收入，会有什么样的不同程度的牺牲。我将把商品税放到一边，假设所有的税收（revenue）都是按照一个赋税规则来征缴的，其课征对象只有收入（income）一项，包括人头税，正如第二章第3节所阐释的，作为所得税的一种限制性类型。同样依照该节所言，我进一步假设，造成总税收随着收入的增加而"减少"的赋税规则（即，对于相对应的 x 值，$\psi'(x)$ 为负）被排除在外。

§2 在这些条件下，当课征税额给定，并且有关收入水平与满足感的函数（即该收入所带来的满足感或者该收入所造成的不满足感）也已给定时，如果所使用的赋税规则促使人们多劳多得、少劳少得，则总牺牲会更小。为了说明这一点，我们假设政府从一位典型纳税人那里取走一定的收入额 R，其中政府只用了 R_1，将剩余

部分 $(R-R_1)$ 再行转移支付给纳税人。设 $\phi(x-R_1)$ 为纳税人在税后剩余收入 $(x-R_1)$ 上所获得的总满足感,并设 $F(x)$ 为纳税人努力赚取收入 x 所经历的总不满足感。显然,该纳税人所享有的净满足感越大越好,也就是说,他所遭受的牺牲应是一个最小值,即征收税额为 R 所使用的赋税规则能够使 x 取值在收入 $(x-R_1)$ 上的边际效用等于赚取收入 x 的边际负效用,用公式记作 $\dfrac{\mathrm{d}\phi(x-R_1)}{\mathrm{d}x}=F'(x)$。现在,既然我们已经排除了高收入比低收入征收税额更小的赋税规则,那么,很显然,任何已"包含"的赋税规则都不能使 x 的值大于由上述方程产生的值。将此值以大写的 X 表示。进而,在任何两个能够产生同样的税额 R 的赋税规则之间,若其中之一使得 x 取值比另外一个所导致的 x 取值更低于 X 值,那么,纳税人所能享有的总满足感一定更大,即第一个赋税规则比第二个赋税规则所带来的总牺牲一定更小。因而,以不同的赋税规则来获得相同的给定税额(其中一部分额度为政府所用),从最小牺牲的观点来看,其优劣可以按顺序排序,使之与劳动量相符,也即与其所创造的收入相符。这一结果有完美的普适性,并且还包括了下面这种情况,即典型纳税人所纳税额丝毫未被动用,并且一次性地全部转移回纳税人。这种情况下,忽略赋税分配的影响,在我们的等式当中,R_1 将被简单记作等于零。

§3 在我们的探讨中,目前为止,尚无必要就税收中劳动量与税收前劳动量的关系加以阐释。不过,在此简单加以补充,谈上一二也是值得的。

§4 在政府征税、用税的过程中,显然,在一定的赋税规则

第五章 最小牺牲原则与赋税宣告

（比如人头税）下，纳税人会努力做更多的工作，而如果不征税，纳税人则未必如此。这是因为，就人头税而言，如果他们只是完成同样的工作量，所剩余收入的边际效用将会大于产生一个边际单位收入所完成的工作的负效用。[①]但对于所有其他（已包括的）赋税规则而言，在政府征收指定的税额并把税款全部花光用尽的情况下，纳税人的劳动量——除非劳动是完全无弹性（或曰刚性）供给——要少于人头税这一赋税规则的情况；另外，显而易见的是，在某些条件下，对于某些赋税规则来说，劳动量也会比完全不征税情况下的劳动量要小。

当向典型纳税人征收的税款未被政府完全花光用光，而是又转移给纳税人（比如，纳税人持有政府债券获取利息）时，这种综合过程，对于任何赋税规则（包括人头税）来说，都不可能使其劳动量比不征税的情况要大。这是因为，既然从典型纳税人那里征得税款已经同时返还给了他，那么征收人头税的情况与不征税的情况就没有什么区别，其从事一定量的劳动所获得的收入的边际效用都是一样的。

因而，纳税所从事的劳动量与无纳税所从事的劳动量，二者的关系因税收收入用于转移性目的还是用于非转移性目的而不尽相同。不过，这一点偏离了我们目前正在探讨的话题。

---

① 只要政府将税收全部用于为人民提供诸如初等教育等方面的服务（这些服务或其替代品本来是需要人们自己花钱来购买的，但现在都交给税收了），那么，对于他们而言，钱的边际效用当然并没有提高。但是，正如从第一部分第五章所能看到的那样，政府通过税收所进行的非转移性支出的主体部分很可能集中在诸如国防开支等方面。像这种开支，如果政府没有提供，那也就根本不会提供了。

§5 当向指定群体（其所有成员都彼此相似、收入相等）以指定税族（一族赋税规则，含多个成员）中的某个（任一）成员来征税的时候，其所能获得的最大税额不可能来自该税族的多个成员，即该税族当中不大可能会有一个以上的成员能征得这样的岁入。对于定额税或者人头税这样的税族，不可能有一个以上的成员（就此例而言，不可能有一个以上的税率）同时具备这种能力；对于比例税这样的税族，道理也是一样的；并且对于其他很多税族都是同样的道理。当然，从理论上讲，是会有一些税族并非如此的。然而，这不过是一种精致的表达而已。实际上来讲，我们可以说，某税族的某（任一）成员所可能获取的最大岁入额只能由该税族的一个成员征得。不过，如果所要完成的税额低于一个税族中某（任一）成员所能征得的最大额度，情况就并非如此了。对于人头税这一税族而言，仍然会是只有其中一位成员能够征得这笔岁入。但对于比例税这一税族，总是会有两位成员。任何的岁入额度，只要不是某比例税所可能获得的最大额度，都可以通过低于最大税额税率的税率或者高于最大税额税率的税率来完成。事实上，这里面有一个如何选择的问题，即是选择向相对高收入人群（所谓相对高收入无非是因为税率低而已）以较低税率征收，还是选择向相对低收入人群以较高税率征收。对于其他税族而言，一般来讲都是如此。因而，让我们以如下公式来描述一个税族及其所有成员，即所征得的税收收入 R 分别等于 $a_1\psi(x)$，$a_1\psi(x)$，…，$a_m\psi(x)$，$a_{m+1}\psi(x)$，等等，其中 a 的下标越大，a 的值越大，并且 $R=a_m\psi(x)$ 为该税族中能够征得最大税额的成员。那么，按照上述排序，一般来讲，除最大税额之外的任何税额都可以由排在最大

税额成员 $R=a_m\psi(x)$ 之前的某个成员来完成，或者由排于其后的某个成员来完成。对于某些税族而言，低于最大税额的某些税额可以由该家族中不止两位成员来完成。显然，如果给定税额可以由给定税族的两位及以上成员来完成，并且，可以说，倘若选择"排位最低"的那位成员来完成税额，那么，所付出的牺牲（劳动量）就会减少，因此，依照前述讨论，所付出的总牺牲就会减少。对于比例税这一税族而言，当然，这意味着能够征得给定税额的较低税率要优先于较高税率。对于其他税族而言，这意味着，如果其成员按照如上示例予以排序，a 的下标小的成员要优先于 a 的下标大的成员。因此，在下文中，当谈到属于某一税族、能够征得给定税额的赋税规则（或公式）的时候，如果有两位或多位成员满足条件，我通常是指排位最低的那位成员。

§6 在征缴给定税额的时候，我们的主要问题不在于不同的税族内部，而在于不同的税族之间，即不同税族所能派出的最佳代表，或者说最强候选。由此说来，我们必须要注意，并不是每个税族所选派的代表都是合格的。如果给定税额很小（相对于该地、该社区所能获得的税前收入而言）的话，恐怕没有几个税族无法选派合适的代表。但随着给定税额的增大，会有越来越多的税族被迫退出，因为它们所能选派的最强代表已经无法征得给定税额了。理论上讲，将各个税族按照其最强代表所能征缴的最大税额进行排序，是有可能的。因而，在一个"所有成员收入均相等"的社会里，如果所需税额超过一定的规模，除了人头税这一税族的某个成员之外，没有哪一项赋税规则可以满足这一要求了。如果降低所需税额，那么，某些累退税税族可以提供成员来完成这项任务。对于较小的税收额度，比例税税族能够完成；对于更小的税收额度，累进税税族也能够完成。如果累退或者累进"税率"对于所有的 x 都是常数，这样的赋税规则当中，累退税率较高者或者累进税率较低者，根据第二章第 6 节的定义，比累退税率较低者或者累进税率较高者，能够征得更大的税收收入。有一种赋税规则，其公式为 $R=(x-\kappa)$，κ 为常数，尤其值得一提。在成员收入"不同"的社会里，就需要这一规则来满足均等边际当前牺牲的原则。然而，显然，这种情况下，没有人会愿意确保收入超过 κ。因而，也根本不会有什么税收收入了——当然除了强制性劳动以外。换句话说，此类赋税规则只适用于零收入的情况！

§7 就现有赋税规则而言，按照上述讨论，不论其征收的税额为多少，都可以进行某些一般性的比较。很显然，对于"任何"税收数额，边际税率较低的征税机制总是比边际税率较高的征税机制对劳动的制约要小，即劳动积极性会更高。当然，所谓边际税率是指额外的税收增长，根据纳税计划，针对纳税人超过实际应纳税收入的那部分增量来征税。在人头税的税制下，这种边际税率显然是零。由于我们并不考虑边际税率小于零的情况，这就表明在这样一个纳税群体里面，其所有成员都彼此相似、收入相等，从赋税宣告的角度来讲，人头税是课征到特定税额的"最佳"办法。考虑到我们已经将对于一些 x 的值是累进的而对于另外一些 x 的值则是累退的这样的赋税规则排除在外了，我们可以进一步观察到，对于给定的税额，累退税制下的边际税率要小于比例税下的边际税率，而比例税下的边际税率又要小于累进税下的边际税率。因此，依照本章第 2 节的讨论，从最小牺牲的观点来看，累退税制赋税规则要优于比例税制赋税规则，而比例税制赋税规则又优于累进税制赋税规则。同理，对于累退制或累进制的赋税规则，其税率按照第二章第6节所定义的那样，如果对所有的 x 值都为常数，那么，越是累退越有优势，越是累进越处劣势。

§8 如果我们把视野扩展到累退税率和累进税率并非常数的赋税规则，就不再可能划分出绝对意义上的优劣等级了，即不可能不考虑需要课征的税收额度。这却也在意料之中，因为不同的税收数量需要涉税家族不同的成员来完成。假如说，甲家的约翰和乙家的乔安是征收税额为 R_1 的各自家庭相应的应税成员，甲家的亨利和乙家的海因里希是征收税额为 R_2 的相应的家族成员。那么，没有什么能够阻挡约翰胜过乔安，而同时亨利输给海因里希。在我们的符号里面，约翰和乔安分别由 $R_k=a_k\psi_1(x)$ 和 $R_k=b_k\psi_2(x)$ 代表，亨利和海因里希分别由 $R_r=a_r\psi_1(x)$ 和 $R_r=b_r\psi_2(x)$ 代表。于是，倘若在税收 R_k 附近有 $a_k\psi_1'(x)<b_k\psi_2'(x)$，则约翰要优越于乔安；倘若在税收 R_r 附近有 $a_r\psi_1'(x)<b_r\psi_2'(x)$，则亨利要优越于海因里希。显然，这两种不等式并不能由一方推出另一方。因此，一般来讲，不同赋税家族的优劣，只有在考虑到税收额度的情况下才能做出比较。就"任何"税收收入而言，我们只能笼统地说，根据这里所做的假设，比例税制家族相应的成员不如累退税制家族相应的成员，但却优于累进税制家族相应的成员。

§9 就目前所言，我们只是探讨了 A 计划是好于还是劣于 B 计划，而没有探讨究竟有多好或者有多糟。对于任何一个彼此相似、收入相等的群体而言，以人头税课征特定税额的牺牲要小于依劳动所得的比例税制，而依劳动所得的比例税制课征特定税额的牺牲又要小于累进税制；但我们并不知道采用一种税制而不采用另外一种税制，其总牺牲的差异究竟有多大——是微不足道，还是比较可观，抑或是非常巨大。从任何彼此相似、收入相等的群体课税，不管税额是多少，我们很容易看到，如果纳税人选择做的劳动量与相应的劳动回报只有很小的差别，即供给弹性极其微小，那么劳动带来的差异就很小，因此不论选择人头税、比例税，还是高累进税，其总牺牲的差异都微不足道。因而，为了实际确定选择一个好的而不是一个坏的赋税规则有多重要，我们必须要考虑该群体纳税人劳动供给弹性的大小。对于绝大多数人而言，一旦他们的职业确定下来，他们从事的劳动也就确定了下来，他们所能掌控的劳动量就是极其有限的了。他们的劳动时间由规则规定，他们的努力程度在很多情况下由习俗和传统决定，他们的退休年龄由退休金决定，等等。只有相对很少的人才会经常产生这种疑问："我多做点儿额外的工作，好不容易有点收益，还得交税，那这么做到底值得不值得我花时间呢？"国家债务与税收委员会少数派在报告中写道："在庞大的、不断增长的薪资企业（与之相对的是医学、法律等支付酬金的职业）这一群体里面，其劳动和薪资（经常也包括退休年龄）都是固定的，纳税人不可能靠更努力、更长久的劳动来弥补其增加的赋税，也不可能靠减少劳动产出来减少纳税义务，除非他彻底辞职不干。随着股份制企业的增长，在我们看来，能够按照纳税义务调整其劳动付出的纳税人寥寥无几，因此它现在尚不足以对国民生产总值产生严重的影响。"[①] 此外，在较高端行业，掌管大公司的富人

---

① 《国家债务与税收委员会报告》，第380页。

更关注于公司的成功（他们将其作为衡量他们能力的指标或攫取权力的手段），而不是他们个人净收入（往往怎么算数目都不小）的变化。从这个角度出发，科尔温（Colwyn）委员会在贸易理事会的协助下，力图将1914年前相对低的赋税与1922—1923年间的高赋税加以比较，并最终得出结论："该比较并不支持如下观点，即战后高赋税往往会阻止富人在达到退休年龄之后继续从事商业活动。"[①]事实上，必须承认，从长远来看（以区别于短期的观点），上述讨论所指出的极端刚性的劳动供给都是有一定的灵活性的。一个人在考虑是否要劳心费力使自己适合一项困难的工作时，其选择在很大程度上是由未来能获得的回报决定的。如果成功的奖励（假设真的赢得了这份奖励）要付出重税的代价，企业就会在很大程度上感到气馁。不过，就整个事情的一般看法而言，我认为大家会一致同意，在所有工薪收入的群体中，对于绝大多数领取工资收入的人来说，劳动供给显然是没有弹性的。由是，不论我们讨论哪个收入人群（其收入相当），我们从可选赋税规则[②]当中选择一种或另一种赋税宣告（以收入为课征对象），就目前为止的讨论而言，所造成的总牺牲的差异很可能都很小。

§10 当然，这并非讨论的终结。目前为止，我们一直默认，尽管人们可以选择从事的各种工作类型不同，但所有各类的所得税都没有差别。不过，这只适用于一种类型，即比例所得税。在累进所得税的情况下，企业获得巨大营收和企业蒙受巨大损失的

---

① 《国家债务与税收委员会报告》，第162页。
② 这里的措辞其实是排除了我在第6节结尾所描述的那种赋税规则——在该赋税规则下，所有超过一个确定金额的收入都要以每英镑20先令纳税。

时候，企业所得税会呈现出十分重大的差别，这与具有同等精算前景的所谓安全企业是完全不同的。假如十人共同投资某安全企业共计十万英镑，收益率为5%，则十个人每人收入500英镑；但如果这十人投资十家风险企业，而总的精算前景相同，其中九人都做成了赔钱买卖，那么，成功的那一位必须收到5000英镑的补偿，而这5000英镑的总税额要比十个人每人500英镑的税额高得多。① 斯坦普（Stamp）指出，只要有保险公司承担风险，这种差异就可得到化解，所支付的保险费记作公司的免税支出。现实中，很多行业都是以此来规避风险的，比如，船业公司固定投保以避免海损，但其他一些风险，比如投资新创企业失败的风险，就不能以此来规避了。② 有人断定，这种差别必然会过度抑制工业中的大胆行为，从而间接地损害生产，并进而损害总体满足感。因此，目前从赋税宣告这方面来说，大幅累进税制相比于比例所得税制，其劣势比上一节所表明的那样还要更为严重。

---

① 参见 Hawtrey, *The Economic Problem*, p. 371。

② 参见 "Taxation, Risk-bearing and the Price Level," *Economic Journal*, June 1928, pp. 208-9。

第六章　赋税分配与赋税宣告综合考量

§1 前述章节分别探讨了两个问题：一是要征收特定税额，其赋税分配的方式会对总牺牲产生怎样的影响；二是在纳税人收入全部为劳动所得且所得税只施用一种赋税规则来进行征税的情况下，其赋税是如何宣告的。本章我们将尝试将二者做一综合考量。当必须要从某个群体（其收入情况已知）课征给定税额时（暂不考虑财政支出的影响），一定存在某种明确的税收机制，既考虑赋税宣告对总满足感的影响又考虑赋税分配的影响，从而使得总牺牲比任何其他机制都要小。① 从第四章我们知道，站在赋税分配的角度，将牺牲最小化的方案要符合均等边际直接牺牲（equi-marginal immediate sacrifice）的原则，并且要考虑到高税收对抑制富人资本积累、降低穷人生产效率的间接影响。同样，从第五章我们知道，站在赋税宣告的角度，将牺牲最小化的方案要求在向每一位纳税人征税时不受其劳动量的影响。因此，如果在"数量"上符合赋税分配的理想的税收机制能够以符合赋税宣告的理想"方式"

---

① 当然，理论上讲，很可能会有三到四种"最好的"机制，其总牺牲都是一样的；不过，不考虑这一点，也会安然无虞。

加以施行，那么，从最小牺牲的角度来看，我们就获得了增加税收收入的最优解。然而，正如第二章所探讨的那样，政府在构建税收机制的过程中有义务按照一般通用性规则行事，并且不能针对纳税人个体制定独立的规则或者分别制定规则。因此，政府的实际任务就是设计一套一般规则体系，尽可能地接近那个绝对的"最优解"。这样，即使需要针对纳税人个体，该最优解也是适用的。那么，这项任务能够完成得有多好呢？换言之，为完成给定税额，能够将总牺牲减少到什么样的理想程度呢？再换言之，受一般通用性规则义务所限的相对最大值能够有多接近无条件限制的绝对最大值呢？在任何一个纳税群体里面，这些都取决于两件事：其一，收入及其他相关经济条件在该群体人口中的分布情况；其二，能够征收人头税那样的定额税的"税柄"分布情况。

§2 对于所有成员无论其家庭房产、收入还是所有其他相关境况都相似的社区，以统一人头税的方式向其所有成员征收同等数额的赋税这样的税收机制，显然会获得——而不仅仅是接近——绝对"最优解"。即使对于收入和其他相关境况并非均匀分布的社区，也可以创造条件从而获得"最优解"，因为应纳税柄的分布有可能恰恰与收入等实际分布完全一致。因而，很可能无巧不成书，对于每一个男人，头顶毛发的数量与所征收的英镑数完全对应，从分布的角度来讲，如此征税是完全可取的。假设没有人会自愿改变头发的数量，并且税务部门也拥有实用的可数头发的机器，税额就可以依照其头发数量加以估定，比如，一根头发一英镑。这样收税在赋税宣告和赋税分配两方面都是完美的，并且会以绝对意义上的最小牺牲征得其税收收入。如果土地数量的分布与我们想象的头发的分布方式相同，对其估定税额，我们应该得到相同的结果。然而，在真实的纳税群体里，根本不会有这样的带着神奇的先见之明、完全为收税人行方便的税柄，并且也不可能会有依照一般通用性规则收税却能符合绝对"最优解"的情况发生。

§3 我们有必要区分两种类型的税，依据是它们在被纳入一般通用性规则时，会还是不会产生损害性赋税宣告的影响。目前来讲，按照真租金、偶然所得、垄断性收入而估定的税属于前者；遗产税、所得税、某些特定的商品税（不管是否从价征税）属于后者。前一种类型的税从赋税宣告的角度看是理想的，那么，究竟应该在多大程度上依赖于这类税？要想解决这一问题，就必须要权衡这类税在赋税宣告方面的优势以及他们可能给税收机制整体的赋税分配带来的劣势——适当考虑行政成本等。这一问题分析起来非常简单，然而，实际操作起来却相当困难，这一点在后续章节也会看到。当然，后一种类型的税也肯定是需要的。乍看起来，其实，我们这里好像只要在赋税分配和赋税宣告之间直接寻求妥协就可以了。不过，如此看待这个问题还是过于简单了点，因而还需要进一步地分析。

§4 第五章的讨论主要涉及不同赋税规则之间相对的赋税宣告效果，所探讨的是一群不仅在秉性、房产而且在其收入等各方面都相似的人。结果显示，当以劳动所得为课征对象完成给定税额时，比例税的危害要小于累进税，而累退税又要好于比例税；最好的税就是人头税，它是这里所能允许的最累退的税种。如果这些结论也适用于针对各成员收入不同的群体的赋税规则，那么，累进税从赋税分配角度来看的所谓优势就需要与其从赋税宣告角度来看的劣势加以权衡；并且仅就分析而言，也没有什么可进一步阐述了。但是，上述结论在这一更广泛的意义上并不成立。因而，针对一个各成员收入不等的纳税群体，我们要考虑两项赋税规则。令这两项赋税规则分别为 $r=\psi_1(x)$ 和 $r=\psi_2(x)$，其中 r 为每位纳税人个体在收入为 x 时所应纳税额。这两项赋税规则之一，比如说 $r=\psi_1(x)$，对于所有的 x 值（x 代表我们所研究的纳税群体中真实存在的具体收入），当且仅当 $\psi_1''(x)>\psi_2''(x)$ 时，它无疑比另外一项规则 $r=\psi_2(x)$ 的累进率更高。假设两项赋税规则哪一项的税率都没有超过能够从纳税人课征其最大可能收入的税率（因为这么做其实是违反了税务部门的本意），于是结果就是，要想使两项赋税规则带来同样的税收收入，累进率低的赋税规则必须给低收入者以更高的税率。一定存在一个 x 值，使得 $\psi_1'(x)=\psi_2'(x)$，x 值取决于要求的税额、赋税规则的本质、收入的分布情况和相关纳税人对劳动和收入的态度。对于所有大于这一关键值的 x，我们称之为 X，都有 $\psi_1'(x)>\psi_2'(x)$；对于所有小于这一关键值的 x，都有 $\psi_1'(x)<\psi_2'(x)$。在这些情况下，不可能笼统地证明累进率高的赋税规则造成的赋税宣告总损失额会更大，而累进率低的，会更小。对于成员收入相等的纳税群体，高累进率所得税在赋税宣告效果方面，其缺点显而易见；然而，对于成员收入大相径庭的群体，就不尽然了，或者至少是没有那么显而易见了。

§5 上述分析，尽管美中不足，但我认为，也可以合理地得出一个广泛而实用的推论，即在构建第二种类型税（见本章第 3 节）的税收机制时，我们不应当给赋税宣告以主导性考量。鉴于第五章第 9 节所探讨的内容，这一结论进一步得到了加强。应该还记得，在那节中，我们发现对于所有的收入群体而言，绝大多数人的劳动供给很可能非常不具有弹性，因而用一个赋税规则替代另一个赋税规则所带来的劳动量的变化不会有什么重大的差异。毫无疑问，极端的赋税规则，比如像第五章第 6 节末所举的例子，站在赋税宣告的立场完全可以排除在外；不过，该类赋税规则，鉴于其对资本积累的影响，从赋税分配的角度看，同样也是令人不能接受的。总之，一般来说，不应该仅仅因为累进率更低的赋税规则在赋税宣告方面表现更好，就对在赋税分配方面表现得好的赋税规则予以拒绝。

第七章　无储蓄情况下同等牺牲所得税的结构

§1 一些知名的学者都坚持认为税收机制一般应使所有纳税人承担同等的牺牲。然而，前面几章的讨论已经明确表明：这种观点是站不住脚的。此外，"任何"一种脱离了所需税额的分配牺牲的方法，通常都不可能带来最小的总牺牲。有一种更为温和的主张，比方说，在这个国家目前正在课征的特定数额的税收，最好以一种同等牺牲的计划来征收，这种主张当然不会陷于这种逻辑上的异议。然而，任何这样的计划都意味着甚至对最贫困的人也要征"一些"税，这显然与最小牺牲原则是不相容的。退一步来讲，即使不考虑这一点，也没有任何值得肯定的理由来断定，最小牺牲原则最好的促成方式就是符合同等牺牲标准的税收机制。不过，尽管如此，我们还是可以尝试研究这种机制的具体含义，并从中获得一定的启示。

§2 显而易见，不同商品征收不同税率的商品税的机制，不可能实现同等牺牲的理想。因为，收入相同的不同人群常常有不同的偏好，因而也习惯于以不同的方式进行消费。如果买威士忌的税率高，而买啤酒的税率低，那么，一个花了50英镑买威士忌的人，相比一个花了50英镑买啤酒的人，就处于很不利的位置了。

第七章 无储蓄情况下同等牺牲所得税的结构

在这个问题上,爱尔兰人的不满已经持续多年了,这在1896年的大不列颠及爱尔兰财政关系皇家专门调查委员会有证据可查:"对烈酒(更为爱尔兰人所普遍消费)征税可达其价格三分之二到四分之三,而对啤酒(为英格兰大众所消费)征税却只有价格的六分之一。"[①] 还可以再补充一点,在非统一商品税下,同等收入的不同人群不仅要同时承受不同的负担,而且他们之间的负担关系也会因其消费偏好的改变而出现变化。因而,张伯伦先生,即后来的奥斯丁·张伯伦(Austen Chamberlain)爵士,在1904年的预算演说中指出,用旅游支出代替饮品支出,实质上正在改变税收负担的分配情况。另外,还有更加微妙的一点。假设有两个人,其收入相等、总的经济状况相当;此二人偏好总体上也相似,即如果允许他们以自己选择的方式进行消费,则其相等的收入会带来相等的满足感;但是,其中一位喜欢并购买A产品而不购买B产品,另一位则是喜欢并购买B产品而不购买A产品。进一步假设,对于A产品和B产品所征收的商品税巧合得很,使得二人所纳税额相同。但二人是否承受同样、相等的负担,则不见得。如果其中一个对自己的商品的需求比另外一个对自己的商品的需求更具弹性,前者就会遭受更大的损失;因为尽管二人向国库上缴同样的钱,他在消费方面却比另外一人失去了更多的满足感。当消费受到赋税的抑制而无法形成,就不会对税收收入产生贡献。因此,在本章,我将假设所有的税收目标都是通过所得税来完成的,并将探讨什么形式的所得税会使所有纳税人付出同等的牺牲。

[①] 《国家债务与税收委员会少数派报告》,第21页。

§3 作为本章研究的前奏，我们不妨简要地提一提从收税人角度定义"收入"这一概念时会碰到的一些常见的困难。收税人想要并且应当针对的是实际收入，也就是被构想为商品和服务流的收入。可以设想这样一种情况，即收税人应该直接对此进行评估，而不需要任何中介。然而，现实生活当中，除了房屋占有人从其房屋衍生出的服务以外，一般认为，只有与现金相对应的那部分实际收入才能考虑在内；如果将其他部分也加以考虑的话，会涉及极高的行政成本而变得不值得。因此，总体来说，收税人需要满足于以货币收入为评定对象。当然，在诉诸这一权宜之计时，收税人并没有获得与拥有一种更有效的方法时所能取得的相同的结果。他把某些形式的实际收入排除在外，从而对其区别对待，实在是不得已之举，并非他真的希望这么做。因此，他忽略了汽车或游艇的所有者在自己使用时直接从汽车或游艇获得的利益，而只包括了他们将汽车、游艇外租获得租金时间接获得的好处。他也忽略了一些雇员以实物获得的某些实际收入，比如银行经理免收租金的房子。另外，很容易想象一种社会类型，其中所有成员聚集在一个自给社区，种植玉米、烘焙面包、缝制衣服、挖煤建房，彼此分享他们的劳动成果，但却没有任何金钱支付的往来。可想而知，若将整个国家组织成这样一种巨大的互助协会，其结果必然是，尽管其实际收入很大，与现在一般无二，但是却没有一丝一毫的现金收入。一旦如此，货币收入甚至都不可能再成为实际收入的一个合理指标。令我们释怀的是，以当今架构组织的文明社会里面，到目前为止，实际收入大部分都是由货币收

第七章 无储蓄情况下同等牺牲所得税的结构

入代表的,[①] 所以,以货币收入取代实际收入作为收税人的判断标准,只存在很小的误差。

§4 第二个困难与收入和资本的关系有关。英国模式(即储蓄不豁免[②])所得税针对的是一年当中除去投资资本工具之外所剩余的那部分总收入。然而,实际操作中却很难划出一条精确的分界线。比如,假设一台机器,年初价值 100 英镑,年度使用过程中报废了,而一台新的类似的机器同样也是 100 英镑,那么,为了得到机器使用者的净收入,显然我们应该从其总收入当中减去 100 英镑。但是,在该年度如果该种类型的机器涨价(或降价)了,那

[①] 在英国的合作社里面,不时有人指出每年都会产生很大一部分的非货币收入。然而,实际看起来并非如此。在劳工一方,从最广泛的意义上来说,有领工资的经理、领工资的职员、领工资的工人,还有一个不领工资的委员会,其地位相当于股份公司领薪水的董事会。该委员会的工作没有以货币来对应其所提供的真实服务,这在劳工一方是唯一的。显然,这只占整体当中非常微不足道的一部分。在资本一方,认为企业组织的合作形式会创造出相当数量的并非以货币衡量的实际收入,这一点听起来更有道理。成员的股本所提供的服务有令人满意的货币代表,那就是以此为基础的股权。但是,只要资本的获得是通过向储备基金供款,以及通过在合作社一方保有一定的款项(这些款项在成员以现金购买商品及股息分配期间将成为股息),或者只要这些资本被用于合作社自己的生意(其结果是降低价格或者增加分红率),那么,就没有能够代表它所提供的实际服务的应税货币。因而,我们可以设想一个合作社,它以累积的储备全额收购了一家工厂。如果该工厂之前的收入为 10000 英镑,现在其运行效率跟以前完全一样,资本利得不会表现为货币利润,但是整个价值 10000 英镑的实际收入却是存在的,其表现形式要么是购买价较低的价格,要么是较大的分红。但是,从量化的角度来讲,这种考虑并不重要。因而,在 1925 年,整个英国零售合作社的储备基金总计不过 600 万英镑挂零。如果我们把股息取平均值为每年 1700 万英镑,那么,按季度分配,合作社持有的对应于股息的资本平均值就是 212.5 万英镑。如果我们估算由这两项合计组成的 812.5 万英镑资本的真实回报率为 10%,我们大概就有 81.2 万英镑的实际收入未被计入货币收入。实际上,这笔款项属于差不多 500 万人的群体,按人头平均每年也就是 3 先令 3 便士。在(乐观的)假设下,即假设合作者平均应按当时标准税率的一半缴纳所得税,那么,这 812000 英镑应缴纳的总税额将会是 81200 英镑。

[②] 参见后文第十章。

到底应该给多少补贴呢？当资本设备的折旧并非是由于实物自然磨损，我们的难题也就来了。有人发明了更好的机器，这导致性能本来依然完好的机器价值损失了，应该给多少补贴？矿被挖完之后，矿井价值的消失，应该给多少补贴？再如，一个人买了一件财产，比如房子、珍珠项链或者某公司的股票，其价值在该年度增长了50%，这样的增值是算作收入呢，还是算作资本增加呢？而对升值的财产是继续持有还是在市场售卖将收益变现，这两种不同的处置方式应该同等对待吗？如果没有变现，当然不会有人认真地提出要计算在内。但如果真的变现了，看起来在储蓄不豁免的所得税制下，为了一致性，是应当计算在内的。然而，行政方面的考量强制我们将这类收益不予考虑——除非这是职业经销商所为。[①]

§5 第三个困难与用度（expense）有关。显然，我们希望应税的不是总收入，而是净收入，即总收入减去在赚取收入过程中所特别涉及的各种支出用度——购买工具、购买原材料、通勤费用，等等。当然，在一定意义上讲，一个人在食物、日常衣物方面的支出也属于该类花费用度，因为如果他不吃饭不穿衣服，肯定是挣不到钱的。不过，就我们目前的目的而言，大家都认为，只有与产生该收入的劳动或设备有着直接和特别关联的支出才能算是"用度"。即便如此，也还是有几个难点要解决：一校之长招待家长，哪部分支出算作用度是合适的呢？医生为自己的车加油，其用度又当如何划分呢？等等。尽管在这件事情上原则十分清晰，

---

① 参见后文第十二章第2节。

第七章 无储蓄情况下同等牺牲所得税的结构

但在实际应用当中却不是毫无疑问的。[1]

§6 接下来还有第四个也是更为严重的一个困难。在本章第3节中我们说到，收税人想要并且应当针对的是实际收入。当税款从一群人那里收上来再以战争贷款利息[2]或者以无偿支付养老金的形式转移给另一群（或同一群）人的时候，这部分钱虽然可以算作实际收入，但只能是在转移之前算"或者"是在转移之后算，绝不能两边都算；一位父亲年收入1000英镑，给儿子零用钱200英镑，任何超出这200英镑的部分对于父子双方来说都是实际收入。除了转移支付以外，如果国民收入总计为70亿英镑，而转移支付为5亿英镑，那么代表实际收入的货币收入就是70亿英镑，而不是75亿。然而，依照英国《所得税法》，整个75亿英镑都是应税收入。可见，收税人所针对的并不仅仅是实际收入（即通常所谓社会收入），还有别的东西。从这个意义来说，我国所得税专员的所谓"收入"是一个混杂的、不合逻辑的概念。[3]有了这种警示，我就不讨论定义的问题了。

§7 显然，如果纳税人所缴的税额只由其收入多少决定，而不管其经济状况其他方面如何，那么，任何所得税都不可能给纳税人以同等牺牲。为了牺牲均等，税收必须做出调整，不仅仅要考

---

[1] 关于本章主题更为详尽的探讨，请参考《福利经济学》(*The Economics of Welfare*)，第一部分第三章。

[2] 除非我们真的愿意把在过去的战争中从未被征服视为一件开心的事，并算作目前实际收入的一部分。

[3] 还有两件事，英国的所得税也违反了真正的所得税的条件：其一，定期年金被视为应税收入，却没有就偿还本金那部分进行减免；其二，以保险费的形式存储起来的那部分收入（在一定的限度内）却没有被算作应税收入。

虑环境际遇相似的人的不同收入，还要考虑收入相同的人的不同环境际遇。这是一个老生常谈的问题，我只做一个扼要的讨论就够了。①

§8 我们假设有三个人，每人收入均为1000英镑，但这三人一位是单身人士，一位是已婚无子女且妻子无收入，另一位是已婚有两个子女但妻子和子女均无收入。很明显，如果这三人在同等程度上缴税，就不可能施以同等牺牲。就更一般情况而言，由于收入相同，但每一份收入都只合法地属于单个的拥有者，而其供养的人数各不相同，所以，任何以同等牺牲为目标的所得税机制都必须做出某种补贴。当然，理想状态是补贴的程度不仅要考虑到家庭人口数量还要考虑到许多其他方面的条件。"同等收入情况下，四个女儿在读高中或者上大学的家庭与四个孩子都是10岁以下的家庭，其生活质量是一样的——这种看法简直是荒谬至极。"② 然而，实际上，这种看法不足为虑。我们必然只能根据收入获得者能供养的被抚养人（其定义带有一定的主观性）的数量做出粗略的调整。因而，就有必要决定应拨备多少津贴来弥补被抚养人数量的差异，或者不那么严格地说，弥补家庭财产的差异。显然，所有收入水平都需要"一定"的补贴，因为在各个收入水平上，单身人士都比同等收入但有孩子要抚养的人有更多可自由支配的资金。但是，在给定的收入水平上，如果同等牺牲的原则要求一个已婚育有三子的人缴纳单身人士所纳税额的 r 分之一，那

---

① 参见我的著作《应用经济学论文集》(*Essays in Applied Economics*)里面论"皇家所得税委员会的报告"的文章。

② King, *Journal of Political Economy*, vol. xxix, p. 583.

第七章 无储蓄情况下同等牺牲所得税的结构

么，在更高的收入水平上，这位有家室男人缴纳的税额就要高于单身人士所纳税额的 r 分之一。概括起来，随着收入水平的增长，居家男人缴税与单身人士缴税之比值也会增长。因而，在 500 英镑的收入水平上，如果家庭情况 A 男缴税额为家庭情况 B 男缴税额的 50%，那么，在 5 万英镑的收入水平上，A 男要缴比 50% 多得多的税，而在 50 万英镑的收入水平上，则几乎要达 100% 了。在英国 1927 年税制下，对于 800 英镑及以上的收入水平，补贴足以使育有三子的已婚人士比单身人士少缴 36 英镑的税；在 1937—1938 年间和 1941—1942 年间，对于 500 英镑及以上的收入水平，分别少缴 65 英镑和 105 英镑。收入全部为劳动所得且育有三子的已婚男士所纳税额与单身人士所纳税额的比值，以 1941—1942 年间税率按百分比表达，大致情况如下：

在 350 英镑收入水平上 . . .	9%
在 500 英镑收入水平上 . . .	33%
在 1000 英镑收入水平上 . . .	57%
在 1500 英镑收入水平上 . . .	70%
在 2000 英镑收入水平上 . . .	88%
在 20000 英镑收入水平上 . . .	99.25%

我们除了猜测之外没有别的方法来判断这种税制安排是否合理地符合同等牺牲原则。科尔温委员会的报告写道："我们当中有些人认为，如果只考虑支付能力，家庭补贴的数额应随着纳税人收入

的多少在一定程度上有所变化，而不是固定不变。"① 这意味着，上表中下半部分的百分比应该小一点。

§9 除了家庭情况的差异以外，还有拥有财产方面的差异，这些财产在其拥有者停止劳动之后仍会给他们带来收入。从目前来看，财产的拥有者是从其财产获得收入还是从其劳动获得收入，这一点并不重要。至关重要的事实是，他已经从中为他的孩子们做好了在他百年之后的安排，因此，他不必动用相当一大块他目前的收入来做出这项安排，而要是没有可遗赠的财产的话，他会感到还是有责任利用收入做出安排的。因此，如果两个人收入相同，但其中一个拥有财产而另外一个则没有，那么，同等赋税就会给后者造成更大的牺牲；而为了保障同等牺牲，必须对后者给予一定的补贴。然而，既然一个人有责任抚养子嗣，这方面的支出主要由其现有收入和由此而来的生活标准决定，拥有无比收入的富人比家庭境况相似的穷人一定会从现有支出中拿出大得多的绝对数额来抚养子女。因此，如果通过减少可纳税收入来进行补贴的话，可以肯定的是这种情况下的补贴额应当是累进的。截至科尔温报告发布之时（1926），英国执行的标准是每一英镑劳动收入被记作为等同于六分之五英镑投资收入，直到达到 250 英镑应税收入（注意：不是税）的补贴上限。对于单身人士而言，全部劳动收入所得税与全部非带动收入所得税的比值，以百分比如下表所示：

---

① 《科尔温报告》，第 345 页。

第七章 无储蓄情况下同等牺牲所得税的结构

收入 200 英镑	. . .	48%
收入 400 英镑	. . .	65%
收入 500 英镑	. . .	67%
收入 800 英镑	. . .	75%
收入 1000 英镑	. . .	78%
收入 2000 英镑	. . .	86%
收入 20000 英镑	. . .	99.3%

科尔温委员会认为:"劳动所得税收减免,就其本身而言(即不包括遗产税的所得税),不足以标示完全由劳动所得的收入和完全由投资所得的收入之间的支付能力的差异。"[①]这意味着,如果没有遗产税,上表中的百分比值应该会小得多。当然,事实上,在英国有很重的累进遗产税。如果遗产税被视为投资收入的远期赋税的话,那么它大大地增加了富人投资所得税的相对权重。在1937—1938年,劳动收入补贴占五分之一,应税收入为300英镑时达补贴上限;在1941—1942年,这两项数据分别为十分之一和150英镑。

§10 假设根据上述经济状况的差异我们能够并且已经做出了适当的调整,下一步要观察的就是,要想使同等牺牲所得税成为可能,就必须满足一定的条件。其中最重要的一个条件是,收入相同的不同纳税人除了基于客观事实的差异(就赋税规则而言这是允许的)之外,其收入的同等减少意味着同等牺牲。如果这一条件

---

① 《科尔温报告》,第135页。

无法满足，例如，一个在给定的经济情势下收入1000英镑的人，如果从他手里拿走任何一笔收入，比如100英镑，都会使他比另外一个境况相似收入相同并遭到同样损失的人受到更多的伤害，那么，我们就不可能找到一个赋税规则来使这二人承受同等的牺牲。因此，这一条件尽管不真实但却是非常重要的。我们可能注意到，它告诉我们人们在给定的经济情势下从收入当中获得的满足感完全取决于该收入的数额，并且根本不受他们为之而做（如果做的话）多少劳动或做什么劳动的影响。另一个条件是，所要求的税收额度能够完成且不必向富人征重税——重到使富人因此而失去的满足感比一个完全不纳税的穷人所能得到的满足感还要大。这一条件尽管其必要性一点不比另外一条差，但确实没有另外一条重要，这主要是因为它并不严重背离现实。

§11 在继续我们的讨论之前，有必要就非消费性收入，即用于储蓄及投资的收入，达成更一致的看法。为了使同等牺牲赋税规则成为"可能"，每一个单独定义的人群（例如单身人士）若其收入相同则其储蓄必须相同。这一条件暗含于本章前一节所述第一个条件里面。这意味着对于任何一项收入 x，属于某个给定的人群，都有 $f(x)$ 为储蓄，$\{x-f(x)\}$ 为消费。在这一基础之上，我们可以有如下两项选择，任选其一。一方面，我们可以接受这一事实，即储蓄性收入本身对于储蓄者不产生任何的满足感，其满足感只能是来自于后续的收益；因此，本应是储蓄却用于上缴赋税的这部分金额，不会直接带来任何牺牲。另一方面，我们可以采用一个约定，即每一单位储蓄性收入都被视为正在产出"虚拟满足感"，而虚拟满足感则来自于未来预期的、由储蓄者的意愿衡量

第七章　无储蓄情况下同等牺牲所得税的结构

的真实满足感。也就是说,如果我想要存储百分之一收入的意愿与花费五十分之一收入买衣服的意愿相当,那么,在这条约定下,可以说我会从存储百分之一收入和花费五十分之一收入当中获得相同的满足感。在某些方面,前面那种计划比后面这种更接近于现实,但如果采用前者,会使整个讨论变得复杂而失去启迪性。因而,在此我会采用后者。目前,我暂时不会考虑对收入所得课收(没有储蓄减免也没有储蓄收益减免)的连续税(区别于单独的一年税)对储蓄用途的分化作用,这一问题将被推迟到第十章再行探讨。

§12 现在应该说是万事俱备,但为了进行富有建设性的讨论,我们还是要先澄清一个广为津津乐道的错误观点。这一观点大意是,为了保证同等牺牲,在所有情况下,赋税规则都必须在一定程度上是"累进的",即每英镑收入的税率随着收入的增加而增加。这一观点被认为是效用递减律的逻辑推理结果,但这种推测是不正确的。效用递减律所讲的是,1000英镑收入的最后1英镑带来的满足感要小于100英镑收入的最后1英镑所带来的满足感。从这个数据不能推测出,为了保证同等牺牲,甚至我们可以进一步说,同等比例牺牲[①],税收必须是累进的。为了证明同等牺牲原则必然包含累进,我们必须要知道1000英镑收入的最后10英镑带来的满足感要小于100英镑收入的最后1英镑所带来的满足感;而效用递减律并没有清楚而有力地证明这一点。

§13 考虑到第10节所设定的条件,我们的纳税群体里面所

[①] 参见 Edgeworth, *Papers relating to Political Economy*, vol. ii, p. 240。

有的成员都彼此相似，也就是，关于收入额度和满足感的函数对所有成员都是一样的，我们设 x 为收入额，$F(x)$ 为纳税人从净收入 x 当中获得的满足感，$\psi(x)$ 为总收入 x 的纳税额。那么，如果劳动量不因赋税宣告的效果而改变，则显然有：无论所要求的税额为多少，对于所有的 x，只要 ψ 满足 $\left[F(x)-F\{x-\psi(x)\}\right]=k$（$k$ 为常数），就构成了同等牺牲所得税。"劳动量不因赋税宣告的效果而改变"这一条件是说，总收入 x 的小幅增量所带来的满足感不会因课税而改变。借用上面所做的设定，这一条件可以写作：$\dfrac{\mathrm{d}F(x)}{\mathrm{d}x}=\dfrac{\mathrm{d}F\{x-\psi(x)\}}{\mathrm{d}x}$。公式 $\left[F(x)-F\{x-\psi(x)\}\right]=k$ 意味着这一条件得到了满足。换言之，凑巧的是，只要人们的劳动量不被赋税宣告的效果所改变，构成同等牺牲所得税的赋税规则也能保证他们的劳动量事实上不被改变。

§14 对于这个结论，完全有可能提出一项重要的反对意见。假设条件是这样的：依照上述赋税规则所确定的税率标准为收入1000英镑征税200英镑，1001英镑征税200英镑4先令。那么，根据假设，给纳税人带来第1001英镑收入的劳动对纳税人所产生的净满足感与其在无税情况下所产生的净满足感是一样的。但是，有人可能会说，即便如此，纳税人也不会意识到就是如此。纳税人所能意识到的是，如果他劳动得更少一点，把总收入限定在1000英镑，他就会省下4先令的税钱，并且，他对事实的看法，而不是事实本身，在支配他的行为。这条反对意见，好像很有道理，但是却有其答复。尽管纳税人可能并没有清晰地意识到事实真相，他也会间接地意识到，因为如果他克制自己不去挣那

第七章 无储蓄情况下同等牺牲所得税的结构

第1001镑的毛收入,他的净收入将会是800英镑而不是800英镑16先令——这一事实就像他少付4先令给国家财政一样显而易见。因而,让我们从这样一个事态开始,即纳税人正在产生1001英镑的收入,其赋税为200英镑4先令。他所想的就是把收入降下来,降到1000英镑,就可以少缴4先令的税了,至于其他的事情,他是不会考虑的。让我们假设,由于这种考虑,他真的把收入降到了1000英镑。而当他到了这一步之后,就会发现,他的收入的最后一英镑的效用比之前变大了,因为他的收入少了;而他的最后一单位劳动的负效用比之前变小了,因为他做的劳动少了。因此,他会再次增加自己的劳动量,而在这里所假设的条件下,他会增加他的劳动,直到他的总收入再次达到1001英镑。由于对以上事实的错误观念而致使对总收入1001英镑的任何偏离,都会以这种方式得到纠正。[①] 纳税人脑子里对客观事实的认识可能会决定他的第一步,但客观事实本身会最终决定事物的发展方向。因此,在现实世界中,而不仅仅是在一群绝顶聪明的人当中,确实有赋税规则 $F(x)-F\{x-\psi(x)\}=k$ (k为常数),使劳动量保持不变,于是,依照上述条件,就构成了广泛适用的同等牺牲所得税

---

① 因而,对于某税率表,其技术形式就无关紧要了。现有税赋规则为每英镑纳税5先令,减扣免税额为500英镑,那么,显然,如果收入从1000英镑提高到了1001英镑,税额也会从125英镑提高到125英镑5先令。若有另一税赋规则,即每1000英镑纳税2先令6便士,且没有减扣免税额,那么,1001英镑的税额就会提高到2先令$6\frac{1}{40}$便士。二者效果是相同的。在前一种方案下,收入为1001英镑的纳税人可能会想(当然,是错误地想),要是自己把收入减下来,就会比第二方案中有同样想法的人少缴更多的税,因此,他所要做的第一步就是缩减更多的收入。但一旦如此,迫使他采取第二步迈向相反方向的力量就会相应地增强,最终,这两种方案中有着同样想法的纳税人还是会回到同一个位置上。

赋税规则。根据该规则，只要函数 F 和常数 k 给定，对于每一个 x 值，都能确定 $\psi(x)$ 的算术值。所有这些值的列表就是税率表（tax scale）。在上述给定的条件下，税率表符合同等牺牲原则。很明显，常数 k 的大小取决于函数 F 的形式、社会收入总额、纳税人之间的收入分布，以及所要征收的税额。当这些情况已知的时候，税率表的产生就是个计算的问题了。

§15 对上述公式的研究表明，在一种特殊的情况下，一个非常简单的赋税规则，既不受 k 值支配，因而也不受所要征收的税额的约束，就可以提供一种同等牺牲所得税。这种特殊情况是，对于所有的 x 值，$xF'(x)$ 均为常数，即纵坐标代表边际满足感、横坐标代表收入额所围成的曲线为直角双曲线。从公式 $F(x)-F\{x-\psi(x)\}=k$ 当中，我们推导出

$$F'(x)-\{1-\psi'(x)\}\frac{\mathrm{d}F\{x-\psi(x)\}}{\mathrm{d}\{x-\psi(x)\}}=0$$

由于对于所有的 x 值都有 $xF'(x)$ 为常数，这就有

$$\frac{1}{x}-\{1-\psi'(x)\}\frac{1}{x-\psi(x)}=0$$

$$\therefore \quad \psi'(x)=\frac{\psi(x)}{x}$$

既然所有人都认为向收入为零的人征税是不合理的，那么就有 $\psi(0)=0$。因此，当 $\psi'(x)$ 为常数时，即当税率对于所有的 x 都相同时，上述公式就得到了满足。换言之，在这种特殊情况当中，典型纳税人（注意，此时我们的假设是所有纳税人都相类似）的收入 – 效用曲线为直角双曲线，采用比例所得税制会给所有纳税人以同等牺牲。

§16 从这一结论，我们很容易得出另外一个结论。如果在收入－效用曲线上，对于所有的 x 值，都有 $xF'(x)$ 随着 x 值的增加而增加，即如果收入－效用曲线比直角双曲线平，那么，$\psi'(x) < \dfrac{\psi(x)}{x}$，反之，则 $\psi'(x) > \dfrac{\psi(x)}{x}$。使前一不等式成立，必有 $\psi''(x)$ 为负；使后一不等式成立，必有 $\psi''(x)$ 为正。由此得出结论，为了使所有纳税人都具有同等牺牲，如果收入－效用曲线比直角双曲线平，我们应当采用累退制税率的赋税规则；如果收入－效用曲线比直角双曲线陡，我们应当采用累进制税率的赋税规则。如果部分收入－效用曲线比直角双曲线平，而其他部分又比直角双曲线陡，那么，我们的赋税规则就必须是对部分 x 的值为累退制，而对其他 x 的值则为累进制。但这也带来了复杂性，其实是没有必要这么复杂的。

§17 当然，为了应用这些结果，我们必须要知道我们所研究的群体当中，典型纳税人的收入－效用曲线是直角双曲线的形式呢，还是更平或更陡的形式？当西奇威克写到"如果负担的均等化是唯一的考虑因素，那么，随着收入的增长而快速提高的累进税率的公平性就很难被否定"时，他是在含蓄地断言："典型纳税人的收入－效用曲线自始至终都比直角双曲线陡峭，这一命题是很难被否定的。"我们想要知道这一命题究竟是否为真，而如果是假，有什么命题可以替换它？当我们说收入－效用曲线为直角双曲线时，这意味着，正如第 15 节所示，不论收入高低，如果从某人的收入当中减去 10% 或任何其他比例，其损失的满足感也是同样的比例。举例来说，从 100 英镑收入当中减去 10 英镑，从 1000

英镑收入当中减去100英镑,从10000英镑收入当中减去1000英镑,就牺牲而言,这三种情况是等效的。① 显然,我们不可能决定纳税群体内各个成员(假设他们彼此相似)的收入 - 效用曲线是具有这种特性还是其他某种推理判断所定义的特性。实验生理学研究物理刺激及其相关反应的韦伯 - 费希纳定律(Weber-Fechner Law)*也与我们的问题没有直接的关联,尽管这种类比是有启发性的。唯一可用的方法就是以下面的形式直接问我们自己一系列的问题:参考从100英镑收入当中减去10英镑给典型纳税人所带来的诸多牺牲,应当从800英镑、1000英镑或10000英镑收入当中分别减去多少收入才会产生同样数量的牺牲?问题的提出一定要严谨。我们所关心的不是单次的税收,而是持续的税收机制。因此,当我们谈及从不同收入水平当中"减去"一定收入的时候,我们一定不能臆断所涉人等已经形成了与所涉收入相适应的生活状态和品味爱好。这会违背我们的假设,即就品味爱好而言,每个人都将被视为典型纳税人——所有人的品味爱好必须视为给定并且相类似。因而,我们的问题的一个准确的提法是:鉴于200英镑

---

① 事实上,上述条件正是直角双曲线的条件,这也可以用以下方式来说明:我们沿用先前的函数符号,并假设所讨论的曲线向下朝右倾斜,令 h 为常数系数,那么,为了使 $\int_0^x F(x) - \int_0^{hx} F(hx)$ 对于所有的 x 值都为常数,则必使 $xF(x) = hxF(hx)$。一般来讲,这一条件意味着对于所有的 x 值,$xF(x)$ 均为常数。

* 韦伯 - 费希纳定律指的是心理物理学领域两条相关的定律,即韦伯定律和费希纳定律,用于揭示物理刺激的变化量和所产生的相应的心理感知的变化量之间的关系。举例说明,有两组盒子,分别为A1和A2,B1和B2,这四个盒子大小一样,A1中有10个苹果,A2中有20个苹果,B1中有190个苹果,B2中有200个苹果,虽然A1和A2之间、B1和B2之间都分别相差10个苹果,但我们的感知却截然不同,A1和A2之间的差异显而易见,而B1和B2之间我们却感觉不到什么差异。——译者注

第七章 无储蓄情况下同等牺牲所得税的结构

收入和190英镑收入分别给某典型纳税人所带来的满足感的差异，收入达到多少才能使得该收入和1000英镑收入之间的差异能够代表同样的满足感？对于其他的收入，其提问也是如此。即使在很宽的范围内，给此类问题一个充满信心的回答也是极其困难的。200英镑和190英镑收入之间的差异要大于1000英镑和（比方说）980英镑之间的差异，我对此相当确信。但这种差异与1000英镑和970英镑之间的差异或者1000英镑和940英镑之间的差异比起来是多还是少呢？对此，我就不敢放言了。实际上，我们所熟知的伯努利（Bernouilli）假设相当于这样一个命题，即如果收入超出了购置生活必需品所需的水平，那么，典型纳税人的收入-效用曲线就是一条直角双曲线。乍看起来，这似乎并非难以置信——正如马歇尔曾经所言，它比克莱默（Cramer）的假说似乎要可信得多。克莱默的假说指的是：收入的满足感与收入额的平方根成正比。但是，这种可信度，我认为，是由于我们忽略了一个重要的因素未予考虑。收入-效用曲线在其概念上意义并不明确。它既可以指真实的个体，其可消费收入（consumable income）应该是有所变化的，而该群体其余人等的可消费收入却被当作是固定不变的；它也可以指有代表性的个体，其可消费收入会随着"所有其他相似个体的可消费收入"而有所变化。以这两种方式所构想的收入-效用函数并不相同，因为一个人从拥有给定收入所获得的满足感不仅依赖于该收入的绝对数额，还依赖于该收入与其他人的收入之间的关系。显然，税收所关注的是群体，而不是兀自立于未完税邻居中孤立的个体，因此，第二种而不是第一种收入-效用曲线才是我们感兴趣的。对于中低收入人群来说，二者的差异很可能并不大。但对于高收入人群来说，由于其"相对的"规模，满足感收益占比就肯定很高了。对于10000英镑收入级别的人，如果他只能用5000英镑将就，而其他与他境况相似的人却可以足额享用10000英镑，这会对他造成很大的伤害，但是，10000英镑阶层的人在一个没有税收的社会里所享有的总满足感，与其在一个所有这个阶层的人都要定期缴纳50%赋税的社会里所享有的总满足感，我认为，两者之间的差别是非常小的——当然，其前提是其他对应的收入级别也要接受类似的税收规制。[①]一旦我们掌握了这两种收入-效用曲线的差异，我们就能认识到，对于中等水平以上的收入，相关的曲线比所谓表面印象要陡峭得多。这种所谓表面印象来自于对另一条不相关的曲线的观察，观察结果乍一看是如此，但实际则不然。如果认为从100000英镑收入当中减去10000英镑，从10000英镑收入当中减去1000英镑，从1000英镑收入当中减去100英镑，从500英镑收入当中减去50英镑……都意味着同等牺牲，那么这是没有道理的。第一类"减少"，如果是以一般形式正常实施，那么，除了暂时性的混乱之外，实际上不会造成任何牺牲，第二类会造成很小的牺牲，第三类会造成一定的牺牲，第四类则会造成巨大的牺牲。因此，我认为，在本章第17节所引用的段落当中，西奇威克的直觉是对的。同等牺牲所得税要求对高收入者课征比中等收入者"高得多"的税率。即使国家所要征收的税额并不大，但是，高额收入所超过的部分，比方说超过5000英镑以上的部分，也几乎全部都要被吸收到国库。

[①] 参见 *The Economics of Welfare*, 4th edition, p. 90。

第七章 无储蓄情况下同等牺牲所得税的结构

§18 欧文·费雪（Irving Fisher）教授发现并公布了一种方法，运用这种方法，可以从价格和家庭预算的统计数据中推导出有关收入-效用曲线形状的重要信息。[1] 就我的判断所及，这种方法理论上是有效的，但需要艰苦的统计工作才能最终产生实际的结果。尽管如此，从费雪教授那里获悉，他将这种方法初步地应用于美国劳工局部分统计数据当中，所取得的成果"证实了一个共同的看法，即合乎情理的所得税制是累进的而不是累退的"。[2]

§19 这样，我们还有最后一项观察。如果我们判断收入-效用曲线为直角双曲线，这种判断意味着，不管征税定额为多少，为了同等牺牲，都应当实施比例税制。然而，如果我们判断收入-效用曲线不是直角双曲线，因而需要的就不是比例税制，那么适用于不同征税额度的赋税规则之间的关系就没这么简单了。这一点在实际当中有一定的重要性，因为人们总是默认，如果给定税率表对一种税额是公平合理的，那么，当税额增加10%或50%时，税率表中所有税率按同等比例放大，这种放大的税率表也必然是公平合理的。其实，推及极端的情况，这一论点显然是站不住脚的。例如，对于一定的预算需求，将每英镑10先令6便士的税率应用于最高收入很可能是公平合理的，但是对于收入翻倍而将税率提高到每英镑21先令可能就不是公平合理的了，因为将100000英镑收入减为零必定比，比方说，将10000英镑收入减为某一超过零的金额，会造成更大的牺牲。不过，这一论点并非只

---

[1] 参见 *A Statistical Method for Measuring Marginal Utility and Testing the Justice of a Progressive Income Tax* (1927)。

[2] 见前引，第193页。

在极端的情况下才是错误的。在一般情况下,它也是错误的。如果赋税规则 $R=\psi(x)$ 为税额 R 提供了同等牺牲所得税,赋税规则 $mR=\phi(x)$ 为税额 mR 提供了同等牺牲所得税,则只有在比例税制的情况下,才有 $\phi(x)=m\psi(x)$。在所有其他的情况下,适用于不同税额的同等牺牲赋税规则将不属于同一个税族,而是属于不同的税族。

第八章　赋税与补贴
——纠正资源错配

§1 在《福利经济学》第二部分当中，我详细探讨了不同的劳动就业之间在资源配置方面许多错位的情况。当私人利益得以自由放任的时候，这种资源错配就有可能发生。在那次讨论中，我并不关心社会总收入中穷人与富人之间有时候被称为"分配错误"（errors of distribution）的问题，同样，这次我也不关注这个问题。我们暂时将这种意义上的分配视为一种不可变更的"事实"，但仍然还会有不可忽视的资源错配，阻止资源配置的"优化"。在这些错配当中，有两个主要的原因。第一个原因是，就某些商品和服务而言，资源给资源利用者所带来的边际收益与纳税群体作为整体所获取的全部收益并不相等，要么达不到、要么超过全部收益。换句话说，资源如此配置所带来的边际私人净产值要么高于、要么低于边际社会净产值。第二个原因是，就某些商品和服务而言，可以说人们的愿望与愿望实现所带来的满足感之间的比率同其他商品和服务比起来，要么高、要么低。鉴于在《福利经济学》中我已对此详加探讨，这里我只做些总结性说明即可。

§2 当生产资源除了创造用于买与卖的产品和服务之外，还创造了不收取任何款项的产品和服务的时候，边际社会净产值就超过了边际私人净产值。因而,正如西奇威克所说,"船只能从占据地利的灯塔得到很大的好处,但向这些船只收取过路费就没那么容易了"。① 此外,在城市当中修建私人花园,在干旱地区植树造林,都会带来无补偿服务,因为私人花园可以改善邻里的空气,植树造林也可以改善周围地区的气候条件。这种无补偿服务还可能产生于工厂主对排烟设备的投资,因为这些投资除了会节省工厂主的油料消耗以外,也会减少附近居民洗衣服的账单金额。这种服务也会产生于致力于降低供给价格的产业发展的资源,因为扩大总产出使得引入新的外部经济或者内部经济(在单一企业的产业中)成为可能。相反,当生产资源除了创造用于买与卖的产品和服务之外,还创造了一种负商品(dis-commodity),而负商品的承担者又无法要求补偿时,边际社会净产值就达不到边际私人净产值了。因而,城市居民区某块场地的拥有者在那建了一座工厂,导致附近其他场地大部分的便利设施遭到了破坏,这就给第三方带来了偶然的无补偿伤害;或者,他把资源投资于闹市,建起高楼大厦,这样就挤压了附近一带的空间和休闲场地,损害了当地居民的健康和效率。同理,从社会群体的角度来看,把资源用于提高供给价格的产业发展,也会带来无补偿伤害,因为这种企业(如果有的话)产量的增加会针对该群体提高供给价格。② 边际私人净产值与边际社会净产值之间的这两类背离,还可以轻松举出

---

① *Principles of Political Enocomy*, p. 406.
② 正如《福利经济学》所指出的那样,如果更大的产量带来更高的价格只不过是因为土地的使用需要支付更高的价格,那么,这种供给价格上涨的行业并不属于此列。参见《福利经济学》,第二部分,第十一章,第5节。

很多例子。而这种背离的存在必定会带来资源错配。当然，我们可以构想一种状态，使得所利用之资源的边际私人净产值不同于（不管是低于还是高于）边际社会净产值，并使这种不同在所有的经济活动中都达到完全一样的程度。在这种情况下，就不会存在资源错配了。但是，这种情况是想象的、不真实的。事实上，可以肯定，一定会有资源错配——在某些经济活动中，投资被过早地停止；而在另外一些经济活动中，投资又被过度地延后。

§3 上一节所勾勒的分析主线与选择哪种获取商品的竞争性方法有关，这些竞争性方法使我们能够通过国内生产或者国外进口来获得商品实物。除了临时性借用等以外，当从国外进口某项商品的时候，实际上，我们是通过生产制造或者出口别的东西来换取这种商品。在财政不干预的情况下，个人利益决定着该商品（国内对该商品确实有生产能力）多少可以直接从国内生产获得，多少可以间接从国外收购。在某些情况下，这种所谓平衡并非最佳选择。比如，假设某国完全有能力制造该国一直在进口的某种商品，这种能力极其出色以至于如果能够克服早期的困难，最终国内生产的实际成本会低于从国外进口。于是，投资建厂来制造这种商品。但是远期而不确定的投资收益很可能不会完全充分地变成潜在的投资人所想象的利润，结果，从国内制造获得该商品太少，而以出口（别的商品）来购买该商品过多。此类资源错配将在后续章节详加讨论，但与上一节所谈的错配本质是相同的。

§4 在欲望与欲望得到满足之间的异常关系中，我认为有且仅有一例有着重大的现实意义。这与人们对未来的态度有关。广义而言，每个人都更喜欢当前的快乐或者是当前的满足感，而不喜欢未来的同样程度的快乐或者同样程度的满足感，即使完全确定后者一定会发生。但是，这种对当前快乐的偏好并不意味着当前的快乐比未来同样程度的快乐"更"快乐。有点自相矛盾，但这种偏好只是意味着我们对未来的预判是有缺陷的，因此，我们把未来的快乐，可以说是，缩小了。当我们沉思过去的时候，除了容易忘记令人不悦的事件之外，我们也都经历了同样的记忆的缩小。这一事实证明了上面这一解释的正确性。因此，如果以未来的快乐按其价值替代当前的快乐，人们对于当前快乐而不是未来某种同等快乐的偏好并不意味着会造成经济上的不满足感。一个人消费今年而不是明年的偏好所带来的今年的不满足感可以由明年消费明年的偏好所获得的满足感得到平衡，而不是今年把明年也消费掉。因此，如果我们安排一系列完全相等的满足感（注意是"满足感"，而不是带来满足感的商品），这一系列所有的满足感都会从现在开始逐年发生，那么这一系列满足感每年所实现的欲望并不是相等的，而是由逐年缩小的某个比例尺所代表。这一点毋庸置疑，无可反驳。同时，这也揭示了一个影响深远的经济不协调现象，因为这意味着人们在当下、不远的未来和遥远的未来之间分配资源是建立在一个完全非理性的偏好基础之上的。当人们在两种满足感之间做出选择的时候，他们不一定会选两者当中比较大的那个，而往往会全力以赴于生产或者获取当下较小的这个满足感，而不会顾及数年之后大得多的那个。这样的选择，其不可避免的结果是，投向于遥远未来的努力会相对不足于投向不远未来的努力，投向不远未来的努力则相对不足于投向现在的努力。例如，假设一个人对未来的预判为，完全确定必会发生的未来满足感会以每年5%的贴现率逐年递减。那么，只有当第二年的劳动增量产出达1.05倍的时候，他才会愿意为该年工作；同理，只有当十年后的那一年的劳动增量产出达到当前增量收益1.05^{10}倍的时候，他才会为该年工作，而不是只要来年给定的劳动增量产生与今年同等劳动增量同样的满足感，就会为第二年或者为十年之后的那一年工作。

§5 这还不是全部。因为人都是有寿命的，所以这种过了相当长一段时间才能获得的劳动果实或者储蓄收益并不被为之努力奋斗之人所喜爱。这意味着，他的欲望所关联的满足感并不是他自己的满足感，而是别人的满足感——这个别人可能是他的直接继承人，直接继承人的利益基本上也就是他自己的利益；也可能是毫无关联的人，这些人的利益他基本上是不在意的。因此，即使我们追求"'我们自己'的同等满足感"的欲望在不同时期都是相同的，我们对未来满足感的欲望也往往没有对当下满足感的欲望来得那么强烈，因为很可能这所谓的未来满足感根本就不是我们能享受得到的。这种差别，随着形成未来满足感的时间之久远而愈发重要，因为时间间隔愈是久远，死亡（不仅指其本人，还包括其子孙、其近亲、其密友等与其利益攸关的那些人）的概率愈大。毫无疑问，这种追求远期回报的投资所面临的障碍，在一定程度上，可以由证券交易工具来解决。假如现在投资100英镑，复利比方说是5%，50年后方可获益，那么，原始投资人可以在一年之后以最终收益105英镑卖掉他的权益，权益购买人也可以在一年之后以相同的方式收回本金105英镑，并收获其本金5%的利息……人们追求更高的利息进行投资，在这些情况下，不管是投资100英镑锁定50年，还是投资相同的数量但只锁定一年，二者没什么差别。不过,当然,在实际情况中,这种工具应用范围很窄。还拿投资来说,比如在私有庄园植一片林或者修缮排水系统,只能由私人完成,这种工具就完全没有用武之地了;甚至是由一个公司进行的投资,投资人也不能期待找到一种平稳而持续的无股息证券市场。因而,以实现最大总满足感为目标,私人利益的自由放任会导致资源被过多地用于即期消费,过少地用于远期消费,而对于某种(未知的)中期服务,其比例可能正好合适。①

§6 当由于我所描述的两大原因之一而招致或者面临招致资源错配的问题时,假设不涉及行政成本,我们往往可以采用以下方式加以纠正:一方面,对资源过度使用者以适当的税率征税;另一方面,将征税收入以适当的比率作为补贴颁给资源使用不足者。② 一定存在某种确定的税收和补贴方案,在给定的条件下,不考虑赋税分配的因素,会带来"最优"化的结果;也会有一系列的方案,

---

① 在1928年12月版《经济学杂志》(*Economic Journal*)的一篇重要文章中,弗兰克·拉姆齐(Frank Ramsey)基于某种假设,向我们展示了不同收入水平的人该如何决定储蓄多少收入才能获得最大满足感。这一步超越了我们文中所做的结论,但却并非与其不一致。

② 值得注意的是,这些结果涉及提高或者降低供给价格的行业,虽然类似于马歇尔在《经济学原理》第五卷第十二章中得出的结论,但二者并不完全相同。马歇尔指出,生产商品遵从降低供给价格这一定律,向这样的商品生产支付补贴,有时候(尽管并非总是如此)会增加消费者盈余(以货币衡量),使之超出补贴的货币成本,他进而提出只有当这一条件得到满足时,才会有适合补贴的情况。我的观点是凡是支付补贴增加消费者盈余(以货币衡量)超过所增加的实际生产总成本(以货币衡量),都会有适合补贴的情况;另外,当降低供给价格(站在纳税群体的角度)普遍存在时,在简单竞争的条件下,往往一定存在某种补贴率以使之实现。国家支付补贴的实际货币支出,主要是转移性支付而不是消耗资源,因此,这并非此问题的一个因素。对于降低供给价格,我从纳税群体和行业企业两个角度进行了区分。鉴于此,马歇尔的检验和我的检验都对一种商品特例给出了同样的结果,这种商品的需求曲线,在其长度的相关部分,具有直角双曲线的形式,因为在该例中,补贴支付金额等于所增加的实际总成本(以货币衡量)。

第八章 赋税与补贴——纠正资源错配

在达不到"最优"解的情况下,能够把总满足感提升到放任私人利益所能获得的满足感水平之上。当然,在现实生活中,在实施这类方案的时候,是要付出大量的行政成本的。这些行政成本可能会如此之高昂甚至超过了"最优"方案能带来的益处,更别说其他方案了。另外,我们必须十分清楚:施加的税率和补贴率必须落在某个确定的范围之内,否则,即使没有行政成本,也是弊大于利。再者,由于穷人和富人对于不同商品的购买比例不尽相同,因此,如果不调整分配比例的话,实际当中就不会有可实行的税收-补贴方案。在最终决定采取哪套方案的时候,这些因素都需要考虑进去。

第九章 不同支出类别之间的赋税差异

§1 本章与上一章之间的关系，一定要理清楚。在上一章，我们所关心的是资源的不同用途之间其配置错位该如何纠正，并指出，理论上讲，这些错配可以通过向某些用途适度征税并给予其他用途补贴的方式加以纠正。在本章，我们的假设条件，一是无资源错配，二是资源错配已经得到纠正。因而，首先，我们必须保证要有一定的税收收入，这笔收入至少达到或者超过在税收-补贴系统里面收支的必要额度；之后，我们还要考虑根据个人收入的用途，这笔税款是征收统一税（不区分个人收入用途）还是差别税（区分收入用途）？哪一种更好？在什么条件下那一种才更好？不难理解，这里所说的差别与上述税收-补贴系统所可能涉及的差别不是一回事。如此询问一番，为简单起见，我假定所有资金来源均为劳动所得。抛开储蓄不谈（将在下一章单独探讨），一般性消费税与所得税显然是彼此等价的。* 我们的任务是，从最小总

---

* 支出税，或曰消费支出税、个人支出税，以一定时期内消费支出为课征对象，是西方经济学家针对个人所得税的缺点而提出的。个人所得税的课征对象是个人的全部所得，即个人所得当中不用于支出而用于储蓄的部分也要征税，这显然不利于储蓄，而储蓄是投资的来源，因此也不利于投资。——译者注

牺牲的角度，将统一税制和差别税制加以比较。这涉及三重研究，我们需要从以下三个方面审查彼此互斥的不同税制：赋税宣告方面、赋税分配方面以及技术与行政成本方面。这三项内容，我将逐一进行，并且在整个过程当中，以竞争性条件（区别于垄断性条件）为准。

一、赋税宣告方面

§2 在这一标题下，我们首先需要准确界定我们的问题，之后再去寻找答案。很自然，有人会把这个问题如此表述："已知税收定额为两亿，那么，这笔税款是通过一般所得税征收呢，还是根据不同类别的消费支出以不同的税率来征收呢？哪一种更好？"一百个人里面有九十九个人都会认为，这就是一个界定明确、没有歧义的问题。但事实并非如此。为了避免无关的复杂因素，我们假设有这么一个群体，其所有成员完全相同、收入相等。即便如此，正如第五章所示，也可能会有为数众多的赋税规则，以收入为课征对象，借此以征收两亿的税，这些赋税规则的相异之处在于其所施加的牺牲大小不同。完全类似的表述也适用于能够征到两个亿的某些特定类别的消费支出税。因此，在区分收入用途的有差别税制和不区分收入用途的无差别税制之间，就其征税两亿的效果而言，做任何"一般性"的比较都是不可能的。这是因为，虽然一些有差别税制比一些无差别税制的总牺牲小，但是其他的有差别税制比其他的无差别税制的总牺牲却要大。简而言之，比较的结果就看如何选择被比较的对象（税制）了。

§3 因此，我们需要对这一选择做出决断。显然，征税两大对手——一个以全部收入为课征对象，另一个则以全部收入（或全部收入的一部分）当中所支出的那部分为课征对象——都必须用确定的赋税规则来表示。这样做很有必要，为的是赋予我们的问题以"某种"意义。而为了使这种意义"有趣"，乍一看好像这二者除了课征对象不同之外，其赋税规则应该是一模一样的。然而，在同一个赋税规则下，一个以整个收入为对象征税，另一个以部分收入为对象征税，显然不可能征到同样的税额。因而，所要比较的两个赋税规则必然是不同的。不过，尽管不同，为了比较起来相对有趣，它们必须是同一税族的成员。因而，设 x 为总收入，y 为总收入当中以某种方式（比如啤酒）支出的部分，且 $R=\psi(x)$ 为第一种情况的赋税规则，那么第二种情况的赋税规则就应该是 $R=m\psi(x)+n\psi(y)$，由题意知，两个赋税规则的 R 值相等。于是，我们的问题表述如下：已知税额 R 既可以 $R=\psi(x)$ 的形式课征，也可以 $R=m\psi(x)+n\psi(y)$ 的形式课征，哪一种计划会给纳税人带来更小的总牺牲？这个普遍性问题的一个最简单的特例是 $\psi(x)=kx$，其中 k 为常数。也就是说，前提是不管征的是哪种税，以全部收入计征也好，以某种支出计征也好，都会是简单的比例税。[①] 我将针对这一简单案例详加分析，希望从中所获得的粗略结果能作为一种一般性规则，虽不能广泛地但也能部分地适用于一些更为复杂的案例。

---

① 因此，第五章第10节所提到的那种复杂性，即累进所得税在生产资料的安全使用与风险使用之间是有差别的，在此就不必考虑在内了。

第九章　不同支出类别之间的赋税差异

§4 考虑到我们假设资源错配已然得到纠正，这样就消除了私人净产值和社会净产值之间所有的边际差异，连同消除了第八章所考虑的第二种不同但类似的差异。那么，"只要不需要增加岁入"，任何对"自然"安排的进一步财政干预（当然，这里不包括赋税分配因素）都必然是有害的，因为从任何一种用途的边际单位劳动所获得的满足感都等于从任何其他用途的边际单位劳动所获得的满足感，并且这里每一个满足感也都等于实现每一个用途的边际单位劳动所带来的不满足感。抛开分配因素不谈，这显然是"最优"的可能情况。人们会有一种冲动，从这个论点进一步跳到另一个论点，即鉴于私人和社会边际净产值都相等，再加上上述其他条件，即使需要增加税收，财政方面区别对待也一定是有害的，而且不经济。我们已经证明任何差别化（除了第八章以外）——当独立运作时——都是有害的。由此，我们推论，当差别化叠加到以无差别税课征特定税额时，也一定是有害的。这一推论基本上是立刻显现在脑子里面的，因为如果一种差别化的安排是低劣的，那么，社会需要税收收入这一事实应该如何消除其低劣性？证明差别化的低劣性，可以说，其本身充当了证明差别化征税以完成特定税额的低劣性的作用。带着极大的尊重，我敢说甚至马歇尔都掉入了这一陷阱，因为在《货币、信贷与商业》（*Money, Credit and Commerce*）的第十一章中，马歇尔论及保护性进口关税具有差别性（区别对待国外进口商品）因而是邪恶的，其支持这一论点所使用的论据涉及的情况是，正在实施差别化，但却没有等得任何岁入。[①]连马歇尔都掉入的陷阱必定是难以察觉的！

§5 开场白还得再多说一句。粗心大意的读者可能觉得只要把马歇尔的观点和一个与之类似的观点简单发展一下，我们的问题就会得到解决了。马歇尔的观点是，不考虑赋税分配的因素，欲征得特定税额，向刚性需求的商品征税比向弹性需求的商品（生产的供给条件相似）征税所做的牺牲要少；另一个类似的观点是，已知对两种商品的需求条件相似，欲征得特定税额，向相对刚性供给的商品征税比向相对弹性供给的商品征税所做的牺牲要少。[②]然而，证明专门征商品 A 的税比专门征商品 B 的税更好，对我们的问题——在税额特定的情况下，专门征商品 A 的税好，还是以同等（从价）税率既征 A 的税也征 B 的税好——并无助益。而如果我们想要判断 A 的税率和 B 的税率之间的差别化（如果有的话）要达到什么程度才能使总牺牲最小化，这就更没什么帮助了。简而言之，我们的问题与马歇尔研究的问题完全不是一回事，因而也就不可能靠他的方法来成功解决了。

§6 让我们以两个高度简化的特例来开始我们的讨论。假设只有两个用途，一个是弹性需求的 A，另一个是刚性需求的 B，并且在两种用途都会产生固定收益的条件下才会有供给。如果对 B 的需求是"完全"刚性的，那么，不论特定税额 R 是向两种商品

[①] 见该书第 211 页。

[②] 不论我们以消费者剩余的损失来测量牺牲，还是以消费者剩余加上生产者剩余来测量牺牲，正如我们所熟悉的那几个几何图形所描述的那样，这些观点都成立。

A和B以统一税率征收，还是以更高的税率单独向B征收，生产的商品数量和付出的劳动量都是同样的。然而，在前者的机制下，由于税收的威胁，人们对A投入的劳动不会多于在不受干扰的情况下他们愿意投入的劳动。在后者的机制下，则不会如此。因此，后一种机制会带来更少的牺牲。通过类似的推理可以证明，如果一种产源产出完全刚性供给，以至无论税制如何，人们只会在该税制下撤出无穷小的劳动量（因为任何有限的撤出都会导致实际边际劳动生产力无限的上升），那么面对特定税额，将税集中在该用途征收比以同一税率向各个用途均征收所带来的牺牲要更少。从这些"完全"刚性需求和"完全"弹性供给的例子，很容易理解"高度"刚性需求和"高度"弹性供给的情况，而且我们的大脑也做好了准备来接受这种说法：当劳动供给"并非"刚性不变时，征收特定税额最好的办法就是通过如下一种税制，即当我们从高度有弹性的需求（或供给）逐渐过渡到需求（或供给）弹性累退式变小的时候，税率呈累进式增高。不过，为了获得更确定的结果，我们需要更具威力的分析工具。

§7 弗兰克·拉姆齐以数学的手段分析了这一问题，并获得了一个非常有趣的解决方案。对于他的研究目的而言，他把所谓"特定税额"定义为特定"货币"税额，并假设货币收入经调节使得其边际效用为常数，因为这里不考虑赋税分配因素，边际效用被视为对每个人都是相同的。有了这一重要的前提条件，我们仍然一如既往，将出发点设为，边际社会净产值与边际私人净产值之间没有差异（或曰不相背离），或者即使有差异（或背离）也经适当调整得到了纠正。我们会看到，从实际目的来看，这意味着没有垄断。拉姆齐进一步假定政府的税收款有两种去向：其一，再转移支付给战争贷款持有者，之后贷款持有者对这笔资金的各项支出（购买物品）进行分配，其分配比例与资金的最初拥有者的分配比例相同——如果他们未纳税而仍然持有这些资金的话；其二，政府将其用于自己的需要（因此花光用光资源），其分配比例也依然如此。之后，假设所有涉及的函数都是二次方程（这意味着现有独立需求与供给曲线均为直线），可以证明（当然，我们并不考虑对于不同人而言货币边际效用的差异），征收特定税额的"最优"比例税制为能够"以同等比例减少所有的商品与服务的生产的机制"。这种机制既适用于独立的商品，也适用于需求互补或互斥的商品，以及供给互补或互斥的商品。因而，不论我们是讨论独立的商品，比如铁和啤酒，还是讨论联合供应的商品，比如牛肉和牛皮，抑或是讨论联合需求的商品，比如茶与糖，再或者是比较肯特郡种植的小麦和诺福克郡种植的小麦，又或者是比较此种工艺的钢和彼种工艺的钢，等等，我们应该始终使税收机制能够保持这些多样化的商品各自生产的比例。

§8 这一结果受限于上述税制征得的税收款的支出方式。如果税收款的各项支出（购买物品），其分配比例不同于若是还"在纳税人口袋里开花结果"那样原有的分配比例，那么对这几项商品的需求计划就会有所改变。这些改变与反社会无涉，只不过要改变这些商品的生产比例，因此应该被允许发生。由于比例改变的大小要看税收款的花费方式，要是认可的话，拉姆齐的结果就需要根据其具体的情况做出不同的修正。然而，还有重要的一点需要补充。拉姆齐尽管没有明说，但其数学推导暗示，[1]如果且只要国家花费其税收收入来购买公众无法购买的商品，例如战舰，"所施加税制应能使所有应税生产以同等比例减少"这一规则同样是适用的，就好比，国家将收入用于不同商品的支出比例与公众购买这些商品时的支出比例相同，此时这一规则的适用性一样。

§9 那么，在假定条件下，能够以同等比例减少所有纳税商品生产的税收机制是什么呢？显然，当几项商品的供需并非独立时，对于任何特定的税额，答案会根据其相互依赖的性质而不同。在某些情况下，有些商品可能需要接受一项"负"税，也就是由政府提供的补贴。例如，因赋税而引起的糖供应减少可能就会因此而影响到很酸的那种李子的需求，如果没有政府补贴的话，就无法阻止李子减产的比例大过糖减产的比例。[2]对于这样的情况，任何想把适当的税率联系到一起的公式（或规则）都需要把实际存在的供需相互依赖关系的特征详细描述出来。

§10 假设所有的供需计划完全独立（毫无疑问，这一假设毫不现实），我们就能找到一个非常简单的公式（或规则）。这一规则建立在这些独立的供需计划的弹性之上，在无税（指任何税，不止于上一章所谈到的税目）情况下与生产和销售的数额有关。我们以 η（定义为负值）表示税前产量的需求弹性，以 e_r 表示第 r

---

[1] 参见 *Economic Journal*, March 1927, p. 60。
[2] 同上，第54页。

项商品的相应的供给弹性,[①] 以 t_r 表示对第 r 项商品征收的从价税率,可以证明,在假定的条件下,当税率使得对于所有的 r 值都有 $\dfrac{t_r}{\dfrac{1}{e_r}-\dfrac{1}{\eta_r}}$ 取同样的值时,公众所购买的所有商品的生产都会以同等比例减少。也就是说,就税前产量而言,需求弹性越小,商品税率越大;并且,如果取值为正,其供给弹性越小,如果取值为负,其供给弹性越大。如果所有供给弹性都是无穷大,即如果所有商品生产都会得到固定收益,那么商品税率一定与其需求弹性成反比。如果有商品,其需求或者供给为完全无弹性,该公式意味着施加于其他每一项商品的税率一定是零,也就是说,全部给定税额都必须由该项商品征得。尽管 e_r 对某些 r 值而言可能为负,但是除了上一章所描述的政府补助之外,该公式并不保证其他任何补助的正当性,这是因为该公式是一个稳定均衡的条件,即当 e_r 为负时,$\left\{\dfrac{1}{e_r}-\dfrac{1}{\eta_r}\right\}$ 一定为正。[②]

---

① 我用我所习惯的符号代替了拉姆齐所使用的符号。应该注意到,拉姆齐追随马歇尔,将需求弹性定义为需求数量相应的(少量)增加值除以相关价格相应的(少量)降低值,所以,他的需求弹性一般为正,而我把需求弹性定义为需求数量相应的(少量)增加值除以相关价格相应的(少量)增加值,所以,我的需求弹性一般为负。因而,为替代他的 ρ,我应该写作 $-\eta$ 而不是 η。严格来讲,如果他写"需求越具弹性",我就必须写成"需求(数值上)越具弹性",但是除非是在真的会引起误解的情况下,我还是免去这份辛劳吧。我和拉姆齐都把供给弹性定义为供给数量相应的(少量)增加值除以价格相应的(少量)增加值。由于 e 既能为正也能为负,因此,严格来讲,我们两个都应该说"如果为正,其供给弹性(数值上)越大;如果为负,其供给弹性(数值上)越小",或者,"供给符合收益下降规律,则弹性幅度越小;供给符合收益增加规律,则弹性幅度越大"。

② 参见 *Economic Journal*, March 1927。该值为负意味着需求曲线在供需曲线交叉点的左侧时低于供给曲线,这种情况下,均衡并不稳定。

第九章 不同支出类别之间的赋税差异

§11 假设若干商品各有独立需求,但在供应端是完全可替代品,例如,如果这些商品以稳定的收益全部只由一种劳动生产,或者由几种劳动的稳定组合生产,并且我们用 ε 表示其总供给弹性,拉姆齐证明,为了保证各类产出的同等缩减,对于所有的 r 值,$\dfrac{t_r}{\dfrac{1}{\varepsilon}-\dfrac{1}{\eta_r}}$ 必须取同样的值,也因而 $\dfrac{\varepsilon\eta_r t_r}{\eta_r-\varepsilon}$ 必须取同样的值。这意味着:其一,对于任何给定的 $\varepsilon>0$,需求弹性愈小,该商品税率愈重;其二,给定(若干商品的)需求弹性,随着总供给弹性变小(在 $\varepsilon>0$ 的情况下),(所有商品的)税率一定会彼此接近。在极限情况下,当 $\varepsilon=0$,即总供给(就此例而言为劳动总供给)完全无弹性时,所有商品的税率一定相等。①

§12 上述分析,如本章第 7 节所言,有赖于前提条件,即所涉及函数为二次方程,也就是说,对于有着独立供求计划的商品,供求曲线均为直线。如果满足这一前提条件,上面所提出的结论对于税收收入和税率(不管多高多低)都是有效的。如果不满足,适用范围就要变窄,上述结论严格来讲只对无穷小有可论证性,对于低税收则只是近似。税收为多少才符合这里的所谓"低"税

---

① 在这一特例当中,显然如果所有税收收入都由国家花费用于购买各种商品,各项花费的比例与民众的花费比例相同,则这些商品的产出相应减少为零——而我们已经看到,这一减少对所有商品一定是均等的。如果国家将全部或一部分税收收入用于购买民众不购买的物品,这些物品的产出相应的减少当然就不是零。国家不用于转移支出而用于国家特需商品开支的税收收入的比例越大,相应的减少越大。这部分税收收入并不等于,但一般认为会远远小于,我们前面所定义的非转移性支出,以确保包含民众也购买的商品项目。这里我们不必纠结于国家利用资源所导致的复杂情况,例如,免费教育一定程度上也是一种资源替代品,如果国家不提供免费教育,民众为保证教育就会不遗余力地去追求教育资源。

收，有赖于相关函数对二次方程的近似程度，即独立商品的供求曲线的曲率接近于零的程度。①

§13 现在还剩下一个更棘手的问题需要解决。整个论证的推进，如前所述，是基于如下假设：不论生产如何变化，货币收入是可以调整的，从而使得其边际效用对于典型纳税人来说为不变值。为使课征给定货币税收收入所必需的牺牲最小，所课之税必须能使所有产出以同比例减少——这一命题的证明即基于此。这个证明要求整个论证过程中以同等数量的货币代表同等数量的牺牲。另外，保证任何一对商品都有绝对独立的供求计划，上述假设也是必要的（尽管这一点不是那么主要），因为如果不如此的话，我们就必须预见到，除了某些特例，改变一种商品的生产或者购买必然影响到货币边际效用，进而必然影响到所有其他商品的供求计划，即使这些商品的边际效用和边际负效用的计划都是完全独立的。因而，例如，如果货币收入固定，各种用途的生产性资源的需求计划必然调整以使其生产性资源的需求弹性之和等于 -1，即使这些用途中生产性资源的边际欲望（即边际效用）的弹性值与此有很大的不同。

§14 在讨论针对单一商品或小商品课税的效果时，马歇尔总是假设，对于需求者而言，货币边际效用自动保持为不变值，而无须有意做出调整。马歇尔也认识到，对于供给者而言，却往往并非如此。因而，提高煤矿工人服务的价格可能会降低他们手中货币的边际效用，以致他们会在较高的价格提供比之较低的价格更少的服务。然而，就需求者而言，则是依据生活经验来看待这

---

① 参见 *Economic Journal*, March 1927, p. 60。

第九章　不同支出类别之间的赋税差异

个问题，即既然他们花在任一普通商品上的钱占其收入比例都非常小，当然这里不包括租房子等情况，那么这种支出即使有急剧的增加或者减少，剩余的花在其他商品上的钱也只会相应地有那么一点点的改变，因此，对边际货币的效用不会产生可观的影响。然而，当我们所考虑的不是单一商品的税收，而是整个税收机制的时候，这种方法就显然不合适了，因为所有应税商品的支出很可能构成总支出当中相当大的一部分。对此，该当如何呢？

§15 我们首先假定国家课征的所有税收收入都以本章第 7 节所描述的方式（比如战争贷款的利息）转移给了纳税人。任何比例税制的赋税宣告的效果，如拉姆齐所示，很可能就是在一定程度上削减实际收入的总产出，这就使实际收入的边际效用有所增长。那么，为使货币收入的边际效用保持不变，货币收入与实际收入的关系必须是每单位实际收入的扩大与实际收入边际效用的扩大成正比。我们将货币收入记作 I，将实际收入记作 A，$f(A)$ 为 A 单位实际收入的边际效用。我们要求 $\frac{Af(A)}{I}$ 为不变值。如果连续的实际收入所产生的边际效用曲线为直角双曲线，则只要货币收入 I 保持不变，显然这一条件就能得到满足。如果实际收入的边际效用曲线比直角双曲线更加陡峭（我们有理由相信确会如此[①]），导致 $Af(A)$ 随着 A 的增大而增大，为了满足所要求的条件，则货币收入必须随着缴税机制的实施而增长。

§16 接下来，我们假设国家课征的税收收入中，有一部分并

---

① 参见前文，第二部分，第七章，第 17 节。

未转移给纳税人，而是花费在了购买诸如战舰这样的公共物品上面。那么，显然个人所能得到的实际收入跟上例相比变小了，而其边际效用则变大了。如果实际收入的边际效用曲线是直角双曲线，为了使货币收入的边际效用可以同无税收时一样，则货币收入跟上例一样必须保持稳定不变；而如果该曲线比直角双曲线更陡峭，则必须增加货币收入。随着该曲线比直角双曲线愈加陡峭达到特定的角度，货币收入也应增加得更多，因为在这种情况下实际收入的边际效用与实际收入的乘积也增加得更多。

§17 鉴于产出的多样性的特点，在现实生活当中，一定存在一些不确定性元素在本篇概要中被轻描淡写。不过，对于一种大致的分析而言，这也就足够了。当然，只有在已知现有货币与银行系统的情况下才能确定，在一定的环境中，当面临税收发生改变的时候，货币收入的边际效用是会自动保持稳定不变，还是必须主动做出调整以使其保持稳定不变。如果该系统是那种我在另一本著述[①]里面所称的"正常"的系统，我们可以预料实际收入会有所减少，因为伴随货币收入的自动减少，该系统会引起储蓄减少，进而利率降低。因此，如果我们的曲线比直角双曲线更陡峭，为了使货币边际效用不会受到一般税（general tax）税制的影响，就需要主动向上（比如，通过操纵银行利率）调整货币收入。

§18 作为增加税收收入的一种手段，对进口商品以比本国竞争性产品更高的税率来征税，是否占有优势？拉姆齐的研究结果使回答这一问题变得饶有趣味。在接下来的探讨中，将不予考虑

---

① 参见 *Employment and Equilibrium*, p.60。

一般意义上的外国人获益的可能性——注意，这不包括应税商品的特定外国生产商，这一点会在第二十二章进行讨论。既然我们只有一小部分出口来换取特定商品的进口，从该问题的角度来看，我们把符合获得固定收益的条件近似等于出口商品的生产，还是合乎情理的。那么，进口的实际供给计划（所针对的是本国竞争性产品），基本上是由其在我国市场上以货币计算的供给计划来调节的。因此，是否应该对进口商品施加比本国商品更高的税率的问题就变成了在这个意义上的进口商品供给和本国商品供给哪一个弹性更小。在某些情况下，可以毫无疑问地说进口供给弹性更小。如果某国存在某商品剩余而英格兰是其唯一可找到的大市场，这一市场将使国外生产商接受他所能得到的价格，而国外生产商所提供的商品数量却几乎不会因可获得的价格的（适度）变动而有什么改变。因此，从纯粹的国家角度来讲，对于此类进口加征特别关税（如果实践中可行的话）确实是增加税收收入的好方法。然而，对于普通环境下普通商品的进口来说，情况却是截然不同的。这里的假设是本国商品供给在二者中弹性较小，因为假如国内外"生产"弹性相同（在不具备专门知识的情况下，这个假如倒也合理），国内供给弹性会等于假设，但国外对我国市场的供给弹性则会比这个大。其原因是英格兰的价格上涨会增加国外产品的进口比例，这也就增加了国外产品的总生产。① 于是，在缺乏专门知识

---

① 令 A 为国外生产，D 为国外消费。令 e 为生产弹性，既指英格兰也指国外的生产弹性，令 η 为国外需求弹性。则在英格兰市场如果价格增加百分之一，外国进口会增加 $(A+D)$ 的 $\{eA-\eta D\}\times 1\%$ 倍。因此，外国生产对我国市场的供给弹性就等于 $\dfrac{eA-\eta D}{A+D}$。由于 η 为负，其结果大于 e。

的情况下，就会形成某种假设，而这种假设赞同以"低于"国内竞争性产品的税率对国外进口产品征税。当然，如果具备专门知识，则可能会推翻这一假设。但是，一定不会有与之相反的那种假设，该假设赞成更为人所熟知的将税收差别化的形式。这一结论的前提条件是，总体上讲，外国人一般来讲不能给我们带来有意义的税收收入；一个附带条件是，其有效性，如上所述，有待第二十二章进行探讨。

二、赋税分配方面

§19 从赋税分配角度来比较有差别税制与无差别税制，我们需要考虑两件事情：如何对待收入相同但经济境况不同的人，如何对待收入不同但境况相似的人。由于我们的目标是最小总牺牲，显然第一组人群应当平等地征税，当然这要考虑到不同经济境况下其被补贴的情况；而第二组人群则应以累进税率征税，收入越高，"税率"越高。我们需探究一下，这些不同的税制在多大程度上会带来不同的商品及各种用途之间的差别化。

§20 对于收入相同但经济境况不同的人，可以通过一种特定的差别税来实现"某种"想要达到的调整，也就是说，在一般所得税之上，对奢侈品消费叠加某些特别税。这样，两个收入相同的人，其中一个可能负有沉重的责任（比如，有义务出资帮助一位患病却与自己没有亲属关系的朋友），但在所得税的条件下，这种情况并不能获得补贴或者某种折让；另一个无此责任的人则很可能把相对一大笔收入花在个人奢侈品上。因而，专门针对奢侈品的重税就会起到检验二者真实的纳税能力的作用。不过，这倒不是一个非常重要的问题。①

§21 对于收入不同的人，毫无疑问，理论上而言，完全可以在诸多商品税的基础上构建一种累进式税率表，使得商品税率从穷人购买的主要商品到富人购买的主要商品陡然升高。然而，这种安排在实际当中却会碰到难以逾越的困难（详见下一章）；并且即便不是如此，无论怎样，我们都可以通过一般所得税来确立比几样商品税的组合更加精确也更容易办到的税率表，这一点不证自明。

§22 总之，看起来赋税分配因素大体上反对不同种类消费税率间的差别化，但有一种情况却是在一般所得税之上对奢侈品消费叠加特别税。几乎不需要指出，此类差别税涉及的详细实施过程与赋税宣告所表明的详细实施过程是截然不同的。

三、技术与收税成本

§23 就实用目的来讲，无差别税制是指所得税或者一般消费税，因为在行政管理上，以统一的或者以任一的税率对所有的商品和服务征收商品税②都是不可行的。因此，只要技术方面的考量

---

① 在没有其他规定来消除储蓄方面的差别时，对奢侈品课税也可以作为部分抵消这种差别的一个手段。储蓄方面的差别也会涉及普通所得税，这一点将会在下一章碰到。

② 此类税通常被称作间接税，因为这些税最终是由纳税人以外的人来承担的，即纳税义务人并不是税收的实际负担人。然而，给间接税下个定义却是件很为难的事情，这涉及纳税负担的问题，而纳税负担又是引起争议的问题。此外，如果，比如说，进口关税由消费者承担，那么只有在所涉商品仍在交易商手里时就起征关税，这些关税才能称为间接税。而如果从消费者手里征收，这些关税就成直接税了。

排除了所得税,那么所采用的税制就一定是有差别的。在某些条件下,例如,在高度分散的农民社区当中,由于其通信手段不良、中央政府不力,采用所得税就要承担高昂的成本。在这种情况下,技术方面的考量可能会驱使我们依赖于由驻在口岸的官员所征收的有限的进口关税(如果我们的社区是一个小岛的话)。同样,不难想象,当直接税是如此被人嫌恶,而行政机器又是如此效率低下时,由于逃税,征收所得税也就名存实亡了。当然,在当下的英国,这种情况是绝不可能发生的。现实中如何衡量逃税是有争议的,但在很大的范围内,税收这种手段从源头上遏制了逃税;对剩下的漏网之鱼,财政部也挥舞着行政机器全副武装,做好了一切准备。因此,对这个国家,至少就已知的所得税纳税等级而言,技术的考量、征税的成本都不是宁要商品税(如我们所知,这会带来差别税)也不要一般所得税的理由。

§24 最近,这一问题变得更加难以确定,因为涉及社会中广大的体力劳动者。在1914—1918年一战之前,鉴于从这些人征收所得税的困难是如此之大、成本是如此之高,最后不管决定是向他们征什么税,都"必须"通过商品税来解决,这已经被当成了公理。然而,在所得税皇家委员会1919年报告之前,已有证据表明,借助季度工资评估(1925年后改为半年一评)工具,已经以非常合理的成本向大批周薪一族开征所得税了。因此,尽管尚有困难和不便有待克服,[①]但再也不会有人认为所得税作为税收手段不适合低收入者了。在二战期间,这一方法又往前更进了一步,

---

[①] 参见 Josiah Stamp, *Current Problems in Finance and Government*, p. 223。

一系列措施、安排为在获得收入时（不是后来收入萎缩或者停滞之时）征收所得税提供了具体的依据。至此，对所得税最严厉的反对之声也消失不见了。不过，这种认同并不能否定，出于技术和行政因素，还是会趋向于将商品税，即差别税，作为向"极度"贫困的人征税的手段——如果真的是想向这群人征税的话。当然，这种差别既不同于赋税宣告方面的考虑，也不同于赋税分配方面的考虑。

四

§25 从在第1节中就区分开来的三个角度当中的哪一个来说，我们都能阐明对待差别的某种衡量方式；与之对照的则是这样一种税制，像所得税一样，对于收入的各类支出不做任何区别。这三种角度所表明的这几类差别，彼此之间互不相同，也互不相容。另外，它们（所有这几类差别）也都不同于主要的差别税，并且也与这些主要的差别税难以共存，而这些主要的差别税往往会获得务实的政客们的倡导，因为他们一方面依赖于选票，另一方面也容易受到强大的利益的驱使。

第十章　所得税与储蓄

§1 到目前为止，我一直在有意对一般所得税和一般消费税之间的差别轻描淡写，默认一般所得税在个人收入的不同用途之间没有差别。然而，这种假设是不正确的，本章将详细探讨这一问题。个人收入有两种主要用途：储蓄（其定义使得总储蓄等于总投资）与消费支出。当然，这两种用途分别都有许多的细分，收入可以转化为这些细分。后一用途一般被称为"消费"，以区别于"储蓄"，不过这种叫法并不完美，因为净储蓄本身就是一种消费，即留作购置机器及其他资本实物的花销。不过，尽管不完美，但有了这种解释，倒也站得住脚。一般所得税所带来的差别化，照英国人的理解，对收入的投资（即储蓄）用途不利，而对收入的消费用途有利。

§2 这个命题的证明如下：一般所得税平等对待储蓄起来的那部分收入和消费出去的那部分收入，乍看起来对二者一视同仁。然而，这只是一种错觉。假如我们有一种税，只征一年或者只征很短一段时间，且以给定税率征税，那么实际上，这个命题是正确的。但是，如果某个税制以固定税率无限期执行，那么消费税对于储蓄和消费来说是不偏不倚的，并不会对消费有利，因为储蓄起来的资源属于间接征税，要根据其未来收益来定，其纳

第十章　所得税与储蓄

税水平与立即消费的资源是一样的。反过来说，所得税就不一样了，是不利于储蓄的，因为所得税既在储蓄发生时征税，也对其后续收益征税。因而，一个永久性所得税对收入的消费用途以税率百分之 x 征税，但如果收入当中有 100 英镑存了起来，就这 100 英镑来说，当时的所得税为 x 英镑，之后，还会从其收益当中再征一部分所得税。① 这第二次所得税有多大，取决于储蓄者随后的行为：其一，储蓄者根据其消费计划决定是否及何时提取其储蓄；其二，如果提取，当前利率是多少。如果储蓄者的投资是永久性的，也就是不会撤回其本金，$(100-x)$ 其实已转为投资，那么每年，二次所得税额为 $(100-x)$ 英镑的收益乘以税率 $\dfrac{x}{100}$。因而，首次和二次所得税额总计等于现税 x，再加上永续年金 $\dfrac{x}{100}(100-x)i$ 的现值，其中，i 为投资时的利率，即总税额为 $\left\{x+\dfrac{x}{100}(100-x)\right\}$，也就是 $x\left\{2-\dfrac{x}{100}\right\}$。因而，当税率低的时候，对储蓄性收入的有效税率实际上几乎是消费性收入税率的两倍了；当税率高的时候，尽管比两倍低，但也要显著高于而不是等于该税率。例如，如果普通税率为每英镑 10 先令，对于储蓄性收入而言，就不是 10 先令，而是 15 先令了。如果此时把本金取出用于

---

① 坎南（Cannan）对此持反对意见，其理由为"我们储蓄也好，消费也罢，都是我们缴纳所得税之后政府留给我们的收入"（*Economic Journal*, 1921, p. 213），因而，论及拿出 100 英镑去储蓄，之后又被征税，这是非法的。不过，即使我们从坎南的角度来看这个问题，结果也是一样的，因为收入（指税后收入）当中的储蓄部分所获收益会被征税，而收入当中的消费部分则不会。

消费，首次和二次税额之和相当于一个单一税，比上述情况就少多了。① 假设 n 年之后取出本金，利率为 i，那么一般赋税规则为 $x+\dfrac{x}{100}(100-x)\left\{1-\left(\dfrac{100}{(100+i)}\right)^n\right\}$。如果 $n=10$，$i=5\%$，当 x 不大时，其税额要稍高于 $1\dfrac{1}{3}x$。

§3 细加考量，这个分析结果其实并非看起来那般犀利，因为，首先，其默认前提是投资总是会产生未来收益，未来收益又必定要缴税，而基于消费的支出则并非如此。这种前提是不正确的，因为一方面有的储蓄不产生任何收益，另一方面，有的消费，例如食物、衣服、房屋，会提升人的效用，就像投资会提高机械效用一样，因而，消费也会产生未来收益。其次，另一个默认前提是储蓄收益的纳税率等于储蓄的纳税率。这其实也不尽然。比如，在英格兰，非劳动所得（即投资收益）的纳税率要高于劳动所得，那么劳动所得的储蓄收益所适用的税率就要高于原来储蓄的税率，于是，这部分用作储蓄的劳动所得的纳税额显然比上述赋税规则所得出的纳税额要高多了。但是，反过来讲，比如，还是拿英格兰来说，由于高收入有高累进税率，富人储蓄而留给穷人（相对而言）的收入——穷人所得税率（包括附加税）要更低——则并不像赋税规则所显示得那般差异显著。这一点其实更为重要。尽管这些考虑使得我们的结果不如我们所希望的那般清晰，但我们仍然可以说英国特色的一般所得税，在一定程度上，针对储蓄

---

① 有人认为，既然彼时把本金取出用于消费并纳税，那这种情况就跟现在被课税没什么两样。这显然是一种谬论。

所得是有所差别的。这一更广泛意义上的结论无可动摇。

§4 在这种情况下，针对储蓄的这种差别化是否符合最小牺牲原则呢？我们碰到了一个比较尴尬的问题：税收以个人储蓄为课征对象，可能在某种程度上会触及"囤积"（这一术语用以与"投资"相区别）。就我们的定义而言，总储蓄和总投资应该相等，但并不排除个体的囤积者，这是因为一个人的囤积行为会相应地影响他人等量的收入，也即等量的储蓄。不过，对于这种复杂的局面，我将不予考虑。基于这一认识，有三种主要的考虑均彼此相关。

其一，我们要探究在没有任何所得税的情况下，收入在消费与投资（即储蓄）之间的分配是否会达到这样一种效果，即不考虑赋税分配的因素，这两种用途对满足感的边际贡献相等，因而使总满足感最大；或者，更实际来说，这两种用途当中，对于哪一种投入了更多的收入。我们知道，投资带来资本，拥有资本会产生一种愉悦感，表现为声望或者预防灾祸的安全感，这种愉悦感会超越投资所能贡献的年收入，不过，这一事实在此与我们讨论的问题并不相关，因为这种愉悦感所带来的价值应该已经被储蓄者考虑在内了。但是，第八章第4、第5两节的讨论清楚地告诉我们，人们并不看好未来的预期，况且人的寿命都是有限的，这使我们倾向于减少未来投资——从最小总牺牲的原则来衡量，未来投资会低于本应达到的水平。这一点指出了差别化青睐于储蓄的正当性，例如，即使并不需要增加净税收收入，也要对消费征税，以此作为对储蓄的奖励。因此，言下之意，在需要征税的情况下，此类差别化就更是必然存在的了。

其二，拉姆齐在"储蓄的数学原理"（Mathematical Theory of Saving）[1]这篇重要论文里指出，提升最大满足感所需要的投资率要远远大于实际当中所发生的（或者说一般认为所适合的）投资率。这篇文章强有力地支持了如下观点，即从赋税宣告的角度来看，至少投资应被免除赋税。

其三，从赋税分配的角度来看，有人可能认为，储蓄的收入应当比其他收入的赋税压力更轻才对，因为在具有同等收入的储蓄者、非储蓄者和储蓄少者之间，储蓄者可能具有更大的需求——恰恰是这种更大的需求才是他们额外进行储蓄的原因。不过，一些人（例如劳动收入获得者）比另一些人（例如投资收入的获得者，但其收入并不比劳动收入获得者高）有更大的需求，也可以通过其他方式来实现。考虑到这一点的话，该论点也就失去了说服力。然而，初步来看，有利于储蓄性收入的差别化有其优势所在，这种差别化考虑到了某些无财产的人们未雨绸缪为应对非常之需而从正常消费当中抠出来的费用，而不是基于估计或者猜测来判断一般的无财产者预期可能的储蓄。当然，我们必须承认以无财产者更大的需求为基础而独独偏爱其储蓄，其实是不可行的。而在收入不相等的人们之间，既然有理由相信富人比穷人储蓄（这里不仅仅指绝对的储蓄额，也指储蓄占收入的比例）得更多，[2]免除储蓄的所得税而不采取其他的措施，就相当于给富人显著增加补贴，从而造成赋税分配不公。如果对储蓄的收入免税同时还伴随

---

[1] *Economic Journal*, 1928, p. 548.
[2] 参见前文，第二部分，第四章，第7节。

着一般累进税率上段的急剧增加,那么至少在一定程度上,我们会听到反对的声音。

在将所有上述因素都考虑进来之后,我认为,我们可以达成一个共识,即不管给予储蓄这种用途以对其有利的差别化是否恰当,都必然没有理由给予储蓄用途以对其不利的差别化。作为实现最小总牺牲的一个手段,从这一立场来看,平等对待消费与储蓄的税制,要优于针对储蓄征收额外的或特别的赋税的税制,就像征收一般所得税那样。

§5 初步来看,以一般消费税替代一般所得税,以支出来衡量消费,并获得相同的应税额,我们应该可以摆脱所有不利于储蓄的差别化,从而形成一种完全中立的机制。但事实并非真的如此。正如第4节所描述的那样,储蓄的收入除了产生利息收益之外,还会产生一种愉悦感收益,而消费税只是触及利息收益。如此一来,这样的一种税制所造成的差别化也是"有利于"储蓄性收入的。然而,从赋税宣告的角度来看,我们不应该就此认为这种税制所造成的差别化会普遍超出最小牺牲原则所要求的界限;当然更不会达到这样一种程度,使得一般消费税比一般所得税在达到同等税额的情况下更不符合最小牺牲原则。同时,从赋税分配的角度来看,消费税不针对储蓄性收入的愉悦感收益,也不大可能带来严重的损害。因此,初步来看,一般消费税比一般所得税更好。那么,从实际执行的角度来讲,又当如何呢?

§6 如果所有的储蓄性收入都被"永久"地储蓄起来,即本金永远不会被抽离而用于消费支出,那么,针对消费支出的一般消费税与对储蓄免税的一般所得税就是同一样东西。这种税就像一般所得税一样，与诸如毕业津贴或者家庭津贴在同等程度上都是不矛盾的。此外，有些消费支出实际上就是投资，是会产生未来收益的，① 因而在普通的所得税制下，会被课以双重赋税；如果确有必要，对此是可以做出大致的调整的。因而，子女教育所发生的费用在该名义下有可能会被免税。② 然而，尽管有这些可能性，通过对储蓄免税来构造一般消费税，这种观念还是遭到了强烈的反对。储蓄起来的那部分收入是不必永久地被储蓄的。因而，只要所储蓄的资金被提取用于消费，而这部分储蓄因不计入收入而又不必纳税，就会有有利于储蓄差别化的因素存在。③ 如果提取是发生在储蓄行为之后很短时间之内，这种因素会变得非常大。此外，也是更具决定性的一点：在对储蓄免税的所得税制下，不诚实守信的人可能会利用这一点，今年把钱存起来，逃过税收，之后第二年再神不知鬼不觉地变卖、花光储蓄。我们国家的税务官员已经掌握了许多不诚实的规避税收的手段，但很多富有经验的税务人员仍然认为这种形式的偷漏税是他们无法应对的；偷漏税之门如此大开，必会严重损害所得税这种税收引擎的执行效率。

§7 由此，如果我们判断对储蓄免税的所得税行不通，这样也就无从希冀通过这种手段来设立一般消费税，我们只好考虑直接建立消费税的可行性。遗憾的是，即使我们不考虑有的商品具有

---

① 参见前文，第3节。

② 以这种方式对待其他"提高效率的必需品"方面的消费，显然是行不通的。免除这方面的固定数额的消费税而不是免除这方面的实际消费税，这样的妥协方案不会消除逆向差别化。

③ 参见 Benham, "Notes on the Pure Theory of Public Finance", *Economica*, November, 1934, p. 442。该页更正了该书早期版本中的一个错误。

第十章　所得税与储蓄

双重用途（在某种情况下可能是消费类商品，在另一种情况下则可能是资本类商品），直接建立消费税也有难以克服的困难。

对于消费类"进口"商品征收百分之五或百分之十或百分之二十的一般税其实是可行的，但是，对国内生产且由国内消费的所有消费类商品和服务（当然服务也要包括进来）都征税，就很难成功实行了。在战争这种特殊的紧急状况下，对正常在商店里面购买的物品大举课以购置税，事实上是很成功的。但是，在和平年代，这种税几乎肯定是相当不受欢迎的，同时，税务部门防范逃漏税的任务也是艰巨而成本高昂的。想通过其他手段而不是通过商店老板来课征购置税甚至是更加不可行的，这简直是必须要给所有国内生产的消费类物品建立一套保税*产品系统了！因而，即使是我们尚在研究的消费比例税，在实践中也很难通过商品税来实现。

构建"累进"消费税会产生其他更为严峻的问题，因为这要求根据购买人的不同收入，对每一个商品施以一系列不同的税率而不是单一的税率。这种安排绝对是无法实行的。我们最大的希望充其量是保证一个粗线条的累进，也就是对富人的主要消费品课以较高税率，对穷人的主要消费品课以较低税率。然而，即便如此，也是阻力重重。富人收入当中很大一部分不是消费在商品上，而是消费在服务上，比如，去国外旅行，而这种开支很难用税来衡量。另外，富人的开支分散在很多不同的东西上面，很难

---

*　保税（in bond）本意为海关对境内企业进口的货物，在境内指定场所仓储、加工、装配等，并暂缓各项进口税费的海关监管制度。——译者注

说哪一项是所谓主要的消费。因而，对此类消费征税要付出很高的行政成本。经验告诉我们，"最有利可图的纳税大户是大量消费的日常用品，而其主要消费者是大众"。① 因此说，在实践中寻求一种比比例税更好的商品税也是徒劳无益的。这还不算完。假如我们迫于行政压力被迫选择了"有利可图的"纳税大户，这时候的商品税机制很可能是累"退"的。而如果将大量消费的食品类商品包括在内的话，几乎可以肯定税制一定是累退的。"年收入1000英镑的人，一般来说，不会比年收入100英镑的人喝十倍的威士忌或啤酒，饮十倍的茶，也不会抽十倍的烟。"② 再者，由于原材料从技术上来讲相当容易课税，如果对原材料课税优先于更为复杂的制成品，一定会出现累退，因为同等数量的原材料制成了富人购买的更为精美的物品（需要更多的劳动力）以及穷人购买的更为粗糙的物品。这样，原材料税就带走一部分开支，但富人的比例要小于穷人的比例。出于同样的理由，这也适用于设备税。这些因素所指向的累退的危险在英国商品税税收机制里面确实变成了现实。于是，薛莱士（Shirras）和罗斯塔斯（Rostas）两位先生就一对夫妇育有两个需要抚养的孩子且全部收入为劳动所得的情况，对1937—1938年因商品税（即不包括社会保险费在内的间接税）带来的税负（％）做了估算，③ 其假设为烟酒消费"中等"，收入在500英镑及以上者，私人机动车情况也"适度"。两位先生估算的

---

① Taussig, *Principles of Economics*, vol. ii, p. 558.
② Sir D. Barbour in *the Report of the Royal Commission on the Financial Relations between Great Britain and Ireland*, 1896, p. 122.
③ *British Taxation*, pp. 52-3.

第十章 所得税与储蓄

结果如下表所示：

收入（英镑）	税负（%）	收入（英镑）	税负（%）
100	14.4	1000	9.0
150	14.1	2000	7.1
200	13.5	2500	6.2
250	12.5	5000	4.2
300	11.9	10000	2.8
350	11.3	20000	2.0
500	12.8	50000	1.1

显然，所有这类计算都有不确定性，依赖于——也必须依赖于——对事件的发生率的假设以及对不同收入阶层代表相关纳税项目的消费之间的比较。但我们没有理由怀疑其所反映的一般趋势是正确的。其实，对于每个个体财富水平都相当的群体，商品税倾向于累退的趋势并不重要。因而，"我们不应该忘记俄罗斯人的财产已经大体上被减少到一个共同的水平，故此，间接税并不具有财富极不均衡的资本主义国家那种反民主的特征"。① 然而，在英国这样的国家，这些却是极其重要的。

不过，商品税机制不可能适应不同人的家庭财产差异。事实上，商品税往往是课征容易征税的商品，因而很可能不仅不能给予有利于大家庭的补贴，而且还会从大家庭的人那里征更多的税，因为跟小家庭的人比起来，大家庭的人必须得买更多的食物、衣服等普通物品。不过，这足以说明，商品税机制无法满足公平所需，缩小家庭财产方面的差距。

---

① G. Sokolnikoff, *Manchester Guardian Supplement,* July 6, 1922, p. 225.

上述几段所列举的因素使我们清楚地认识到所谓回旋余地其实是个死胡同。如果目前英国所得税里面不利于储蓄的差别化无法借助直接减免而被消除掉，想要通过操纵商品税来消除这种差别化也是无望的。

第十一章　收入来源的差异

§1 收入不仅可以根据其用途而且可以根据其来源区分为几个部分。本章将探讨收入不同的来源。据鲍利博士（Dr. Bowley）估算，在1880年的英国，财产性收入与劳动收入相比，占到37.5%左右，而1913年的英国也是大致如此；同时，他进一步指出，"在1880年和1913年这两年间，以及1911年、1913年和1924年这三年间，劳动所得在总收入中的占比没有显著的变化"，① 而在1880—1935年间，"体力"劳动收入则在40%—43%。② 当然，在劳动收入与财产性收入这两大类别里面，还可以有无数的细分，来解释收入的不同来源。

§2 既然从某种劳动或者某种不动产所获得的收入来自于他们所创造的商品或者服务的销售，显然，各类劳动收入与各类财产性收入之间的差别，和消费在各类产品上的收入之间的差别，其结果大致相同。因此，第九章的综合分析在本章也依然适用。

§3 在本国（英国），两大收入（劳动收入和财产性收入）来源"里面"的差别，唯一重要的实例体现在按地方税率评税时，不

---

① *Wages and Income since 1860*, pp. 96-7.
② 同上，第xvi页。

是对财产收益总体上进行评估，而是针对土地和房屋的收益进行评估。与这种特定的财产性收入所对应的逆向差别是复杂的历史因素带来的结果，本章无法予以讨论，但其中，行政便利很可能扮演了主要的角色。这种差别必定对房产投资、农业发展产生十分不利的影响，因而，没有人会严肃地坚持认为，从赋税宣告或者赋税分配的角度来讲，这种差别是合乎情理的。事实上，多年以来，大家共同的立场是本国地方税率评税的机制是完全不能令人满意的。

§4 然而，目前尚不具备着手解决这一难题的条件。因此，我暂且不讨论两大收入来源"内部"的差别，而是探讨最小牺牲原则是否要求两大收入来源"之间"有差别，即整体上看，劳动所得与财产性收入作为纳税评估对象，是应放在同样的位置上，还是放在不同的位置上？当然，我这里要假设课征的特定税额在任何情况下都相同。

§5 如果赋税规则为 $t = \dfrac{k}{x}$ 这种类型，也就是说，对于定额税，从赋税宣告的角度来讲，赋税规则所指向的纳税评估对象名义上是什么，显然不具有实质性意义。例如要从纳税人课征 1000 英镑，我们是以劳动所得还是以财产性收入所得还是以二者共同为课征对象，都没有差别，结果是完全一样的。但是，如果赋税规则表明，纳税人所持有的纳税对象一旦增加了，其应纳税款总额也会以某种程度增加，那么对于纳税对象的选择就不再是无关紧要的了。现实当中，就总税款而言，对某项收入所课征的税款至少与比例税一样是累进的，这一点确定无疑，并且很可能只会更加累进。为简化讨论,我的分析将基于如下假设:我们只讨论比例税。这是因为赋税规则愈是复杂,讨论也势必愈是困难,但我认为其广泛的结论会是一样的。

§6 如果财产性收入刚性不变,任何税收也不至于引起其数量的改变,那么以财产性收入为评估对象的赋税宣告,不论其税率如何,都将会与人头税的宣告效果相同。而任何以劳动收入为评估对象的非人头税的赋税宣告一定会降低人们对劳动所得货币收入的预期水平,因此,从最小总牺牲的角度来看,一定会导致人们对工作的投入不如理想中的那样大,甚至会减少工作投入。由此可知,就赋税宣告效果而言,如果财产性收入刚性不变,最小牺牲原则要求,税收收入以其整体为评估对象进行课征,而根本不会以劳动所得为评估对象——除非是人头税的情况。

§7 当然,在现实生活当中,财产性收入不可能像前述一节那样保持刚性不变。反之,不动产的拥有者如果没能对设备的磨损(而这是不可避免的)采取及时的措施,其财产性收入就会下降,而如果他们进行新的投资,其收入不久之后则会增加。在这些情况下,事情往往更加复杂。假设我们的出发点是一个统一的税率,所有的收入无论其来源如何,都课以这个税率,设统一税率为10%,所征得税收收入为 R。我们需要判断对这种假设的各种不同的偏离的效果。首先,我们来考虑投资收入完全免税的情况,在这种情况下要想保持税收收入 R 不变,劳动收入税率的提高是必然的结果。

§8 免除投资收入赋税的提法乍看起来太过荒谬,因而不值一虑。然而,稍加反思,我们就会发现其后大有用意。上一章中,我们曾论证英国的所得税存在着一个严重的缺陷,即对储蓄存有差别化对待；而我们当时的讨论并没有提出消除该缺陷的方法或者手段。显而易见，对投资收入免税可为解决之道之一，因为不论是对储蓄性收入在获得储蓄收益时免税还是对储蓄本身免税，在消除储蓄差别化对待方面都会收到同等的良好效果。因此，除非能够证明这种做法的优势不足以抗衡它所带来的劣势，否则，我们由此可得出结论，就"赋税宣告"而论，投资收入免税符合最小总牺牲原则。那么，有没有与之抗衡的劣势（依然不考虑赋税分配方面的因素）足以反驳这一结论呢？通常情况下，如果年储蓄额等于投资额，因投资收入免税而减少的税收收入大致与因储蓄性收入免税而减少的收入相同。因此，其余的收入将不得不共同承担增加的税收。如果对投资收入免税，其余的收入应该存在于全部的劳动所得；如果对储蓄免税，其余的收入将会包括一部分的劳动所得和一部分的投资所得。不管是哪种情况，其余收入的税率，也因而劳动收入的税率，将不得不提高到大致相同的程度。因此，就赋税宣告来说，由投资收入免税而带来的负面影响不会比由储蓄性收入免税所带来的负面影响更糟糕。既然我们知道，从赋税宣告方面来说，对储蓄性收入免税，总的来说符合最小牺牲原则，那么不对储蓄免税而对投资收入免税，总的来说，也会符合最小牺牲原则。注意，只有在年储蓄额等于投资额的条件下，这一结论才成立。对于年储蓄额显著小于投资收入的群体而言，这一结论就不正确了。这是因为在那种情况下，对投资收入免税会导致税收收入大幅减少，而为防止这种事情发生，与免除储蓄税相比，则必须要更大幅度地提高劳动收入所得税才能办到。故此，假设该群体收入的三分之一来自于不动产，收入的十五分之一用于储蓄——这大概就是英国 1938 年的情形。那么，储蓄性收入减免 15% 的税，就要求其他收入税率提高 1 个百分点；而如果对投资收入减免 15% 的税，就要求其他收入税率提高 7.5 个百分点。显然，后一种情况比前一种情况获得净收益的可能性要低得多；并且，财产性收入相对于正常的年储蓄额而言比例越高，这种可能性越低。从赋税宣告角度来讲，从这一事实所能做出的推论是，应该强烈反对给予投资收入减免赋税。

§9 从赋税分配角度来讲，这一推论更具压倒性力量，因为，如前所述，对储蓄性收入免税相当于给富人以一定数量的补贴，而对投资收入免税则相当于给富人以巨额补贴。由于纳税表 D 里面的营业收入全部计入劳动所得，而没有去考虑其中也有资本投入的结果，这使得这个国家的统计计算越来越难了。然而，诚如本章开头所言，据鲍利博士估算，前后相隔数年的三个年份，其财产性收入（当然，这也包括所持有的海外不动产）占到联合王国的 37.5%。这 37.5% 的财产性收入当中，他估计，在 1913 年，只有大约四十分之一归于收入低于 160 英镑的人群，而这一人群在彼时基本就是整个的工薪阶层。实际上，所有财产性收入都归于缴纳所得税的群体，也就是大约 110 万人。[①] 他们及其家庭成员大约占全国总人口的九分之一。没有统计数据表明在所得税纳税群体中，财产性收入是如何分布的。但是，几乎可以肯定，其中绝大部分都归年收入 700 英镑以上的人群所有。在 1910 年，这部分人口总计不过 20 万多一点。这一问题由丹尼尔（Daniel）和

---

① *The Change in the Distribution of the National Income*, p. 22.

坎皮恩（Campion）在《国家资本分布》(*The Distribution of the National Capital*)这一研究中有进一步的阐述。以遗产税评估为基础，他们发现，在1924—1930年间，仅就英格兰和威尔士来说，25岁以上人群当中的1%拥有60%的总资本，而5%则拥有8%[*]的总资本。[①]进一步说，对于25岁以上的男性，收入超过2.5万英镑者拥有近一半的总资本，收入超1万英镑的男性拥有将近三分之二的总资本，收入超5000英镑的男性拥有约72%的总资本；对于25岁以上的女性，其拥有的资本数额自然是在较低规模，收入超过2.5万英镑的女性拥有28%的总资本，收入超过1万英镑的女性拥有44%的总资本，收入超过5000英镑的女性拥有56%的总资本。[②]因而，显然，财产性收入一定比劳动收入更加集中。因此，在很大程度上，这直接造成了收入所得普遍过度集中；同时，也间接增加了财产所有者的劳动所得，因为财产性收入可用于培训来提升自己。在这些情况下，从所得税当中免除财产性收入的赋税，这一计划恐怕无人予以认真考虑。

§10 在上述赋税分配的讨论当中，如果我们把本章第8节的因素也一并考虑在内，那么对于投资收入而言，不仅对其免税会遭到强烈反对，恐怕表面看来，对其以更高税率（高于劳动所得税率）征税才是必然。一眼看去，站在赋税分配的立场，如果我们决定这么做，那么，我们必然加剧这种差别化——即使是统一税率的一般所得税也会造成对储蓄的区别对待。但其实，我们可以设计

---

[*] 疑原文印刷错误，此处8%疑为80%。——译者注
[①] *The Distribution of the National Capital*, p. 53.
[②] 同上，第56页。

第十一章 收入来源的差异

一种折中方案（至少理论如此），通过某种手段，可以实现对于两者而言都是最佳的效果。为了消除对储蓄的区别化对待，没有必要像目前这样好像除了给一切投资现有的收入免税别无他法。只要宣布，"即日始之投资所取得之未来收益皆予免税"，足矣。这一方案不会要求我们放弃现有的财产性收入所得税，也就不会逼迫我们大幅提高一般所得税的税率。相反，在未来一段时间内，即自该宣布生效之日起，直到所获得的投资年收益超过年储蓄之前，一般所得税的税率没有必要如储蓄性收入免税时那样必须得提高。在现实生活中，必须承认，没有人会相信，"自给定日期起，之后的投资收益会永远免税"这样一个承诺会被履行。因此，这一方案的唯一切合实际的形式是一种有限的形式，即承诺取得储蓄收益之后指定年限内予以免税。据此，马歇尔主张，所取得的收益，应在时间间隔二十年之后再按照地方税率评税，以免改善之策受到阻止。这一思想可以概括并塑造为一项提议，即财产及财产性收入应予以免税至该财产被创造二十年之后。这意味着，储蓄收益免除赋税二十年。若以利率为5%来算，这一计划等价于将储蓄性收入所得税率减少一半以上。这会消除大部分针对储蓄的差别化，而不一定会致使所得税的一般税率上升到简单对储蓄免税情况下所会达到的水平。当然，这里面看来还有很多值得讨论的地方。

§11 然而，再一次提醒，正如前面一章所讨论的机制一样，这一问题不可能不考虑行政手段而仅仅依靠分析就能解决。对于局外人而言，似乎这就像一个生意人新开了一家工厂，或者一个公司获得了一定数量的发行资本而开始运作，这些投资的收益不必太过费力就会被确定为在一定的年限之内免税。但其实，新的储蓄很大程度上都会不时地用于扩大或者发展现有的生意。如果将来储蓄收益在任何时期都免税，那么就有必要针对每门生意分析一下每年的总收入，之后合理分配给不同时期投入的新资本。在实际当中，这只能由具有高度主观色彩的经验法则来完成。即便如此，恐怕也需要复杂的政府体制来保护税收收入、防止欺诈。不过，这些都是技术专家要考虑的事。对于此处所勾勒的这项政策的是非曲直，我们无从做出最终的判断——除非与专家们密切合作。

第十二章 投资所得税与财产税

§1 财产产生收益，财产的价值由其所能产生的收益量来决定，因而，不论是对投资收益以给定税率征税，还是对财产的资本价值以最高二十分之一的比率（假设利率为5%）征税，二者之间显然没有什么影响深远的差别。大体上，从赋税宣告和赋税分配两种角度而言，这两种方法殊途同归。不过，也有一些次要的差别，而且其中某些差别，从实际角度来讲，也相当重要。下面，我就把相关的差别简要地总结一下。

§2 第一条，对财产征税需要审查某些精神收入的要素。这些无法提现到普通的投资收益税里面，因为精神收入很难用金钱来衡量，税务员也无法轻易赋予精神收入以金钱价值。因而，在英国所得税当中对游艇或者汽车的年值征税时，诸如出租给别人时征税而自用时不征税这种异常现象就被消除了。另外，有些要素确实能以货币价值衡量，但却不是普通所得税能够涵盖的。这里面，最具代表性的就是财产的资本价值升值，例如房屋、珍珠项链、股份公司的股票[①]等等。对此，英国的做法是，除非财产出售"变现"，否则，这些利润不会被记入所得税考量；并且，只有当

---

① 参考前文，第二部分，第七章，第4节。

这类变现是属于受益人正常的商业活动的时候，他们通常才会被计入纳税考量；否则，则不会被计入。因而，股票经纪人买卖股票的盈利被计入所得，但一位哲学家的此类行为所得收益则不会被计入。所得税皇家委员会建议在这方面做出改变。他们倾向于考察收益获取者的意图。"任何交易所取得的利润，且交易者以获取利润为目的，都应纳入所得税征缴范围，而不应仅仅因为该交易超出纳税人一般业务以外就视为是资本积累。"① 显然，这里面有诸多实际困难。而如果以财产而不是收益为课征对象的话，这些困难皆可避免，并且，未经销售转化为实体收入的偶得利润也会被计入在内。

§3 第二条，然而，财产有很重要的一个方面，那就是，相对于其他所得而言，财产是一项处于劣势的评估对象。如果每一份财产每一年都产生同等的收益流，在对财产收益征收 10% 的税和对财产本身征收 0.5% 的税之间（设利率为 5%），根本不会有什么差别。但在现实生活当中，有些财产并不产生持续的同等的收益流。我们假设有两个人，财富相等，但其中一人以 1 万英镑购买了一份财产，保证长期收益为每年 500 英镑；而另外一人以相同数额购买了现值相等的一份财产，每年收益不同，会产生变动，但保证最终总收益现值对等。在征收财产税的条件下，此二人每年将会向财政部缴纳同等数额的赋税；在征收所得税的条件下，收益变动的那个人收入多的时候就得多纳税，收入少的时候就会少纳税。显然，第二种方案操作起来更加方便，也更不易令人恼火。

---

① 《所得税皇家委员会报告》，第 20 页。

第十二章 投资所得税与财产税

但是，这里面还有第二种更加微妙的差异。设想这两项 1 万英镑的财产中的一项，其收益不仅有变动，而且可以预知的是，其收益将会由低走高，例如，前十年无任何收益，但随后将有大额永久性收益。在这种情况下，征缴财产税就颇为不便，因为这会迫使纳税人在未取得收益的情况下提前纳税，甚至于借钱纳税；并且不仅如此，这还会造成不平等，因为既然按照假设，两个系列的收益具有相同的现值，那么它们所缴纳的税额也应该具有相同的现值。然而，尽管对第一系列收益即日起征收 10% 的长期所得税和对第二系列收益征收 10% 的长期所得税，其现值不会有差异，但是，即日起对第二系列收益征收 0.5% 的长期财产税和对第一系列收益征收 0.5% 的长期财产税，其现值却会有显著差异，前者要显著大于后者。究其原因，实际上是，在征收财产税的条件下，此后十年才会到来的收益既在其到来之时被计入应税，又在其预期当中被计入应税。显然，这里存在赋税分配不公。

§4 最后一条，还剩下一定的行政便利因素需要考虑。对收入征税持反对意见的人可能会说，如果某生意人的收入来自于他自己打理的生意，那么，要想分清哪部分收入是他投资的结果、哪部分收入是他劳动的所得，困难重重。这些困难非常严峻，因而，如上一章所述，在英国，必须要将此类收入完全视为劳动所得才能规避这些困难——尽管这样处理不仅逻辑上难以自圆其说，而且会对某种产业组织形式和它主要的竞争对手给予区别对待，即有利于私营企业，而不利于股份公司。而如果以财产为课征对象，就不会产生这种差别化。但随之而来的行政困局却难以破解，因为，在劳动所得税也同时存在的情况下，还是必须要厘清该商人

（或企业家）的劳动所得和非劳动（或曰投资）所得。因此，此类考量对于倡导财产税基本于事无益。换言之，还有另外三种重要的考量。其一，相对于某种形式的一般所得税（即不管劳动所得税的税率和投资所得税的税率是否相同，每个人的全部收入都纳入其中），如果既有劳动收入所得税又有财产税，那么实施累进税就不那么容易了。其二，借助对税源征税的工具，投资所得税可以轻松地、低成本地得以征缴，并且还堵住了偷逃税的入口；但是，该工具却无法应用于财产税。其三，依照给事务下定义的通用规则，投资收入乃一物，其大小可由计算而得，而财产亦为一物，其大小则须经某种估价程序方可确立。这一点极具实用价值。对于很多种财产而言，比方说，投机性股票交易证券，其价值会经历大幅而频繁的变动，因而出于税收目的而追踪其价值，往往会带来严重的行政管理问题。对于其他种类的财产，比如，私营企业、土地等等，不仅需要间或聘请特别评价人，正如现在涉及遗产税时所做的那样，而且往往需要经常聘请。因此，我们只得要么被迫接受非常不令人满意的估价，要么被迫承担巨大的麻烦和巨额的费用来对其进行完善。我认为，这些行政管理方面的考量是坚决赞同所得税评估方法、坚决反对财产税评估方法的。

第十三章　遗产税与投资所得税

§1 在开始讨论遗产税之前，首先让我们澄清一个日久年深的伦理方面的争议。尽管普通税是无可非议的，并且实际上已经成为国家的一项基本职能，人们过去却常常（包括现在也时而）竭力主张目前遗产税的规模和性质从根本上违反了天赋权利，因而从伦理上是错误的。在本书第一部分第二章讨论"补偿原则"之后，我不需要再拖延这个问题了。我所一直在描绘的观点被威廉·哈考特（William Harcourt）爵士彻底地驳倒了，他在1894年预算演讲中有这么一段话："对于形形色色的各种财产的合法转让，国家总是在任何权利继承人获益之前，首先保证自己的利益。这种行为所依据的理由很浅显。国家有权从故去之人所累积的财产当中分一杯羹，且这种权利先于所有有权从中获益之人。也就是，国家对遗产享有第一所有权，其他顺序继承者享有后续的、从属的所有权。皇天并未赋予人以任何权利，使其在归于尘土之后尚能处置其尘世之财。他所拥有的在其死后仍能执行其意志的权利，即亡故之人处置其财产的权利，纯粹是法律上的创造，而国家有权规定该项权利能够得以实施的条件和适用的范围。"[①] 对此，已无

---

① 引自 Soward and Willard, *The Taxation of Capital*, p. 59。

须赘述。

§2 遗产税所独有的特征非常鲜明,很好阐述。从我们的观点来看,遗产税属于偶然财产税,因而与年度财产税(财产年税)形成鲜明对照。遗产税并非每年从每份财产中收缴相对小额的赋税,而是平均每隔约三十年就从每份财产中收缴一大笔赋税,并且该赋税与该财产所有者的死亡有关。这是最重要的一点。有些产权主体为大学或公司之类,它们并不会死亡,因而向其征缴财产税而不是遗产税。但这只是小事一桩,故在此不予考虑。在前述一章,我们知道财产年税与非劳动所得税,即投资税,没有什么本质差别。鉴于后者早已成为完善的财政工具,我们以其(而不是财产年税)为当前这一研究的比较标准还是颇为方便的。显然,就赋税分配而言,遗产税和投资收益税可以人为设计成非常相似的结果。因此,我们可以把注意力完全集中在我所称之为"赋税宣告"的这一方面。因而,不管赋税分配如何,我们需要比较的是产生特定税收收入的遗产税和产生相同税收收入的投资收益税,且后者仅限于以遗产税为对象的相关资本收益。换言之,我们以投资收益税来对二者进行比较和对照,其税率——对于每一位所涉及的纳税人来说——等同于对遗产税全额保险所需要的费率。我们假设不论采取哪种征税方式,所征缴的税收收入的利用方式都一样。在这种假设条件下,采用这两种税的这种或那种对总牺牲的比较效果就取决于他们分别对劳动和储蓄所产生的比较效果了。通过第五章第9节的分析,我们完全可以推测,劳动方面的效应不会有什么显著不同。如果储蓄受到的影响程度相同,遗产继承人,作为一个整体,无论是哪个计划,开始时都将同样富裕,因而不论其干劲如何，都不会有劳动的动力；并且，即使储蓄在一种计划之下比在另一种计划之下会受到显著的影响，给继承人所表现出来的干劲所造成的总差异也不会太大。因此，我们的注意力可以放在这两种计划对储蓄额所能产生的比较效果上。

§3 普遍流行的观点对这一问题轻描淡写。它们认为，所有其他的赋税都（至少部分地）完税于消费经济，而遗产税属于资本税，必定全部完税于"资本"。这是一个严重的混淆。其实，部分持有此种观点的人也承认政府所得到的并非是实际资本，而是纳税人用以出售实际资本的资源；如果没有这笔交易，这些资源本身就会成为新的资本。但是，如果主张资本税必须由本应成为未来资本的那部分资源来缴纳，那么这种谬误绝不亚于主张由实际资本来完税的论调。这种谬误的产生是由于没能够分清"课税对象"和"纳税来源"之间的区别。课税对象是抵达税源的渠道，二者并不完全一致。拿商品税来说，人人都清楚：啤酒税不一定出自于啤酒，甚至也不一定出自于啤酒酿造的原料。对于收益和资本而言，这种关系本质上是一样的。仅仅知道赋税以这些当中不管是哪一个为评估对象，并不能告诉我们税收多大程度上来自于消费（即本可用作收入的资源），多大程度上来自于储蓄（即本可转换为新资本的资源）。这种弯道超车似的观点虽然被广为认可，但我们的问题却无法得到解决。

§4 解决问题的第一步，我们集中精力探讨一下特定时间发生的事——遗产税，而不考虑其他因素。为此，我们假设有某群体，群体内各个家庭财富相同、收入相当，同时，我们设置彼此对立的两种定额税制，一种是每年每户家庭缴纳100英镑赋税，另一种是户主去世（假定平均30年发生一次）后收取3000英镑赋税。在以上假设之下，显然两种税制向政府贡献的年税收收入是相同的。我们需要搞清楚的是它们对储蓄额所产生的影响——如果产生的话——会在哪些方面有所不同。

显而易见，在赋税相对于纳税人的年收入占比很小的情况下，其中很大一部分可纳税资金都可以轻松地由消费经济提供。但是，如果赋税占比很大，像遗产税往往相当于数年的收入，这就是不可能实现的。这时候，所需要的大部分资金都"必须"由资本销售来提供，也就是说，正如我们所见，从通常会成为新资本的资源那里获得。在死亡那一刻缴税，这种情况更有说服力。通常来说，继承人关心的是他们确实能获取的东西，而不是他们在假如没有遗产税的情况下本应该获取的东西。因此，通过减少其消费，不大可能解决任何一部分的遗产税征收。即便是当时所支付的小额税款，也是从上述意义中的资本当中全额支付的。对于大额税款就更是如此了。实际上，我们可以得出结论，整个遗产税事实上都是如此缴纳的；换言之，就目前的论证而言，遗产税的征缴会耗尽全部的储蓄额。

如果我们只是处理某一单个孤立的年份的税款，上述结果毫无条件是站得住脚的。然而，事实上，我们所关心的是每年有规律重复的税款；于是，这一结果还有另外的一面。既然在任何年度，只有大约财产总额的三十分之一会成为纳税的对象，那么遗产税（在此，假设为简单的定额税，下文同）的存在以及所有私有财产都终将会被征缴遗产税这一事实，就会影响到其他财产拥有者的行为。因此，遗产税对储蓄的综合影响并不取决于实际的情况，即遗产税是由本应为储蓄的钱来支付的。为了真正地比较死亡时征收的大额定额税和产生同等税收收入但按年度征收的小额定额税，我们还需要更深入地探询。

§5 我们要探讨的事情一目了然：两种税制，一种是死亡时征收3000英镑，另一种是每年征收100英镑，那么我们的研究对象，终其一生，是否对自己的消费做出同样的限制？或者说，我们有一组30人，第一位现在要缴税3000英镑，第二位第二年要缴税3000英镑，第三位第三年要缴税3000英镑，以此类推，每一例纳税情况都与一例死亡情况相对应，那么他们缩减其消费的程度与所有30人都每年纳税100英镑的情况是否相同？为了解决这一问题，我们首先假设所有相关人均完全无视个人的死亡，即个人死亡没有利害关系，而对其继承人的态度之好均视同其本人。以此为假设，如果每个人都完全理性，那么，看起来这两套机制对储蓄总额的影响程度应当完全相同。他们会趋向于拖延，使视线远离未来要发生的事件，特别是在这些事件的发生日期完全未知的情况下。出于这些理由，他们不大可能大量节省开支来应对大额的定额税，这一点不同于应对总量相当但年度小额的赋税情况。当然，大多数人对个人死亡并非无动于衷，并且对于自己的继承人也不会像对待自己本人那般好，而这显然更增强了这一结论，而且死亡时定额税数额越大，越是如此。另一方面，继承人的行为也无法反驳这一结论，因为在缴纳遗产税的条件下，由于财产的前主人比年度税的情况更不注重厉行节约，继承人所继承的财产就会变少，投资收益也会随之变少。这可能会导致他们更努力地工作（当然，按照上述要求，这种努力的效果也不大），但是，在任何一般情况下，这并不会使其储蓄增加。因此，我的结论是，人死亡时征收的定额税，以及总量相等但按年度征收的定额税，此二者相比较而言，可以肯定地讲，前者对储蓄的伤害要更大。

§6 如果大额偶然定额税与遗产税之间的关系，就如同小额年度定额税和投资收益税之间的关系，那么我们可以说，遗产税比具有相同分布特征的投资收益税更加伤害储蓄。然而，事实上，我认为这两种关系是不一样的，并且，在遗产税项下，这种过度的损害，与定额税相比，一定会显著小于其他竞争性税项。下面，我将详细阐述这一结论的根据。

§7 增进资本拥有量的意愿并不是件简单的事，这是由不同的人以不同的形式混合不同的因素组成的。第一个因素是能够发挥建设性力量的愿望——这是任何一位强人在自己身上都能发现的力量，这种力量的发挥往往与大事业、大企业相关联；第二个因素是在社会或者政治当中获取权力的愿望，这种权力是财富所赋予的；第三个因素是博取名望甚或恶名的意愿，即所谓不能流芳千古也要遗臭万年；第四个因素是积累大量收益的愿望，以便余生无虞；第五个因素是死时富有、身后荣光的追求；第六个因素是纯粹的惯性——无法将全部巨额收入都用于消费。所有这些动机都仅仅与迫于其压力而考虑储蓄问题的人的一生有关：对于他们而言，所谓"人去财富依旧在"只是一个不相关的意外事件。与这些动机相伴的是他们财富代代相传的愿望，即在财富积累者去世后，将累积的财富传于子孙。如果这位父亲获得了大量的劳动所得，来供养他的孩子们，却没有多少财产作为支撑，此时，这种愿望最为强烈，因为他知道一旦他死去，他的孩子们就会陷于贫困，所以，每一英镑多积累的财富都具有很高的边际效用。在这种情况下，即使他非常自我而很少顾及孩子们的"满足感"，他也会做好准备，哪怕只是为孩子们提供一英镑，他也会放弃很多自己的消费。但是，对于已经有大量的可继承资金的家庭，这种薪火相传的愿望也可能会很强烈，因为财富可能得在好几个孩子中间分割，退一步讲，即便不是如此，这位父亲也可能拥有建立富足之家的雄心壮志。不过，当一个人已经拥有了大量的财富，也可能不想为其子孙进一步扩大财富，甚或觉得遗产过大，其子孙反倒为其所害。而没有子孙或不想有子孙的人也会愿意（虽然这种愿望可能不是很强烈）在其去世时拥有财产以便留给亲戚、朋友，或者他感兴趣的公共机构。

§8 遗产税和诸如投资所得税等等，所征缴的税款在数额上与对应的定额税制完全相同。因此，就实际当中或预料当中的收入边际效用而言，二者的效果也分别与其对应的定额税相同。它们之所以与对应的定额税不同，仅仅是因为所使用的赋税规则含有差别化元素。既然遗产税和投资收益税具有这个特征，一个直接针对累积的储蓄，另一个针对这些储蓄的收益，表面看起来，其效果也会同等程度上分别不同于其对应的定额税。但是，上一节当中所列出来的对动机的分析表明事实并非如此。只要一个人储蓄的动机在其有生之年直到其死亡那一刻一直存在，那么征收遗产税对他的行为的影响，就会与征收等额的定额税对他的影响完全相同，他的储蓄会达到该种定额税类型下所能达到的同样的程度。至于这一类动机，则不会受到影响。然而，投资收益税不仅打击此类动机，也打击另一类。结果，此类税一定总是比与其对应的定额税更加抑制储蓄。因而，我们可以说，遗产税相较于其对应的定额税对储蓄所造成的过度的损失，要小于投资收益税相较于其对应的定额税对储蓄所造成的过度损失。甚至是对于传给子孙后裔的房地产所征缴的遗产税来说，这一看法也是毋庸置疑的。如果房地产是留给远亲或者朋友，在征缴遗产税时，这种优势还会更大一些。

§9 为了比较遗产税对储蓄的影响和投资收益税（二者税收收入相同、赋税分配相似）对储蓄的影响，我们貌似面临着彼此相互矛盾的考量。遗产税所对应的定额税制比投资收益税所对应的定额税制会给储蓄带来更大的伤害；但另一方面，遗产税相较于它们所对应的定额税却并不比投资收益税相较于它们所对应的定额税更加糟糕。没有一种手段可以测量这两种因素。如果我们愿意的话，我们倒是可以猜测优势平衡究竟在哪一边，但我们无法确知。我们唯一能够有信心来说的是，这两种对立的获取财政收入的手段，哪一个都不会比另外一个"独具"优势。不论选择哪一个，都不会对储蓄或者其他方面造成"明显"的差异。

§10 关于这个问题，还有一点需要引起我们的注意。从第 8 节的结论我们可以看到，针对非直系继承人所获遗赠的遗产税，按照英国遗产与继承税①的方式，就给定赋税分配方式征收定税

---

① 当然，这些税与主流的遗产税、财产税比起来，重要性不大。它们是以受益人实际获得的遗产数额为征缴对象，而与该遗产被继承时的总规模无关。如果受益人为丈夫、妻子或者财产遗赠人的其他直系亲属，则其税率为1%（除某些例外）；如果受益人为兄弟姐妹或兄弟姐妹的后裔，则其税率为5%；其他情况则为10%。

额而言，比普通的遗产税对储蓄的伤害更小。顺着这个思路，自然我们就会扩展到里根纳诺（Rignano）的主张，即一个人的储蓄，当由他本人留给后人继承时，应当以某个税率缴税，当由遗产受赠人再次留给遗产受赠人的后代时，其税率就应当提高。这一主张的理论基础是大多数人极少关注其后代的后代的财富，因此，在其他条件相等的情况下，可以这么说，第二轮继承时的遗产税享有与直系遗赠税相同的优势。我认为，这一点是无比正确的；同时，从中我们也可以得出如下结论：只要实际困难能够克服，里根纳诺所考虑的复合式遗产税或者其他类似的方案，就会使一定的收入得到征缴，同时还会比普通类型的遗产税给储蓄带来更小的损害。当然，我们也没有理由不把里根纳诺的计划叠加于下面这两种情况：一个是随着财产数量增加的累进税制；另一个是对立遗嘱者的子女和其他人等在遗产或遗赠税率方面的差别化对待。

§11 不过，这一计划在实施过程中的实际困难却非常严峻。第一继承人可能会忍不住浪费遗产或在其在世时将这笔遗产转赠他人，甚至在其去世时，他所继承的财产再加上他自己的劳动所得也不足以支付他所继承的财产应缴之税。此外，第一继承人所继承的财产和他所创造的财富往往混在一起，很难予以恰当区分，也就很难判断其价值的变化。如果没有免税额并且所继承的财产还贬值了，其原因可能是普通的利率上涨，也可能是出于资产本身的特殊原因，不管原因如何，如果第一继承人的一部分储蓄足以弥补他所继承的财产的贬值，那么与里根纳诺的目的相反，这部分储蓄在其去世之时会跟该财产一样处于同等的地位得到对待。这些困难其实可以通过一道规定加以"解决",即要求所有的遗产全部结清,使得其后裔既不能花费本金,也不能从一种投资形式转换成另外一种形式(除了在严格的监管之下)。不过,此类规定会影响资本的自由流动,从而可能对企业造成损害。因此,我们才把注意力转移到一个巧妙的替代方案上面来。这一方案由休·道尔顿(Hugh Dalton)先生和 H. D. 亨德森先生(H. D. Henderson,现在是胡伯特·亨德森爵士)在几年前独立提出,其提议为,在财产被继承时,应该有两道遗产税:一道为普通的那种遗产税,另一道则针对下一代遗产继承人。不过,与第二道遗产税相对,国家要向第一继承人在其有生之年每年支付一笔金额,直到他去世为止,代表该财产的利息,这样他不会受损,国家也不会得利。在他去世之时,国家停止支付利息,这样,就能保持第二道遗产税的本金免于抵押。这一方案可以免除强制清算的必要。胡伯特·亨德森爵士建议,有关第二道遗产税的税率,不应该像主遗产税那样以剩余财富的总额来确定,而应该考虑到每一位独立的遗产受赠人,由落到他头上的财富量来确定。不过,这一点对他的方案并不重要。[①]

[①] 参见 Henderson, *Inheritance and Inequality*, pp. 17-26。

第十四章 土地公共价值税

§1 在我们的研究过程当中，显而易见，向任何人征税都要依据他所占有的某物品的价值。如果该物品的价值不能因他的行为而改变，那么在赋税宣告方面，其一，该税的机制类似于人头税，其二，该税从最小总牺牲的角度也是一项理想的赋税。这倒不是说，为了保证该税具有这样的属性，该课税对象就一定得归现有持有者所有。他完全可以自由买卖（当然，价格会因赋税的贴现价值而缩减），并且该税在赋税宣告方面也无伤大雅。最根本的一点是课税对象的价值，也因而其税款额，不能因持有者（不管他是谁）的决定和行为而有所改变。

§2 现在，让我们选一件耐用性财产，该财产已于1936年确定了其价值，并令其拥有者自那以后以该价值来纳税。这样，我们就有了上文所考虑的一个课税对象。然而，将赋税建立在此类历时性价值之上，显得颇为荒谬。设想某项此类赋税持续了100年，我们不难想象这该是多么地反常。实际当中，当以课税对象的价值来征税时，其价值必须是当前的价值，或者无论如何也得是最近的价值。不过，所有普通财产的价值都易于因其持有或占有者的劳动或者投资而发生改变。因此，根据产权人的所作所为，税额就会发生数量上的变化，而税额的变化又会进一步影响其所作所为。从而,这样的赋税就不再符合人头税这种类型了。但是,确实有一种当前的价值,其赋税符合人头税。在澳大利亚,这种价值被称作未改善土地价值,或土地"未改善价值"*。

§3 在英国,到目前为止,除了1909年预算中的小额"未开发土地"税之外,尚未对此应税目标采取措施。然而,在新西兰和澳大利亚殖民地,这种税多年以来一直在地方财政和国家财政当中扮演着非常重要的角色。在南澳大利亚,最早于1884年对未改善土地价值开征了一项特别国税。所有未改善土地(资本)价值均按每英镑0.5便士征税;如果未改善价值超过5000英镑,要额外加征0.5英镑;对于在外业主**要征收未在场税***,可高达20%。① 在南威尔士,"国家对未改善价值以每英镑1便士来征收土地税,免税额总计为240英镑。当未改善价值超过这一总额时,实际减免额为该免税总额;但当一个人或者公司在国内持有几块土地的时候,从未改善价值总值中,只减免总计一个免税总额。对于正在抵押的土地,则允许抵押人从应交税款当中减去一个数额,该数额等于抵押权人为利息所付的所得税,利息源于抵押全部财产(包括修缮、改善)的贷款额"。② 在1910年,澳大利亚联

---

* 为分出土地好坏,而对土地价值进行评估,但评估不考虑土地上的建筑、庄稼或任何其他事物的改善及发展,因此称为"未改善价值"(unimproved value)或土地价值(land value, site value)。——译者注

** 在外业主(absentee owner)指的是个体拥有某项地产,但其实并不在那里居住,也不积极对其进行管理。——译者注

*** 个体在某国拥有地产但不在该国定居,对这样的不在场者征税,就是未在场税(absentee tax)。——译者注

① [Cd. 3191], p. 20.
② [Cd. 3191], p. 21.

第十四章 土地公共价值税

邦对未改善土地引入了中央税,其一般性质与国税相同,其税率分为若干等级,在应税额中,从第一英镑纳税三万分之一便士到应税额超过75000英镑时每英镑纳税6便士不等。在第一次世界大战期间,中央税税率大幅提升,随后有所降低,在1940—1941年间又大致恢复到了1914—1917年的水平。[①] 在新西兰,"1891年,当时还有效的《财产税法案》被废除,取而代之的是《土地与收入评估法案》。新法案包括:一项土地税,用以对土地和土地抵押征税;一项所得税,用以对所有非土地或土地抵押所得征税。土地改善免税额可达3000英镑。1893年又通过了一项修正法案,使得所有土地改善全部免税。随后,1896年通过的法案使针对'未改善价值'的税收原则扩大到地方税,使地方政府能够根据地方纳税人民意测验和多数表决来决定是否采纳该机制"。[②] 对于未改善土地(资本)价值,该殖民地的国税数额一般是每英镑一个便士。"土著人所拥有的土地会被特别对待,并且出于对小农经济农民的考虑,价值不足500英镑的小块土地予以免税,价值不超过1500英镑的小块土地予以赋税减扣。除了一般土地税之外,同一法案还对大地产征收累进式国税,起点是未改善价值为5000英镑的土地,一直到未改善价值达210000英镑及以上,税率也从每英镑十六分之一便士增长到每英镑3便士。"[③] 新西兰1940年官方年鉴对这种税收方案做了总结:"依法特别减免之后的未改善土地价值即为土地税征税对象。未改善价值不高于1500英镑的土地所有

---

① *22nd Report of the Commissioner of Taxation Commonwealth of Australia*, 1940, p. 7.
② [Cd. 3191], p. 24.
③ Chorlton, *The Rating of Land Values*, p. 160.

者可享有500英镑免税额;……[随着土地价值的提高,免税额逐步减少;当未改善土地价值达到2500英镑时,免税额降低至零]当未改善价值(即土地税征税对象)为500英镑以内时,土地税现有税率为每英镑1便士。当未改善价值超过5000英镑时,每英镑增加八千分之一便士,但最多不超过每英镑6便士。"①

§4 在所有这些方案当中,最根本的一件事是区分改善价值和未改善价值。对这一区分的精确描述,我们可以从新西兰(土地价值)评估总监*G. F. C. 坎贝尔先生在《报告》[Cd. 3191]中所提供的一份备忘录中窥其一斑。这份备忘录对此做了解释性说明,饶有趣味,其中部分内容,我们在上文已做引用。坎贝尔先生援引《政府土地评估法案》(1896)中的定义条款,并增加了其个人的一些评论,其中值得注意的主要观点如下:

其一,"任何土地所获得的价值增长,如果其直接原因是该地区其他土地的增值、国家带来的进步、国家全面繁荣、农产品市场高涨,等等,那么,在新西兰法律系统下,这些都属于未改善价值。然而,因土地拥有者对土地进行改善而产生的任何土地增值,无论是过去还是现在,都不属于未改善价值"。②

其二,"对土地改善的评估仅限于'是否增加土地销售价值'。这一点要牢记于心;因而,评估师对改善的评估必须契合它所代表的整个地产销售价值的比例。比如说,在一小块农地上有一所

---

① Chorlton, *The Rating of Land Values*, p. 587.
* 新西兰(土地价值)评估总监(the Valuer-General of New Zealand)负责稽核各独立评估师的土地价值评估过程和评估结果,以保证其符合国家标准。——译者注
② [Cd. 3191], p. 37.

大房子。购买这么一块地产的普通农民基本不大可能以接近整个地产的价格来购买这所房子，而是会以符合其农用需求的价格来购买这所房子。因此，房子的销售价格就必须适合普通购买者愿意为之付出的价钱，换句话说，即必须适合其所增加的该地产的销售价值。有时候，地产的拥有者会挥霍其资本和劳力，结果却不仅不会改善土地价值，反而会对土地有害。有的土地先不耕种要比耕种会更好地保有其绿草，这种情形下，耕作的效果就不是提高土地销售价值。另外，有些改进，比如观赏性灌木、果园、草坪、酒庄等，很少能充分体现其付出的成本，因而也应根据实际情况进行评估……如果到评估的时候其益处尽失，那么任何付出都不会被视为一种改进……《法案》将土地改善评估额定义为提高土地销售价值的总额，'前提是价值不得超过成本'——但如果条件允许，价值可能会低于成本。一项改善的成本不一定就是其销售价值，因为其适应性和条件都必须纳入考量的范围"。①

其三，"所评估为实际改善，而非该改善之效果。例如，假设用一小笔开支挖掘了水的泄口，从而把一片沼泽之地转变成了上佳的农田。沼泽具有很好的排水能力，这一情况会提高其未改善价值，但只有挖掘排水的成本才被记为改善价值"。②

最后，按照上述定义的改善，必须由所有者做出。假设有两块相邻的土地，给其中一块土地排水筑篱会提高两块土地的总价值。如果两块土地归一人所有，那么两块土地的未改善价值，在

---

① [Cd. 3191], pp. 39-40.
② 同上，第40—41页。

排水前后，都应该等于其总价值"减去"排水成本。然而，如果这两块土地分别归两人所有，一旦一块土地得到改善，没有改善的那块土地的未改善价值就会提高。对于集体改善，也存在同样的问题。因而，坎贝尔先生注意到，出于国土税的目的，"已经有人主张，小团体完成的公共工程应被评估为土地改善"。① 然而，《新西兰法案》并不接受这种观点。②

§5 很久以来，经济学家甚为熟悉改善价值和未改善价值之间的区别的一般性质，这对应于李嘉图对真经济租金（true economic rent）和投资于土地的资本所得利润之间的区分。未改善价值是真租金的资本化价值，而改善价值则是利润的资本化价值。多年以前，马歇尔曾出于方便的考虑，提出过另外一个术语。真租金就是指由土地位置、土地面积、年日照、年降雨、年热量、年气流等所产生的土地年值。马歇尔写道："土地（年）值有时候被称作其'固有价值'；不过，这部分价值往往是由人（但却并非土地持有者）的行为所产生，因此，可能将这部分土地年值叫作'公价值'（public value）更为准确；而土地拥有者所付出的劳动和资金所产生的那部分价值可以叫作'私价值'（private value）。"③ 在澳大拉西亚法律中，资本化的公价值对应于未改善（资本）价值，而资本化的私价值对应于改善（资本）价值。

§6 如是，我们在土地未改善价值（或曰土地公价值）中已然

---

① [Cd. 3191], p. 40.

② 对于评估的困难所在，参见 Scheftel, *The Taxation of Land Value*, p. 69 及其后的记述。

③ *Memorandum on Imperial and Local Taxes* [Cd. 9528], p. 115.

找到纳税对象,从赋税宣告的角度来讲,完美地契合了最小总牺牲原则。接下来我们要探询的是,从赋税分配方面来说,这究竟在多大程度上契合该原则。为了回答这个问题,我们用第九章第19—22节当中的一般方法来研究本案例。在本国,在一定收入水平的人群中,从土地公价值里所获得的收入参差不齐,某位富人的收入可能全部来自于租金,而另一位富人的收入却可能跟租金搭不上什么关系。因而,对于收入完全相同的两人,这类税收是完全不平等的,其赋税分配自然也是非常糟糕的。另一方面,本国仰仗租金的人高度集中在富人群体,因而,对于不同收入的人群,这类税收又是分配均匀的。

§7 不过,从赋税分配的角度来看,这类税收在一定意义上还是有其可称道之处,即在某种程度上可以防止赋税分配不公,而这是政府税收支出所不易避免的。因而,马歇尔写道:"分配某项特定的改善所带来的增值,可能是极其困难的。但诸如大都会公共花园协会这类私有协会的开支,以及不少因公共改善而增值所带来的费率的提高,真的是给本已幸运的业主的又一个免费的财富礼物。"[①] 毫无疑问,最近购置城市土地的人在置地价格上已然出让了部分改善,但不大可能全部出让;而并非最近置地的土地拥有者则根本一点出让也没有。因此,新的土地价值税会增加土地拥有者的负担——至少在市区会是这样,但可以预期,这部分负担的其中一部分会得到补偿,而这种补偿绝非源自于土地拥有者自身的努力和付出。

---

① *Memorandum on Imperial and Local Taxes* [Cd. 9528], p. 125.

§8 鉴于对土地公价值征税从赋税宣告角度来看的优点，我们所要做的，就是证明该税总的来说在赋税分配上异常糟糕，以支持我们拒绝将其纳入税收体制当中的主张。如果有人提出对土地的年公价值课以很高的税率（如果是资本化的年公价值，则须更高），那么实际上就赋予了有价土地拥有者以抱怨、诉苦的理由，他们会抱怨在他们和与其他同样富有的人们之间存在"严重"的歧视。即便税率相当低，就拿茶税来说，歧视也绝不是小事，因为有些人从真租金收入当中拿出一部分纳税，这一比例比人们用于买茶的那部分收入还要大。此外，真租金的赋税，如果不是一锤子买卖而是希望具有持续性的话，很可能会被分期，也就是说，土地现持有者如果想要卖掉其土地，就要被迫接受一个缩水的购买价，即扣除未来年赋税贴现之后的价格。至此，发生这种情况时，他们遭受到的打击更为严重。这是反对向真租金课以很高税率的一个合理的因由。① 不过，它对于低税率或者适中的税率影响不大，因为，毕竟，每一项赋税对于不同的个体多多少少都是不公平的。因此，整体而言，我的结论是，在任何包含多个不同赋税的税收机制里，都有充分的理由来包含一项针对土地（年）公价值的税额适中、税率适当的税种。

---

① 如果此类税存在并且已经存在了相当长的时间，在此期间，大部分受到影响的地产已经易手，或是卖掉，或是传于后人，那么出于同样的考虑，几无可能将其免除。这是因为，正如课征赋税抢夺了一群主观选定的人的财富而不加补偿，免除赋税则是给了另外一群主观选定且此前未受伤害的人一份大礼。正是基于这种考虑，马歇尔写道："因此，涉及旧税的任何减免都应该仅仅适用于新的建筑及其他新的资本投资。"（Marshall, *Memorandum on Imperial and Local Taxes* [Cd. 9528], p. 121）

第十五章 垄断收入税

§1 当垄断者充分利用垄断力量控制价格时,针对垄断收入的赋税不会对垄断者或其他人的行为产生任何影响。这是经济学课本里面的一个老生常谈。由此,这类赋税,就像土地公价值税一样,从赋税宣告的角度来看是完美的。那么,让我们再次转向赋税分配的角度,看看会如何。如同土地公价值税一样,这类赋税也会使得那些碰巧持有垄断企业股票的人,相对于收入相当而投资于其他方向的人,受到不平等的待遇。尽管人们认为垄断企业持股人获得了与其投资"不相称"的高额收入,这种不平等也难以自圆其说,因为大多数持股人在市场上购买相关股票的时候,其价格所包含的所谓高额回报已经因各种对垄断的苛税而打了折扣了。为了防止赋税分配不公,考虑到事实上很多对垄断企业感兴趣的人都很富有,因而垄断收入税从赋税分配的角度来看是好的。可能也可以这样说,考虑到垄断对价格的影响,此类税在一定程度上并不鼓励形成垄断。

§2 如果国家不采取直接的措施来阻止垄断对公众的盘剥,那么无论如何都有充分的理由对垄断收入——也就是垄断者利用垄断地位强行使销售价格高于供给价格所获得的那部分个人所得——适度收税。

§3 然而，一般来说，实施垄断是高度反社会的，因为这涉及蓄意将垄断商品限制在最优产量以下。尽管就实际生产产量而言，公众因高价而遭受的损失被垄断者对等的获利抵消了，但是，就高价所阻止的能产而未产的产量而言，消费者剩余所遭受的损失是任何获利都无法平衡的。因而，一般来讲，国家会防止垄断的发生而不是允许垄断存在进而对其收益征税，这种做法，从整体而言，是更加符合社会利益的。即使垄断税率高达约100%也是一样。在这种情形下，垄断者自身几乎颗粒无收，他努力实现的收益基本都归了国家。但是，这样一来，该税就相当于一种以获取最大可能税收收入为目的的商品税了。显然，如果对应税对象以如此高的税率来征税，往往会给社会造成异乎寻常的损失，这使得该税所带来的收入就显得微不足道了。因此，对于允许垄断盘剥公众、之后又迫使垄断者吐出一部分（甚至于全部）赃物的国家，其唯一可辩解之处就在于（阻止垄断反社会行为的）上策在政治上难以实行，便只好取此下策了。

第十六章　偶然所得税

§1 我所谓"偶然所得"指的是未经努力、未曾烧脑、未历风险或未因投资而未及预知的财富真实价值的增值。本章，我将探讨以上述所得为课征对象的税。显而易见，从赋税宣告的角度来看，这类税是符合理想的，因为这类税向纳税人收取一定的相同数额的税，而并不考虑其具体的行为。那么，其赋税分配方面如何呢？

§2 上帝一挥手，奇迹就会有。我们假设上帝大手一挥，奇迹般地出现了这么一个社区，大的偶然所得都让穷人得到了，中等水平的偶然所得都给中等收入的人得到了，而富人什么偶然所得都没有。这不是没有可能。当然，在现实生活中，我们没有理由去假设会出现这么一种情况。相反，如果真的做出假设，富人反倒是更容易获得偶然所得，因为大多数的偶然所得都隐藏在某种有形资产所不为人知的价值变化中，而这些有形资产往往都掌握在富人手里。因此，我们没有理由认为偶然所得总体上会分布均匀，也没有理由认为偶然所得税会分配不公。大概有一点还是要说明一下，如果行政上具有可行性，穷人所获得的偶然所得（中等水平以下）应予以免税。但除此之外，在实际当中，只要能够单独处理偶然所得，本书总体上主张对所有的偶然所得都课以重税——

甚至是征100%的税。这样,这件事的原则就清楚了,而其探讨可以限定在具体的应用当中。

§3 首先,我们要区分整体偶然所得(integral windfall)和部分偶然所得(partial windfall)。整体偶然所得指的是,某人相对于其整个一生的财产总值的意外增值;而部分偶然所得指的是,在某个特定时刻,某人财产的某个特定部分的意外增值。整体偶然所得税的分配已经公认是健全的了,但对于部分偶然所得税,就没那么清晰了,因为某人在某年某部分财产的意外增值可能会因其在另一年另一部分财产的意外减值而抵消掉。如果有一种假设,说显见的(observed)意外增值其实是被隐含(not observed)的意外减值抵消了,那么从赋税分配的角度,就应该反对部分偶然所得税。这貌似是说整体偶然所得是征税的适当对象,而部分偶然所得则不是征税的适当对象。不过,实际上,根本不可能通过直接询问来弄清是否产生了整体偶然所得——这意味着既通晓过去又预知未来;另外,即使能够弄清,也不能确定偶然所得究竟是多少。这两方面综合起来考虑,就等于没有收取偶然所得税的可能了。幸而,事实上,根本没有人考虑这样的假设。当然,某财产真实发生的部分意外增值"可能"会被同样一笔财产的意外减值所抵消,但并没有假设认为会确实如此。因此,在无法确知这种增值会被抵消的情况下,我们对其征税就不必犹豫。那些显见的偶然所得并没有被视为不当的征税对象是因为财富的意外减值和财富的意外增值都在发生,实践中无法考虑在内。

第十六章 偶然所得税

§4 两次德国战争这种异常的情况带来了一类新型而又非常重要的偶然所得。这两次大战的一个直接结果是某些商人赚得了非正常的利润。某些种类的商品和服务的价值被极大地提高，于是，掌握这些东西的人或者能够很快将其制造出来的人，比如船东、钢铁制造商、军火制造商、农民，还有很多其他人，就处在了一个得天独厚的地位——只要政府不干涉，不对相关产品限定最高价格，他们就能够收割梦想不到的财富。在这些财富里面，很大一部分就是偶然所得。为了能够将这一部分单独剔出，我们必须确定企业的正常利润是多少，在此基础上还要加上一些补贴（为获取额外的利润，企业要有新的投资和额外的工作），并且还要考虑到，机器安装以及专为战时所做的调整不仅毫无用处，在战后甚至还可能成为累赘。正常利润的估算不仅要严格考虑战争爆发前几年的实际利润，而且要考虑当时环境下对利润增长的预期；进一步来讲，还要考虑两点，一是战时普遍的高物价水平，二是战后一段时间仍然会持续高物价水平。前者的结果是，与战前相比，给定的货币利润要比企业真实利润小得多；后者的结果是，需要更大的储备来更好地应对贬值。英国在两次大战中都实行了超额利润税（excess profits duty），其目的就是大体上把以上各项所获战争利润中的那部分偶然所得单独剔出来，并以尽可能高的税率对这一部分加征赋税。这种高税率只受一种限制，即既然不可能完全剔出偶然所得，那么高税率（比方说高于80%）会不会使政府部门疏忽松懈，造成行政浪费，使企业遭受打击，陷于危险的程度。①1940 年 5 月施加的 100% 税率，其正当性在于政治方面而不在经济方面。不过，其经济方面的劣势也因各种调整、补贴而得到了缓解。②

§5 偶然所得税作为在正常情况下提高财政收入的工具，实际上到 20 世纪才为人所知。不过，在 1914—1918 年大战前数年，欧洲大陆对此已有所尝试，当时是通过增值税的手段来对涉及土地公价值的偶然所得进行征税。在美因河畔法兰克福，"如果距前一次所有权变更不足 20 年，并且价值增长超过前次购买价达 15% 及以上，在对改善支出、利息损失、手续成本等做出补贴之后，增值税将按如下比例征收：增值 15%—20% 以 2% 收取增值税，增值 20%—25% 以 3% 收取，如此类推，每增值 5%，税率增加 1%，最高税率不超过 25%"。③在科隆，总的税制与此类似，不过，其起始税率为 10%，适用的增值区间为 10%—20%，此后，每增值 10%，税率增加 1%，封顶税率同样为 25%。如果距离前次所有权变更不足 5 年，则按百分之百执行税率；不足 10 年，则按三分之二执行税率；超过 10 年，则按三分之一执行税率。④1911

---

① 最初，美国超额利润税是基于绝对利润率，而不是相对于战前利润超出的那部分。因而，跟英国比起来，其实远非真正的偶然所得税。另外，该税不利于发明创造，不利于善于抓机会的人，也不利于良好的管理，这些都颇为人所诟病。"对于累进所得税可以有话说，对于累进资本税甚至也可以有话说，但是，对于依照收入所占资本的不同比例来累进的税，却基本无从辩解。不以资本税也不以所得税来惩罚企业和独创性——这就是法律的独特特性吧。"(Seligman, "The War Revenue Act," *Political Science Quarterly*, March 1918, p. 29)

② 对于 EPT（超额利润税）的详尽探讨，请参阅 Hicks, *The Taxation of War Wealth*, Parts ii-iv.

③ 参见 [Cd. 4750], p. 21。

④ 参见 [Cd. 4750], p. 18。

年，在德意志帝国议会，保守党赢得了一项提议，将类似的关系引入帝国财政体制，不过，"经由1913年法律修正案，资本利得税所累积的税收收入全部归属了各州和地方政府"。[1]在英国，1909年预算对土地价值增值征税，不过，这种税的形式比较粗糙。乍看起来，可能会认为这些税满足偶然所得税所要求的条件，并不需要更为复杂的机制。然而，事实却并非如此，并且，有必要说明为什么并非如此。这样，我们才能看清楚任何设计有效的偶然所得税的尝试都会面临的实际困难。

§6 首先来说，有两类表面上的、不真实的增值。其中一类是这样产生的。如果十年间总体价格水平比前一个十年高50%，那么未改善土地的货币价值可能增长了50%，但却并没有真正的增值。土地所有者从中获得的收入，或者他将之售卖所获得的资本总额，尽管以货币计算比以前多50%，但这笔钱的货币购买力跟以前相比却没什么两样。这种困境对于从价税（ad valorem tax）是不存在的，但只要征税对象本身体现着不同时间点某物所具有的不同的货币价值之间的差异，这种困境就必定存在。要避免这种困境，唯一的方法就是按照核算应税增值额的那个时期新的总体价格水平，来修订计税基期（the basis period）的估值。这种修订将会是一项艰巨的任务。一种直观的修订估值的方法是以原土地价值乘以现课税年与原估值年的总体物价普通指数的比率。然而，这种方法并不令人满意，因为一种生产工具的资本价值并不随其在仅仅一年所创造的收入而产生变化，而是取决于多年的

---

[1] Scheftel, *The Taxation of Land Value*, p. 145，脚注。

收入预期。虽然如此，但通过合理地而不是机械地应用价格指数，似乎主管部门有能力从税收角度消除所形成的大部分此类纯表面上（merely apparent）的增值；通过类似的过程，当价格低迷的时候，主管部门或许也可以通过税收来平抑表面上下降实际上上涨的价值——当然，这里有很多普遍的偏见需要被克服。当货币价值产生剧烈波动的时候，就像德国、奥地利、俄罗斯在1914—1918年大战之后的那几年，此类税收的基础就荡然无存了。因此，对于这种方法的实际应用来说，合理而稳定的货币价值是极为重要的。

§7 另一类表面上的增值产生于长期投资的一般利率的降低。利率的这种变化意味着一项投资要想产生同样的年回报率就必须提高资本价值。这种资本价值的提高对于投资者而言毫无益处可言（除非他真的愿意把收益变成可消费收入），因为即使将其卖掉，在风险相同的情况下，他也不可能把收益投资于能产出比他之前所获年回报更高的回报的东西。这里，要想做出调整，仍然是困难的。但是，如果能够考虑原估值年与现课税年的不同信用周期，似乎主管部门可以确认原估值，而把此类表面增值排除在应纳入税收的增值之外。

§8 至此，我们解决了这两类表面增值，不过，我们的任务还没有完成。即使对于真的增值，如果可预期、可贴现，也不能算作偶然所得。这一点可以这样来解释。某个场地的资本价值是其预期所产生的年收入的现值。因而，随着年值开始增长的日期接近，一定会定期引起资本价值的增加。为了简单地说明问题，我们假设有一不动产，该不动产在未来20年内预计不会产生任何收益，但20年之后，除去土地支出以外，预期每年将会有500英镑的收入。这个例子非常典型，反映了城镇周边很多这样的土地的状况，即期望将来某一天由于建设而变得有价值。利率以5%来计，经简单计算，我们所假设的不动产的场地资本价值大约累进如下表所示：

    在1940年的价值 £3800
    在1945年的价值 £4800
    在1950年的价值 £6100
    在1955年的价值 £7800
    在1960年的价值 £10000

因而，1940年以后15年间，价值增值为4000英镑，此增值的税率为20%，即800英镑，1955年到期。我们再进一步简单计算一下，既然利率为5%，1955年的800英镑大约与1940年的400英镑相当。这意味着，如果业主在1940年将该不动产卖掉，由于存在20%的增值税（1955年到期），那么他只会得到约3400英镑，而不是3800英镑。简而言之，此税为向当前业主征收的直接税，在任何意义上都谈不上是偶然所得税。

  §9 当然，实际上，很多实际增值一部分是偶然所得，另一部分是此类增值。当去掉表面增值这一元素之后，我们就有可能区分真实增值当中的偶然所得了：如果1940年的一块土地总价值为"$x+y$"，其中，x为目前（农业或其他）的使用价值，y为1960年后房屋租赁的预期价值，利率以5%来计，那么到1955

年就应该有非偶然所得的土地增值，大约是 y 值的108%。因此，为了把增值税限定在偶然所得上，该税的征收对象只应该是土地价值终值和土地价值现值之间的溢价部分，再"加上"108%的那部分现值，这部分现值是由其作为建设用地这一前景所带来的。对于其他期限，不论是长于15年还是短于15年，计算方法都是类似的。这一计划的根本思想体现在法兰克福、科隆的增值税里面，也体现在德意志帝国的增值税里面。例如，法兰克福地方条例第四节规定，"对于出售人本人未将其用于农业或工业生产的未建设用地"，在计算任何时候产生的增值之前，应按4%在原始基准估值利息上加计。[①] 然而，复利在此是不允许的（这一点值得商榷）。

§10 我们还有一点需要探讨。在某些情况下，有一种增值，并非完全意料之中，然而却在某种程度上成为现值的一部分，因此也不能算作真正的偶然所得。比如，我可能有一块土地，预期今后很长一段时间会有每年500英镑的收益，但是，就其价值而言，隐约认识到可能会有升有降。这块土地，以5%利率计，其资本价值将达到10000英镑，因而，乍一看来，其升值的可能性并没有被低估。不过，实际上，这种升值可能性也确实成为现值的一部分，起到一个抗衡贬值可能性的作用，其对现值的影响（我们要考虑的是在接下来的15年里）可以通过卖掉这15年间"此类"增值所有权所获得的总价值来测量。当然，这里我所指的并非我们已经探讨过的可"预期"增值。可以相当肯定地说，一般来讲，

---

① 参加 [Cd. 4750], p. 21。

第十六章　偶然所得税

可获得的总金额将只占该块土地资本价值非常小的一个部分。从而，这些增值"主要"（尽管并非全部）是偶然所得，并且如果通过一项法律，在累积增值时对其征税，也不会对现业主产生实质性的冲击。不过，为了将这一风险降到最低，可以对增值不超过10%的部分予以免税，这样会更好。结合上一节的讨论，这一提议将会给予15年间 x 的10%以内的增值和 y 的比如说120%以内的增值，免除增值税。

§11 本章所探讨的针对且只针对偶然所得才课征的增值税中所应采取的各种形式的保护措施，对于切实的政治而言可能太复杂了。不过，事情并不能就此完结，因为通过免除一些大额增值外的所有增值的增值税这样简单的办法，仍有可能以放走某些真的偶然所得为代价，避免对非偶然所得征税所带来的严重风险。在一般情况下，除了战争及战后时期，我们可以合理预期，在15年间，总体价格水平及一般利率水平都不会有巨大的变化。因而，如果颁布法令，规定只有15年内价值翻三倍的土地，或者在某个时间期限内土地价值达到一定的增值比例，才课征增值税，那么任何非真偶然所得增值被搅入其中都几乎是不可能的。在15年之后，任何人所持有（为方便讨论，此处将整个15年作为一个持有期单位来计算）的土地未改善价值，如果超过其原有未改善价值的三倍，那么超过部分几乎全部收归国家所有，应该不会有什么争议。如果未改善价值由于其他目的而定期评估，比方说，着眼于对这些价值本身征收直接税（如所得税），那么征收此类赋税也不会是特别困难或者消耗成本的事情。但是，以上各种复杂性引起我们的关注，也使我们明白，地产之中所累积的偶然所得税永远不可能产生大量的税收收入。在其他类资产中构建一种类似偶然所得的赋税亦是如此困难，以致尚未有过任何尝试来解决这个问题，此中唯一的例外是贵重物品的收藏。①

---

① 上述讨论与德国1913年推出的"财产增值"税毫无相似之处。德国的"财产增值"税打击了财产的增值，无论该财产是继承的还是储蓄的，而豁免了普遍的一般性财产（参见 Cohn, *Economic Journal*, 1913, pp. 543 及其后的内容）。

第十七章　国内税的国际反应

§1 目前为止，我还没有讨论过国际关系的影响，而只是讨论了一个貌似单一封闭、独立自给的群体。当我们把这一因素涵盖在内时，就会出现几个新的大问题。第一个大问题是关于前面几章所探讨的税收效果，可能存在某个税收不能覆盖的外在区域，而使税收效果打折扣。这是因为，如果有这样的区域存在，在纳税区内应该纳税之人就有可能利用该非纳税区，从而减轻自身本应承担的财政负担。初步判断，这大概会引起两类反应。其一，资本：本应投资于收税国本国的资本可能会流向海外；其二，人员：本应工作生活于收税国本国的人员也可能会流向海外。显然，上述两种情况，任何一种都会导致税收收入减少，并且，随着净（税后）收入的减少，社会的经济福利也会相应地减少。更广泛地来说，筹集某一特定岁入额的过程所造成的进一步的损害，超出了我们迄今为止所考虑的程度。总之，我们面临新的、目前未曾触及的危险。因而，我们必须尽力衡量这些危险在本国的范围和程度，这一点显然尤为重要。

§2 大家流行探讨，也重于探讨英国高赋税——特别是高额所得税——会"驱动资本外流"的问题。显然，海外居民能够借由不在英国投资而规避英国投资收益所得税；因而，在没有国际协议消除双重纳税的情况下，英国对投资所得征收的高额赋税，肯定会妨碍境外资本的流入。不过，总体而言，由于本国并非资本输入型国家，而是资本输出型国家，这一情况实际影响并不大。真正重要的不是对外资的反应，而是对本国资本的反应。这里，有一个普遍的担忧，很大程度上是出自于一个错误的认识，即英国公民只要投资于国外而不投资于国内，就可以规避英国所得税。事实并非如此。技术上来讲，只要身居英格兰，那么，不管其收入来自哪里，都负有缴纳英国所得税的责任。根据1914年法案，即便是从境外所得并投资于境外而不带回本国的那部分收入，也要缴纳所得税。其结果是，如果英国公民在继续定居英国期间对外投资，那么他不仅不能规避英国所得税，在缴纳英国所得税的同时，他还要服从于他所投资的国家对所得税的规定。在后来的法案当中，英国居民在英国自治领的投资所得按英国现行所得税率的一半缴税。这一法案的目的在于减轻帝国内部投资双重征税的消极影响。但即便如此，毫无疑问的是，一位英国居民，在身居英国期间，也是允许借助海外投资来降低其整体赋税负担的。当然了，对于想要通过违法手段、通过作伪证来逃税的人，如果其收入是来自国境之外而不是国境之内，那么他做起来可能也会更加容易。不过，除了欺诈之外，英国公民投资国外而不是投资国内，可能什么也赚不到——只要他本人仍身居英国。所以，高额赋税除了与其主人共舞之外，并不会造成资本外流的倾向。

§3 至于英国劳务（无论是脑力工作还是体力工作）外流，其实质与第一种情况是一样的。居民个人，即每年在英格兰生活（或定居）不少于六个月或者在英格兰境内有住所的人，无论其收益在哪里取得，都负有缴纳英国所得税的义务。故而，如果他想避税的话，他不仅必须转移工作，还必须放弃英国的定居权。因此，资本也好，劳务也好，关键的问题在于高额赋税会不会——以及在多大程度上会——诱使人们放弃在英国定居。

§4 祖国有一种强大的力量，就像物理学中的表面张力，吸引人们留守自己的家园。对于穷人来说，税收在其总体经济境况里面一般只占很小的一部分，因而不大可能在这个去留问题上扮演一个举足轻重的角色。而对于富人而言，高收入给他们带来很多优势，其中很大一部分是社会便利设施；虽然赋税可能赫然耸于面前，但如果放弃在英国定居，这些优势也就无法享有了。进一步讲，以世界当前的形势，这类人也不太容易找到一个国家，既适合他们的生活方式，其定居于斯又不必承担高额赋税。这样的话，收之桑榆，失之东隅，离开英国本来是要有所得，现在落户新家却要有所失（甚至基本全失）了。因此，总体而言，我们可以得出结论，在目前的世界局势下，还没有因为我们的高赋税而产生严重的英国资本或者劳务外流的反应。对此，我们尚不必介怀。

第十八章 向外国人征对人税*

§1 世界分为不同的国家所带来的下一个问题是，一国之政府强行向另一国之国民征税来充实自己的岁入。这种强制性敛税，初步来看，是切实可行的，可以通过"对人税"的机制，可以以赔款的形式向他国政府征缴定额税，也可以通过进出口关税的手段。后二者将在接下来的几章中探讨，本章我将着重探讨通过对人税所获得的岁入项。

§2 在开始之前，一上来，我们就碰到一个难题：该如何准确定义一个"国民群体"呢？就我们所要探讨的"对人税"而言，我们不能简单地将之定义为"对君主保持政治忠诚的所有人的集合"。这不仅仅是因为同一个人可能会被多个政府宣称为该国国民——当然，这也是一种罕见的情况。除此之外，比方说有一位英国国民，永久定居于罗马尼亚，其全部收入也都来自于那里，那么，从经济角度来说，他属于罗马尼亚人那个群体，而不属于英国人这个群体。这个道理就很明显了。顺着这个思路往下想，国民群体最好的定义是在其政府管辖的领土内定居的所有人。不过，

---

* 对人税（personal tax），或简称"人税"，不同于"个税"（income tax）。个税为个人所得税的简称；而现代意义上的"对人税"则包括个人所得税、遗产税和一般财产税。——译者注

第十八章　向外国人征对人税

这只是第一步，因为，由于人们经常从一处迁往另一处，所谓定居其实是一个模棱两可的概念。我们说史密斯先生在英国有个住处，在德国还有一处，每年他在这两处分别住上一个月，而在另外十个月，则都忙于世界旅行。那你来说说，史密斯先生到底定居在哪儿？像这种结是无法解开的，所以，必须通过某种多少有些武断的方式，才能将之切断。不过，由于绝大多数人都常住于一个国家，只是偶尔才出一下国，在个人层面[①]上，"定居"这一概念，其确切的意义于本章的讨论倒是并不重要。常住于本国之外的人叫非居民，而非居民就是外国人了。

§3 倘若这些人一年的某个时候自主进入该国领土或者从该国领土内提取任何一部分收入，则该国政府有权以对人税的形式向不受其统治的人收取赋税。因而，对人税可以向旅游者征收，也可以向临时进入该国并在该国获得收入（比如音乐家、演员等）的外国人征收；外国人的投资收益在汇寄国外之前也可能要缴税。当然，一国政府能够希冀于外国人的税额是非常有限的。如果税率高过某一点，外国人会因此而不愿意来此旅游或者进行新的投资，结果，政府所能收取的税额反而很可能比低税率的时候更少了。尽管如此，只要外国人在某国投入并持有大量投资，该国政府就有权就其所持有的资金向其索取高额的税款，这里的问题不过是该国政府是否会选择行使该权力；并且，通过设定如下条件，即外国人在其所持有的现资产被转移给该国国民之后仍需缴税，

[①] 在公司层面上，围绕着定居（落户）这一概念的复杂问题，其讨论参见《所得税皇家委员会报告》，第14节。

该国政府能够阻止外国投资人借由销售其资产而逃避这个负担。在实际当中，大多数政府既向其居民收入（不管其收入源于何处）课税，也向外国人收入（源于该政府所管辖的领土的收入）课税；对于遗产，各国政府的处置也都类似于此。因而，多数政府常常设法向外国人征缴不菲的赋税。

§4 如果 A 国向来自 B 国、C 国、D 国的定居者征缴 5000 万英镑的税，A 国居民也不见得就能有什么净优势——倘若 B 国、C 国、D 国同时也向 A 国定居者征缴 5000 万英镑的税的话。一只手赢的，在另一只手又输了。如果所有国家都只对国内居民征税，那看来所有国家就会同样富裕了。这还不仅如此。当 A 国因 B 国居民在本国的财产或收益而向 B 国居民征税的时候，这些 B 国居民因其收入或财产还要面临"双重征税"，除非 B 国克制住不向他们征税。这意味着，一国居民在考虑向另一国提供服务或进行投资的时候，除非他能获得的利润既比国内高又在弥补双重税收之外还能有一定所得，否则，他是不会做的。于是，阻止国与国之间资本与劳务自由流动的障碍就这样竖立起来了。对于居住于一国但挣钱、投资都在另一国的人的管理，如果政府的总支出确实要高于对于生活工作等等一切都在一国的人的管理，那么，这种障碍相当于一种成本的付出，表面来看，从世界福利的角度来看是可取的。但是，居住与工作、财产的分离所带来的超出政府总支出的成本，相较于因此而对这些人施加的额外的赋税而言，很可能是很小的，因此，由双重征税一举树立的这种障碍，站在世界福利的角度来看，是不可取的；相反，还会降低总生产力，进而减小福利。所以，如果所有各国对外国人征税都处于强硬而又

第十八章 向外国人征对人税

平等的立场,那么各国之间达成协议免征这些赋税,则无论从哪个角度来说——总体也好,各个国家自身也罢——都会令各方受益。由于现实当中,有的国家在盘剥外国人的时候处于更强硬的立场,那么,一份相互彼此免征的协议,尽管就总体而言仍然有益于各方,但就每个国家自身而言,就不然了——除非能够做出某种安排,使协议受益方付出一定代价来补偿协议受损方的损失。此类问题切实可行的解决之道在于国与国之间恰当的外交工作。此问题在国联的支持下已由专家展开研究,并设计了一个方案。①

§5 直到相对最近一段时间,"原籍"一直被普遍当作判定是否应当纳税的主要条件,因而,为了消除双重收费,如果两项权利——对国民在国外取得的收入征税的权利和对外国人在本国(征税国)取得的收入征税的权利——要放弃一项的话,对前者的支持应该会有一个广泛的共识。不过,后来的研究将这个观点反转了,其所强调的事实是:那些其公民或政府希望从外国人那里借钱的国家,更有兴趣去除双重征税。可以看到,在1914—1918年大战期间,英国、法国、巴西,纷纷向外国举债,并保证免征利息税,因而,就该利息而言,这些国家已然放弃了对产自本国的收入征税的权利。国联专家推荐这么做:由于国与国之间哪一个都不是另一个绝对意义上的债权国或者债务国,因此,每一个国家都应该同意免除来源于本国而由他国公民获取的收入的赋税,而只向其本国居民的收入征税且不论该收入是来自本国还是来自他国。

---

① 参见 *League of Nations Report on Double Taxation,* by Professors Bruins, Einaudi, Seligman and Sir Josiah Stamp, 1923.

但如果一国主要是债务国，而另一国主要是债权国，这种做法就有失公允了。相比债权国，债务国这个时候会被要求放弃多得多的税收收入，因为在其国界内会有多得多的收入产生但却被国界外的人获得。因此，国联专家建议，在这些情况下，仍然要制定公约来免除非居民收入的赋税，但同时，为了防止这一约定对协议双方产生不公平的影响，应由获益一方政府给予受损一方政府以适当的补偿。

§6 这一方案的目的仅仅是消除由双重征税引起的反社会的障碍，同时并不改变 A 政府向 B 国民征税和 B 政府向 A 国民征税的关系。不过，对政治伦理感兴趣的人希望能钻研得更深入一些。目前为止，就外国人在该国领土内取得的收入或者位于该国境内的财产而言，如果该国政府加于外国人身上的税率与加于本国国民身上的税率相同，那么第一眼看去，所收取的费用无非是涵盖了该国所提供的服务，是与服务的成本相匹配的。不过，进一步的思考表明这种说辞并不靠谱。定居英格兰的英格兰人从英格兰获得 1000 英镑的收入，英国政府既保护他的人身安全，也保护他的财产安全；而从英格兰获得 1000 英镑的非居民外国人，英国政府只保护他的财产安全。照此思路，外国人应该少支付一些才对。[①] 更不必说针对外国游客或者投资人的歧视性赋税，不可能因此就有了充足的理由。由是，我们可以得出一般性的结论，如果一国政府借由非歧视性所得税和遗产税向外国人征税，此外又进

---

① 有人反驳说，居民通过缴纳商品税（而非居民则不缴纳）来获得人身保护。但这种说法对于富人来说显然是不充分的。并且，按照目前的观点，这也是唯一重要的情况。

第十八章 向外国人征对人税

一步针对外国人进行歧视性征税,那么这种行为下,其中一部分就构成了苛捐杂税。现在,人们普遍认为,蔬菜王国,以及,在一定范围内,动物王国,都可以说是人类的王国;既然如此,把它们仅仅当作手段,而根本不把它们当作目的来对待,就无可厚非。对于某些热血的民族主义者,外国人就处于这样一种类似的地位:他们(外国人)利益如何,与我何干?只要对他们的剥削不给我带来危害,那他们就应该被剥削。对于持有这种观点的人,我们的难题根本构不成任何困难。但是,受过教育的人都不会持这种观点!对于我们而言,任何政府都无权以苛捐杂税盘剥另一国国民,正如任何个人都无权拿走别人的钱一样——除非有什么正当的理由来这么做。而正当的理由,只有一种。如果能够证明外国政府正在向我国国民横征暴敛,比方说超出它所能提供给我国国民的所有服务1000万英镑,这就等于授权给我国政府,向该外国政府的国民敛收同样的不劳而获的1000万英镑。毫无疑问,从这笔钱中给予受到外国政府盘剥的我国国民某种等效的救援,几乎是行不通的;因此,这种报复性的收税比它可能达到的效果要弱一些。然而,这里可以举个例子:相对于,比方说,法国人,把英国人社群在某种意义上视为一个统一体,然后,就法国政府对它可能加征的任何赋税向法国人征税,以寻求补偿——这并非是不合理的。除了这种补偿性报复,任何其他的盘剥外国人的企图在伦理道德上都是站不住脚的。

第十九章 赔款与进出口交换比率（或贸易条件）

§1 在本章，我将只讨论赔款对赔款支付国与赔款接收国之间商品进出口交换比率的影响，而不是赔款对外国人的整体影响。进出口交换比率通常又被称作贸易条件。我们假设赔款"每年"以固定额度支付，且工资水平等各种情况已经依照赔款这一事实在两国国内分别做出了相应调整，因而不会出现因赔款而导致的失业。同时，我们忽略一国向多国赔款所带来的复杂性，并预期赔款支付国将面对一个整齐划一的世界。

§2 本章以及下一章对进出口普通税所做的平行研究，都需要简化国际贸易中琳琅满目的商品所带来的复杂性。这与传统的研究思路是一致的。因而，在对外贸进行分析时，穆勒（Mill）首先将其假设简化为英格兰所有的出口均以布料数代表，所有的进口均以亚麻数代表。马歇尔同样深谙此道，在首次阐述这一理论时，他写道："人们认为，纯粹的国内价值理论已经提供了手段，以英国出口的任何一款商品来衡量所有出口商品的国内价值。假设一定质量保证的布料是出口商品之一，那么英国所有出口商品的国内价值都可以以一定数量的布料来计算；而德国（或任何其他国家）出口的所有商品的国内价值则可以，比方说，以一定量的亚

第十九章 赔款与进出口交换比率（或贸易条件）

麻数来代表。"① 在最后的陈述中，他把上述假设做了简单修正，写道："穆勒将布料作为一国产品的代表，将亚麻作为另一国产品的代表。不过，更为适宜的方法是假设一国的出口由具有典型代表性的'商品包（bale）'组成，即每一个商品包都代表该国（不同品质的）劳务与资本的一个'标准总投资'（uniform aggregate investment）。"② 尽管马歇尔的措辞并没有明确指出，但我们必须清楚，第二个假设与第一个假设有着根本的不同。当国际贸易中涉及多个商品时，第一个假设必然与事实相矛盾——除非所有条件都能始终带来稳定收益（constant returns）。这是因为，任何国际贸易条件的改变，比如开征赔偿税或者任何一种进出口税，都注定会影响每个国家不同商品的相对价值。第二个假设则规避了这一逻辑困难，不过，代价是设定一种所谓的"商品包"来包含税前税后不同的实际内容。如果所有条件都能始终带来稳定收益，这两种假设就都与事实相符，也就彼此对等了。一码英国布等价于一个英国包，在所有条件下，每个都是一单位英国劳动（此处我用"劳动"作为由劳动、资本、土地等组成的"复合剂"的简称）的产物；一码外国布等价于一个外国包，在所有条件下，每个也都是一单位外国劳动的产物。

§3 为了研究不论是赔款还是对外贸易中的一般统一税的影响，我们假设，不论有没有赔款或者征不征税，在任何情况下，都会产生大致相同的生产效力（productive effort）。这使我们避

---

① *The Pure Theory of Foreign Trade*（私人印制），p. 1.
② *Money, Credit and Commerce*, p. 157.

开了考虑收益增减所带来的复杂性,而收益一般在处理特定商品的进出口税时起着重要的作用。这一假设并不总是完全符合事实,例如,沉重的战争赔款可能会驱使赔付国延长其平均工作日。不过,依我看来,这一假设是合理正当的,因为,一般而言,这一假设足够接近真相,以此为基础所产生的结果大体正确。下面,我将以穆勒的"布料-亚麻"这一对用词来展开论述。

§4 赔款可以由赔款支付国所生产的产品来衡量,也可以由赔款接收国所生产的产品来衡量。如果我们假设两国物价总水平基本保持稳定,那么以其所生产的商品来衡量和以其货币来衡量就是等价的。区分这两种衡量方法非常重要,因为如果以赔款支付国的商品或者货币来衡量,那么该国理论上所能赔付的最大限额就是该国生产能力和"必要"消费之间的差额(当然,实际当中会大幅降低);而如果以赔款接收国的商品或者货币来衡量,那么所赔付的规模不能超过赔款支付国以其商品出口所能购买的赔款接收国的商品或者等值货币。如果在某个赔款规模下,赔款接收国对于另一国商品的需求弹性小于1,那么,超过该规模的任何目标都是不可能实现的。赔款支付国越是努力通过把自己的商品输送出去来履行其义务,它所能获得的赔付商品或者赔付款就越少。

§5 不过,如果赔款的规模虽大,赔付国却有可能将其完成,那么不论是以 R 单位的赔款接收国的商品或货币来衡量,还是以 K 单位的赔款支付国的商品或货币(此种情况下用以购买该 R 单位的商品)来衡量,就不重要了。因此,我们究竟采用这两种衡量方式当中的哪一种,也相应变得无关紧要。接下来的讨论,我将采用第一种方式。这一选择有充分的理由,因为在 1914—1918 年

第十九章 赔款与进出口交换比率（或贸易条件）

世界大战后，德国战争赔款的衡量方式计划就是这一种。在道威斯（Dawes）报告发布之前，政治家们没有考虑到黄金价值（德国赔款即以黄金价值来衡量）相对于赔款接收国商品价值变化的可能性。因而，我将把赔款接收国视为布料生产国，把赔款支付国视为亚麻生产国，并且，我将视年赔款由 R 单位的布料组成，且其额度落在可行性范围之内。

§6 如果除了赔款以外，赔款支付国无任何外贸交易，则赔款接收国每年将免费获得所需的亚麻，用以购买 R 单位的布料来上缴政府。如此而已，别的什么也不会发生。但是，如果除了赔款之外，有些亚麻被私下交易换了布料，那么一般来讲，施征赔款会致使私人账户上的亚麻进口数量与以前不同，也会使亚麻与布料之间的进出口交换比率，即贸易条件，发生改变。在本章，我将研究施征年赔款对进出口交换比率的影响。

§7 首先，让我们来搞清楚进出口交换比率这个词语在此处的含义，这一点非常重要。它的含义是："市场环境"中，购买一单位亚麻（赔款支付国的产品）所支付的布料（赔款接收国的产品）数。如果没有赔款，进出口交换比率等于赔款接收国出口布料总量（假设为 X）除以该国进口亚麻的总量（假设为 Y）。但是，在有赔款的情况下，X 变成了 $(X+\Delta X)$，Y 变成了 $(Y+\Delta Y)$，其结果却不等于 $\dfrac{X+\Delta X}{Y+\Delta Y}$，而是等于赔款接收国出口布料总量与获得赔款（即赔款支付国以其为偿清赔款而出口的亚麻所购买的布料量）之和，再除以赔款支付国的亚麻出口量，即

$\frac{X+\Delta X+R}{Y+\Delta Y}$。① $\frac{X+\Delta X+R}{Y+\Delta Y}$ 与 $\frac{X}{Y}$ 之间是什么关系？更具体来说，在什么情况下，前者会大于后者？而什么情况下，前者会小于后者？

§8 我假定在达成赔偿协议之后，国内外在生产技术、偏好等方面与以前一样保持不变。为了简化，我以美国来代表其余世界，而以德国代表赔款支付国。因而，我将美国人与德国人个体之间在偏好和环境方面的差异抽象化，这样，这两个国家各自都可以被描述成完全由具有典型代表性的公民所组成，所有人都一模一样，行为方式也毫无二致。最后，我假设对于每一位典型美国人从给定数量的美国商品中获得的效用，与他所拥有的德国商品无关，反之亦然；对于每一位典型德国人，其情形也是一样。这几个高度抽象的假设，再加上前面的固定收益假设、布料-亚麻的简化，可以规避很多复杂的情况。但是，这些假设并不会妨碍我们接下来的分析能够广泛应用于现实环境当中——只要这种赔款机制已经建立足够长的时间，使赔款支付国和赔款接收国的工业结构都已经适应了它。

§9 如果美国和德国人口数量相等，典型美国人和典型德国人各自所占用其本国进出口的比例就会是一样的。但是，既然两国人口数量并不相同，该比例也就不一样了。假设以 x 表示美国出口总额，以 y 表示德国出口总额，则有 nx 和 ny 分别代表典型美国人

---

① 如果我们将赔款视为 K 单位的亚麻（而不是 R 单位的布料），那么货物交换比率类似地就可以表达为 $\frac{X+\Delta X}{Y+\Delta Y-K}$。

第十九章 赔款与进出口交换比率（或贸易条件） 199

所占本国出口和进口，mx 和 my 分别代表典型德国人所占本国出口和进口。

那么，在赔款时期之前的情况可以写作：

$\Phi(nY)$ 记作典型美国人占用数量为 nY 的德国商品（亚麻）所获得的边际效用；

$f(nX)$ 记作典型美国人放弃数量为 nX 的美国商品（布料）所获得的边际负效用；

$F(mX)$ 记作典型德国人占用数量为 mX 的美国商品（布料）所获得的边际效用；

$\psi(mY)$ 记作典型德国人放弃数量为 mY 的德国商品（亚麻）所获得的边际负效用。

上述"边际效用"的含义等同于"边际欲望"，"边际负效用"的含义等同于"边际厌恶"。我们知道美国与德国进出口交换比率是 $\dfrac{X}{Y}$，我们也知道，在均衡状态，任何两种贸易商品之间的进出口交换比率，对于每一位交换者，一定分别等于其边际效用的反比。我们可以构建杰文斯（Jevons）在其《政治经济学理论》一书第四章当中所使用的那种类型的公式。因而有

$$\frac{\Phi(nY)}{f(nX)} = \frac{X}{Y} = \frac{\psi(mY)}{F(mX)} \tag{I}$$

在进入赔款时期之后，通过准确的类比推理，我们有

$$\frac{\Phi\{n(Y+\Delta Y)\}}{f\{n(X+\Delta X)\}} = \frac{X+\Delta X+R}{Y+\Delta Y} = \frac{\psi\{m(Y+\Delta Y)\}}{F\{m(X+\Delta X)\}} \tag{II}$$

为了使新的进出口交换比率可以等于旧的比率，因此，有必要使

$$\frac{\Phi(nY)}{f(nX)}=\frac{\psi(mY)}{F(mX)}=\frac{\Phi\{n(Y+\Delta Y)\}}{f\{n(X+\Delta X)\}}=\frac{\psi\{m(Y+\Delta Y)\}}{F\{m(X+\Delta X)\}} \quad (\text{III})$$

§10 这些公式被视为通用表达式，当然，其背后的含义非常复杂。不过，为了获得大致的结果，假设这些函数所涉及的只是线性关系，还是合情合理的。这样一来，其含义就很简单了，即 $\frac{\Phi'}{f'}=\frac{\psi'}{F'}$。将讨论做一扩展，我们可以证明 $\frac{X+\Delta X+R}{Y+\Delta Y}$ 大于还是小于 $\frac{X}{Y}$，即根据 $\frac{\Phi'}{f'}$ 是大于还是小于 $\frac{\psi'}{F'}$ 来判断，由于赔款，实际进出口交换比率是有利于德国还是不利于德国。我们必须要注意，由于 Φ' 和 F' 显然是负数，而 ψ' 和 f' 则为正数，在比较大小时，数量值都是负的。因此，如果我们不管正负号的话，上述判断条件就反了。如果使实际进出口交换比率不利于德国，$\frac{\Phi'}{f'}$ 的数值必须大于 $\frac{\psi'}{F'}$；而如果使实际比率有利于德国，则 $\frac{\Phi'}{f'}$ 的数值必须小于 $\frac{\psi'}{F'}$。在上述三个函数并非线性关系但又不严重偏离线性的情况下，如果 $\frac{\Phi'(nY)}{f'(nX)}$ 的数值大于 $\frac{\psi'(mY)}{F'(mX)}$，且 $\frac{\Phi'\{n(Y+\Delta Y)\}}{f'\{n(X+\Delta X)\}}$ 的数值也大于 $\frac{\psi'\{m(Y+\Delta Y)\}}{F'\{m(X+\Delta X)\}}$，那么实际的比率是不利于德国的；反之，则是有利于德国的。如果上面这两对数值，只有一对的前者比后者大，另一对前者比后者小，那么无法得到一阶微分的解。

§11 我们现在集中精力讨论一下线性函数这种简单情况，并以不同的"弹性"来表示这些函数的结果。这些"弹性"与非赔款条件下商品贸易额有关。我们以 E_l、E_c 分别表示赔款之前进口德国商品给美国带来的边际效用函数的弹性和赔款之前美国放弃本国商品所带来的边际负效用函数的弹性；同时以 G_c、G_l 分别代表相应的德国边际效用和边际负效用的函数的弹性。于是，我们有

$$E_l = \frac{\Phi(nY)}{nY\phi'}$$

$$E_c = \frac{f(nX)}{nXf'}$$

$$G_c = \frac{F(mX)}{mXF'}$$

$$G_l = \frac{\psi(mY)}{mY\psi'}$$

因而，

$$\frac{\Phi'}{f'} = \frac{E_c}{E_l} \cdot \frac{X}{Y} \cdot \frac{\Phi(nY)}{f(nX)} = \frac{E_c}{E_l} \cdot \frac{X^2}{Y^2}$$

同理，

$$\frac{\psi'}{F'} = \frac{G_c}{G_l} \cdot \frac{X}{Y} \cdot \frac{\psi(mY)}{F(nX)} = \frac{G_c}{G_l} \cdot \frac{X^2}{Y^2} \;*$$

因而，由于德国被迫支付赔款，使以布料计价的亚麻价格降低从而不利于德国（即实际进出口交换比率不利于德国）的条件是，$\frac{E_c}{E_l}$ 在数值上大于 $\frac{G_c}{G_l}$，或者说，$E_c G_l > E_l G_c$。也就是说，实际进出口交换比率不利于德国的条件是：典型美国人和典型德国人各自放弃本国商品的边际厌恶弹性的乘积大于其各自占有外国商品的边际欲望弹性的乘积。因而，如果（1）不论是赔款支付国还是

---

* 该公式中 $F(nX)$ 应为 $F(mX)$。——译者注

赔款接收国，其放弃本国商品的边际厌恶弹性越大，（2）不论是赔款支付国还是赔款接收国，其对外国商品的边际欲望弹性越小，那么进出口交换比率就会愈加不利于赔偿支付国。

§12 该公式一个非常重要的意义是，如果 E_c 和 G_c，或者 E_l 和 G_l 双双为无穷大，也就是说，对于美国和德国而言，如果布料或者亚麻的边际效用是常数，那么征缴赔款不会影响两国的进出口交换比率。这符合众所周知的国内贸易理论，即如果对于无论什么商品都向销售者征收一次性的货币税，并转移给购买者，那么只要货币边际效用对买卖双方都没有发生变化，商品的价格就不会改变。

§13 该公式还具有更多的意义。公式所包含的是四种数学极限，下面我将以日常语言来说明其意义：

第一，如果典型美国人放弃美国商品的边际厌恶弹性 E_c 无穷大，且其他几个弹性都不是无穷大，进出口交换比率一定会不利于德国，因为当美国人为获得原数量的德国商品而放弃更少量（由于赔款）的美国商品将其出口的时候，美国商品对美国人的边际效用一点也没有减少。结果，如果保持原进出口交换比率不变，他们会继续采购原有数量的德国商品，只不过现在的情况是，一部分通过购买，另一部分则是通过赔款。但是，此时德国的情况却是一方面要牺牲同等数量的德国商品，另一方面获得比以前少的美国商品。因此，对于德国人来说，美国商品的边际效用增加了，而德国商品的边际效用保持不变。所以，德国必须加大商品总发送量才能保持均衡，于是，进出口交换比率就变得不利于他们了。

第二，该公式表明，如果德国放弃德国商品的边际厌恶弹性 G_l 无穷大，且其他几个弹性都不是无穷大，则实际进出口交换比率一定会不利于德国，因为尽管德国放弃了更多的德国商品，但其边际厌恶弹性却一点也没有增加。结果，德国虽然不得不拿出一些商品来购买赔款收据*，它的贸易条件却未得到改善，也就没有激励以进口原有数量的美国商品。因此，如果保持原进出口交换比率不变，他们需继续进口原有数量的美国商品，不仅要付出原有数量的德国商品，还要再赔上购买赔款收据的商品。但是，此时的美国则是以放弃同等数量的美国商品来获得更多的德国商品。因此，对于美国人来说，德国商品边际效用减少了，而美国商品的边际效用保持不变。所以，美国必须减小商品总发送量才能保持均衡，于是，德国就得做好准备为每件商品支付更好的价格。

第三，该公式表明，如果美国进口德国商品的边际效用弹性E_l无穷大，且其他几个弹性都不是无穷大，则实际进出口交换比率一定会有利于德国，因为美国获取德国商品的边际效用一点也没有减少，而考虑到德国赔款，其获得的德国商品更多。结果，如果保持原进出口交换比率不变，美国人会继续出口原有数量的美国商品。但是，此时的德国在获取原有数量的美国商品的同时，也在放弃更多的德国商品。因此，对于德国人来说，美国商品的边际效用没有改变，而德国商品的边际效用却增大了。所以，德国商品的总发送量必须降到没有赔款时的水平以下，才能保持均衡。这只有在进出口交换比率转向有利于德国的时候才能实现。

第四，该公式表明，如果德国进口美国商品的边际效用弹性G_c无穷大，且其他几个弹性都不是无穷大，则实际进出口交换比

---

* 即交付商品获得收据，此处指履行赔款义务。——译者注

率一定会有利于德国，因为德国获取美国商品的边际效用一点也没有增加，而能获得的美国商品却减少了。结果，如果保持原进出口交换比率不变，德国会继续出口原有数量的德国商品，虽然其出口所能换回的美国商品减少，这却能够以德国购买赔偿收据以外的商品剩余来购买。但是，此时的美国在获取原有数量的德国商品的同时，所放弃的美国商品也减少了。因此，对于美国人来说，德国商品的边际效用没有改变，而美国商品的边际效用则减小了。所以，美国商品的发送量必须增加到这些情况下本应有的水平以上，才能保持均衡。这只有在进出口交换比率转向有利于德国的时候才能实现。

§14 在进行上述抽象分析的基础上，接下来，我们探究一下现实当中一般我们会遇到什么情况。有一个重要的考虑因素如下。对于一定数量的商品，某人放弃它的边际负效用必然等于该人持有它的边际效用；但同样在给定数量的条件下，当我们客观地论及持有该商品的边际欲望（或者更准确地说，使用该商品的边际欲望）和放弃该商品的边际厌恶的时候，边际效用弹性并不等价于边际负效用弹性。因而，假设一位典型美国人放弃布料的数量为 nX 单位，持有的数量为 $n(A-X)$ 单位。对于上文所述前两种弹性，第一种仍然叫作 E_c，跟以前一样，第二种则改称为 P_c。另外，将持有第 $n(A-X)$ 单位布料的边际效用记作 U，该值必然等于放弃第 nX 单位布料的边际负效用。于是有

$$E_c = \frac{\Delta X}{X} \div \frac{\Delta U}{U}$$

$$P_c = \frac{\Delta X}{A-X} \div -\frac{\Delta U}{U}$$

第十九章 赔款与进出口交换比率（或贸易条件） 205

$$\therefore E_c = -\frac{A-X}{X} \cdot P_c$$

同理，将 Q_l 记作典型德国人使用亚麻的边际欲望弹性，我们有

$$G_l = -\frac{B-Y}{Y} \cdot Q_l$$

在没有特别声明的情况下，我们可以假设人们使用国产商品的边际欲望弹性和使用数量相同的进口商品的边际欲望弹性，二者是相等的。由此，我们可以进一步假设 P_c 约等于 E_l，Q_l 约等于 G_c。于是有

$$E_c = -\frac{A-X}{X}E_l \quad 及 \quad G_l = -\frac{B-Y}{Y}G_c$$

$$\therefore E_c G_l = E_l G_c \frac{A-X}{X} \cdot \frac{B-Y}{Y}$$

将世界其他地区视为一个经济总体，其经济体量要远远大于任何一个与其进行贸易的国家。该经济总体内生产的商品，在经济总体内的消费占其出口的比重，显然要大于所对应的一国产品在该国国内的消费占其出口的比重。因而，如果我们假设德国产品一般出口六分之一，世界其他地区经济总量是德国的七倍，则有 $\frac{B-Y}{Y}$ 大概等于5，$\frac{A-X}{X}$ 大概等于35。在没有特别声明的情况下，我们可以预期 $E_c G_l$ 要远大于 $E_l G_c$。因此，进出口交换比率大概率将会不利于赔款支付国。至于赔款支付国与赔款接收国哪个体量更大，倒不涉及实质问题，这可能与某些预期相左。

§15 我们所断言的"大概率"是基于如下假设，即在没有特别声明的情况下，典型美国人和典型德国人各自使用其国货与使用其进口货的欲望弹性是大致相等的。如果我们具备某种特别声明，即某些特定的进口商品的边际欲望与国产商品相比——在赔款支付国

或者在赔款接收国或者在双方国家都是如此——具有异常的弹性，那么该概率就被削弱了，甚至可能被逆转，这是可以想见的。

§16 我们的讨论还可以再往前走一步：按照我们提出的这几个"弹性"来近似地计算在不同情况下进出口交换比率有利或不利于德国的程度。这种"近似"是基于假设 R、ΔX、ΔY 相对于 X、Y 都非常小，因而其平方或者乘积可以忽略不计。如果赔款超过赔款前——不论是赔款支付国还是接收国——出口价值的，比方说，十分之一，我们就不能保证这种近似的可靠性了。如前，我们同样将 $\frac{X}{Y}$ 记作赔款前美国布料和德国亚麻之间的进出口交换比率，即购买一单位亚麻所需要的布料的数量；将 $\frac{X+\Delta X+R}{Y+\Delta Y}$ 记作赔款后的交换比率；将 $\Delta\frac{X}{Y}$ 记作后者减去前者的差额。选择适当的单位以使 $X=Y$，于是，我们有 $\Delta\frac{X}{Y}=\frac{\Delta X-\Delta Y+R}{X}$。通过一系列艰苦的代数运算，其含义大致可以表示为

$$\Delta\frac{X}{Y}=\frac{R}{X}\left\{\frac{E_l G_C - E_C G_l}{E_l G_C(1+E_C+G_l) - E_C G_l(1+E_l+G_c)}\right\}$$

显然，如果 $\Delta\frac{X}{Y}$ 为负，那么进出口交换比率就会不利于德国；反之，如果 $\Delta\frac{X}{Y}$ 为正，那么进出口交换比率就会有利于德国。经思考可知，在获得固定收益的条件下，[①] E_c 与 G_l 本身即为正，而 E_l

---

① 参阅前文，本章第 2 节。

与 G_C 本身即为负。因而，该 $\Delta\frac{X}{Y}$ 表达式的分母一定为正，而整个表达式是正还是负，则由 $E_C G_l$ 大于还是小于 $E_l G_C$ 来决定。这与我们本章第 11 节的结论是完全一致的，即进出口交换比率究竟会有利于还是不利于德国，由 $E_C G_l$ 大于还是小于 $E_l G_C$ 来决定。

第十九章注释

乍看起来，人们可能认为，每年从德国向美国转移固定数额的贷款，在不考虑随后利息支付的情况下，其效果一定是与赔款转移的效果相同。但事实并非如此。如果贷款的原因是美国来提供更好的投资机会，从而德国被诱导将其商品运往美国以购买有价证券，那么，事实上，这种情况与赔款支付所产生的情况类似；所购买的有价证券的凭证完全与赔款免除凭证相对应。在这种情况下，进出口交换比率"可能"会有利于德国，但更可能会不利于德国。然而，如果贷款的原因是美国人对德国商品的欲望增强了，那么真正的进出口交换比率"必然"会变得有利于德国。这种有利尚达不到倘若发生下面这种情况时的程度，即美国无法在提供美国商品的同时提供有价证券来支付其额外购买的部分款项。但在某种程度上，交换比率一定会对德国有利。基于同样的原则，如果欧洲诸国由于五谷歉收而不得不向美国购买更多的粮食，那么进出口交换比率，即贸易条件，必然会有利于美国，即使美国接受一些在欧洲的新投资作为偿还的一部分。

第二十章　国际金本位制下赔款对价格的影响

§1 本章的目的不是要构建，而是要扫清一个难题，即在德国赔款成为众人瞩目的焦点之时引发热议的价格问题。我们假定德国与整个外部世界（用美国来代表）通过国际金本位制连接在一起。从德国到美国，运输成本在赔款前和赔款后相差无几。因而，在不考虑运输成本的前提下，美国商品的黄金价格在两国是一样的，德国商品的黄金价格亦是如此。如果支付赔款导致进出口交换比率不利于德国，则德国商品的黄金价格相对于美国商品的黄金价格下跌；反之则上涨。这是显而易见的。不过，要想弄明白是什么导致两国总体价格水平下降，我们首先需要准确定义总体价格水平。

§2 首先我们将之定义为一国国内全部商品的价格水平——我们假设该国只生产一类商品，或者，即便生产多类商品，这些商品也是始终按照同样的配比进行生产，这样就规避了价格指数问题。于是，倘若美国价格水平保持不变，德国在支付赔款之时，其价格水平会随着实际进出口交换比率有利或不利于德国而有相应的涨跌波动。正如我们所见，由于实际比率有利于德国这种可能性微乎其微，因而总体价格水平上涨的可能性也同样微乎其微；

不过，这种可能性"依然"存在。

§3 如果我们将总体价格水平定义为在赔款开始之前一国国内所消费的商品集合（即复合商品）的价格，或者定义为在赔款开始之后一国国内所消费的商品集合的价格，或者定义为任何一个中和了这两个商品集合的复合商品的价格，那么这个问题就更加复杂了。不过，只要两国当中每个国家的进口价值都小于其国产商品消费价值，那么根据上述任何一个定义所计算的总体价格水平，都将与上一节所描述的情况基本一致，其涨跌很可能（虽然不能说是绝对）会以同样的方式受到赔款支付的影响。如果美国总体价格水平保持不变，德国在支付赔款之后，其总体价格水平上涨的可能性微乎其微——但并不能完全否认这种可能性。

§4 如果美国的价格水平保持不变，则理论上讲，德国价格水平有可能上涨——这种观点，对于某些人来说，站在货币的角度，简直就是赤裸裸的诡辩，因而"一定"是假的。他们坚持认为，除非德国价格水平相对于美国价格水平下降，否则赔偿商品走出德国进入美国"绝无可能"。他们认为，如果考虑货币机制，这个结论是很明显的。作为推论，上一章所得出的结论（大意是说，在某些可以想见的情况下，施加赔款义务会使实际进出口交换比率有利于德国）必然是错误的。因而，货币分析与非货币分析看似会导致不同的结果。下面，我就解释一下这个事情。

§5 我认为，上一段中所谓的货币分析（姑且如此称之谓之）完全误解了货币机制的运转方式，因而是不正确的。为了予以说明，我们假设如下情况，即支付赔款不曾左右实际进出口交换比率，因此，所有的贸易依然如往常一样进行，而赔款支付则是在此之上进行。如此，则两国的价格水平均不会发生变化。货币机制不会造成什么困难。两国以同样的货币总成本生产同样数量的商品，这与以前没什么两样，因此，它们也将获得同样的货币总收入。但是，赔款支付国德国每年都要从其货币收入当中拿出比方说5000万英镑的黄金无偿转移给赔款接收国美国。这笔黄金并不留在美国，而是在收到之后立即交回德国用以购买其赔款商品。货币机制本身既不会阻止此类事情的发生，也不会限制其无限期地进行下去。我们也不难设想一种使德国价格水平上涨的货币安排。5000万英镑依然每年都以黄金形式交给美国，之后又交回给德国来购买赔款商品，但在这种情形下，贸易商品的均衡被打乱，不利于美国。为恢复均衡，其他的黄金会从美国移至德国，并且留在德国。这样一来，德国的货币总收入和价格水平双双提高，高于以前。当然，我并不是说这种情况可能会发生。恰恰相反，正如我上一章所明确讲到的，这种情况极不可能发生。我这里只是想说明，在国际金本位制下，货币机制与非货币机制对赔款的分析，二者的结果并无二致。

第二十一章　赔款接收国从赔款支付国获得的净收益

§1 在第十九章，我们假设赔款接收国对赔款已经做了充分的调整，因而就业水平不会受到影响，既可以享受到无偿从国外获得商品的益处，也不会因此而导致国内工薪一族丢了工作。

§2 如果由于赔款，进出口交换比率变得不利于赔款支付国，相应地就会有利于赔款接收国，那么显然后者所获得的国外收益将超过赔款额。如前所述，我们依然假设赔款接收国生产布料，赔款支付国生产亚麻，收益来源于以布料衡量的等于赔款价值的亚麻；此外，由于赔款接收国在获得作为赔款的亚麻之后继续购买亚麻，还要加上因此而导致的亚麻跌价（其价格同样以布料来衡量）所带来的收益。不过，由于实际上赔款接收国因为赔款的原因，在付出更少的布料的同时获得了更多亚麻，因而外国收益就涉及两个项目，而这两个项目的相对价值在赔款前和赔款后是有差别的。故此，对于那些想把亚麻进口增加那部分收益和布料出口减少那部分收益相加起来的人来说，并没有一个单一的、清晰的以布料表示的亚麻价格，能够借此来把二者结合起来，从而以布料的数量来表示整个的价值。因而，要想衡量其总量，任何对国外收益的定义必然包含一定程度的歧义。然而，幸运的是，

当我们假设 R、ΔX、ΔY 相对于 X、Y 都非常小（这也就是第十九章第16节公式的前提条件）时，这种歧义可以忽略不计。收益的值（以布料计）为 ΔY 的亚麻减去 ΔX 的布料，即 $(\Delta Y - \Delta X)$，计价单位为布料。从我们刚才所提到的第十九章第16节的公式可知，选择适当的单位以使 $X=Y$，则有 $\Delta\frac{X}{Y} = \frac{\Delta X - \Delta Y + R}{X}$。因此，收益（记作 C）为

$$C = (\Delta Y - \Delta X) = R\left(1 - \frac{X}{R} \cdot \Delta\frac{X}{Y}\right)$$

即赔款额加上[*]赔款接收国在以前没有赔款时的出口额乘以对其有利的进出口交换比率相应的增量。按照第十九章的表达方式，可以写作

$$C = R\frac{E_l G_C (E_C + G_l) - E_C G_l (E_l + G_C)}{E_l G_C (1 + E_C + G_l) - E_C G_l (1 + E_l + G_c)}$$

§3 如我们所知，由于 E_c 与 G_l 本身即为正，而 E_l 与 G_C 本身即为负，C 不可能为负或者为零。因此，赔款接收国一定从赔款支付国获得了某种净收益。鉴于一般情况下，进出口交换比率会对赔款接收国有利，那么一般来讲，C 不仅一定为正，而且会大于 R。不难看出，当布料或者亚麻的边际效用在两国均为常数的时候，即 E_C 与 G_c（或者 E_l 与 G_l）双双为无穷大的时候，不管其他的弹性如何，$C=R$。进一步来讲，由于我们的表达式具有完全的对称性，显然，无论赔款接收国是整个世界其他地区——美国，还是

---

[*] 此处根据公式，看起来应为"减去"而不是"加上"，但由于贸易条件对赔款接收国有利，因而 $\Delta\frac{X}{Y}$ 值为负，故而，作者原文为"加上"。——译者注

第二十一章 赔款接收国从赔款支付国获得的净收益

单一的小国——德国，借由一定规模的赔款而获得的收益都是相同的。这可能出乎很多人一开始的预料。

§4 我们还可以进一步分析一下更为具体的情况。根据第十九章第 14 节的假设，我们的公式简化为

$$C = R \frac{-210E_l - 180G_C}{-210E_l - 180G_c - 174}$$

在这种情况下，显而易见，不仅 $C>R$，而且 $-E_l$（或者 $-G_C$）越大，C 比 R 越大，即赔款接收国或者赔款支付国对于进口的边际欲望弹性越大，C 比 R 越大。如果我们进一步假设 $E_l = G_C$，即美国和德国的进口欲望弹性相同，那么 $C = R \frac{-390E_l}{-390E_l - 174}$。倘若两国中任何一国的进口边际欲望比国产边际欲望更具弹性，而非二者弹性相等，那么根据第十九章第 15 节，C 就变小了；反之，则变大。

第二十二章 进出口的统一从价税

§1 本章，我们暂忽略一个事实，即国际交易包括发放、接收当前贷款，以及偿还过去贷款的利息。我们想象有这么一个国家，面对其余整个外部世界，只是以出口布料来换取进口亚麻。正如第十九章，我们假定该国与外部世界的生产总效力相当，不受一般统一税（general uniform tax）的影响；我们也不考虑税收收益增减所带来的复杂性，尽管税收所得在处理具体的进出口关税的时候起着重要的作用。

§2 毫无疑问，只要政府在任何一种情况下都以同样的方式使用税收所得，那么将一般从价税加在外汇交易的哪一方并不重要。马歇尔对此曾经论述道："为使分析具有普遍性，全能商人（即既做进口也做出口）是唯一需要研究的对象。确实，出口商更倾向于把缮制的货物单据卖给这样的进口商，双方各自承担一半的费用。不过，这只是因为进口商之间竞争太激烈了，如果一位进口商为使自己获得过多的利润而开出的条件太差，那单据就会被卖给其他进口商。对从事 20 万英镑全能业务的出口商而言，把出口贸易的 1 万英镑税款改为进口贸易的 1 万英镑税款（征收日期相同），其差额为零。不论哪种情况，该税只会对那些外国市场相对饱的出口商品和英国市场相对饱和的进口商品进行征税。"[1]当一个国家的一部分进口由偿付过去贷款利息的货物组成,或者由国外的新投资组成,抑或当其出口包含类似的因素的时候,马歇尔这种简单的陈述就需要做一些修改了。其实,如果我们将支付利息的收据和新投资的凭证作为开展贸易的条款,我们可以将之扩展到所有的国际贸易关系当中,并明确做出断言,对一个国家全部进口商品按其货币价值的一定比例进行征税,与对该国全部出口商品按其货币价值的相同比例进行征税,其结果是一样的。不过,我在此并不准备利用这一扩展。

§3 抛开新的贷款和过去贷款的利息不论,一般的进口税和一般的出口税,实质上都是资源税,即对"生产"进口商品所占用的资源征税,而所谓"生产"进口商品则是通过制造出口商品来换取进口商品的间接过程。因而,除了它们能够确保使征税国能够从外国人获得收益之外,这种税属于第九章所讨论的一般税种。众多税种中,分配给它们的那部分应当根据该章所述的考虑因素来确定。关于这些问题,已经没有什么可进一步讨论的了。但是,"从纯粹的国家的角度来看",既然可以从外国人那里强行敛税,获取收益,那么显然有理由把这些税收扩大到超出第九章分析所建议的范围之外。因此,有必要问一问,实际上在多大程度上以及在什么情况下,能从外国人那里取得重大的收益。这正是本章的主要目的所在。

---

[1] 该引用源于私人笔记。同样的观点以不同的措辞出现在 *Money, Credit and Commerce*, pp. 180—182。

§4 首先我们来看，尽管对于任何一个国家来说，只要税收的收益依同样的比例用于布料和亚麻，把 10% 的货币税加之于进口还是加之于出口是无关紧要的，但是，这些比例本身却并非无关紧要。如果全部的收益都使用在布料上面，那么该税实质上是对布料征收的实物税；反之，就是对亚麻征收的实物税。这两类税并不是一回事。由此可知，为了精确地解决税收归宿*的问题，正如我们现在要做的在布料生产者和亚麻生产者之间分摊税收负担这件事，我们务须指明税收收益分别用于布料和亚麻的比例。在完成这一步之前，还不能说这是一个界定明确的问题。好在这一点并不难解决。一般而言，除了战争外债，各国政府大量的支出都是由本国国民负担的。因而，如果我们将布料生产者作为征税国，我们就有理由假定，所征收的全部外贸岁入都将花费在布料上。按照马歇尔的论述[①]，我将集中探讨此类赋税所代表的问题，即其全部税收收益悉数用于上述方式的支出。

§5 假定税率很低，可以按照第二十一章的方法定义外国人的贡献。将 ΔY 记作亚麻进口的增值，将 ΔX 记作布料出口的增值——二者皆有可能为负值。选择适当的单位以使 $X=Y$，以布料计价，我们可以将此收益表示为 ΔY 乘以亚麻的税前价格减去 ΔX，即乘以 $(\Delta Y - \Delta X)$。将税率记作 t，以布料计价，将 Δp 记作亚麻价格含税后的增值，于是，$(t-\Delta p)$ 为不含税（即尚未完税）的价格下降值，我们有

---

* 税收归宿，简言之，即是指税收负担在市场参与者中的分摊方式。——译者注
① *Money, Credit and Commerce*, p. 181.

第二十二章 进出口的统一从价税

$$t = \frac{R}{Y + \Delta Y}; \quad \Delta p = \frac{\Delta X - \Delta Y + R}{Y + \Delta Y}$$

于是，$(t - \Delta p) = \dfrac{\Delta Y - \Delta X}{Y + \Delta Y}$

因此，$\Delta Y - \Delta X = \dfrac{t - \Delta p}{t} R$

我们的问题是研究在 R 一定的情况下该表达式中的各个元素，以确定表达式的大小。

§6 在第十九章第 9 节，当美国向德国（假定这两个国家代表整个世界）收取赔款时，我们给出了相应表达式的基本方程。用同样的表示符号，假设美国针对德国进口征收以布料计价的税率为 t 的进口从价税，在这种情况下，我们得到如下方程式：

$$\frac{\Phi(nY)}{f(nX)} = \frac{X}{Y} \tag{Ⅰ}$$

$$\frac{\psi(mY)}{F(mX)} = \frac{X}{Y} \tag{Ⅱ}$$

这两个方程与之前无异，但接下来的两个就不同了，具体是

$$\frac{\Phi\{n(Y + \Delta Y)\}}{f\{n(X + \Delta X)\}} = \frac{(X + \Delta X)}{(Y + \Delta Y)} \tag{Ⅲ}$$

$$\frac{\psi\{m(Y + \Delta Y)\}}{F\{m(X + \Delta X)\}} = \frac{X + \Delta X}{Y + \Delta Y} - t \frac{X}{Y} \tag{Ⅳ}$$

跟前面一样，我们选择恰当的单位，使 $X=Y$；并忽略 ΔX、ΔY 和 t（当然，t 值近似等于 $\dfrac{R}{X}$）三者的平方和乘积[①]。以此为基础，通过

---

① 也有必要假设 Φ' 和 f' 并不是特别大，即弹性 E_i 和 E_c 不是特别小。否则的话，当它们与 Φ' 或者 f' 相乘的时候，我们就不能忽略它们的乘积。

第十九章第16节那种代数运算，我们得到

$$\Delta p = \Delta \frac{X}{Y} = t \frac{G_C G_l (E_c - E_l)}{E_l G_C (1 + E_c + G_l) - E_c G_l (1 + E_l + G_c)}$$

鉴于已知的 E_c、E_l、G_C、G_l 等的含义以及之前的发现，除了极其特殊的情况，该表达式必然为正值。也就是说，当亚麻价格被视为含税价格时，进出口交换比率"不利于"征税国；当被视为不含税价格时，则有利于征税国。

§7 此外，德国给美国带来的净收益，表达式为 $\frac{t - \Delta p}{t} R$，我们记作 C'，经过代数运算，结果为

$$C' = R \frac{E_l G_C (E_c + 1) - E_c G_l (E_l + 1)}{E_l G_C (1 + E_c + G_l) - E_c G_l (1 + E_l + G_c)}$$

除了极其特殊的情况以外，该表达式必然为正值。也就是说，征税国必然从另一国强行取得某些净收益。根据第十九章第14节的假设，上述公式可以简化为

$$C' = R \frac{-210 E_l - 174}{-210 E_l - 180 G_c - 174}$$

那么，显然，由于 E_l 与 G_c 本身为负，净收益必然小于 R。此外，在赔款规模同等大小的情况下，收益值 C 越大，则 E_l 或者 G_c 的数值就越大；C' 越大，则 E_l 越大，或者 G_c 越小，即征税国（美国）进口边际欲望的弹性越大，纳税国（德国）相应的边际欲望弹性越小。大家注意到，当 $-E_l$ 趋近于无穷大的时候，C' 趋近于 R；当 $-G_c$ 趋近于无穷大的时候，C' 趋近于零。如果 E_l 与 G_c 相等，我们的公式可进一步简化为

第二十二章 进出口的统一从价税

$$C' = R \frac{-210E_l - 174}{-390E_l - 174}$$

§8 当然,上述公式是基于第十九章第 14 节的基本假设,即 $P_c = E_l$ 且 $Q_l = G_c$,也就是说,在我们的这两个国家里,进口边际欲望的弹性等于国内产品相应的弹性。如果美国对进口的边际欲望比其对国内产品的边际欲望更具弹性,即 $E_c < -35E_l$,那么这对 C' 值的影响跟 $-E_l$ 越大时对 C' 值的影响是一样的,即这意味着 C' 越大。同理,如果德国对进口的边际欲望弹性比其对国内产品的边际欲望弹性更小,这同样会使 C' 更大。

§9 这些讨论并非无源之水,而是与下面这个问题相关:英国能够在多大程度上以进口税的方式向外国人"征税"?马歇尔坚持认为,一个世纪以前,这个国家实际上是唯一一个能够让外国人购买到蒸汽机制造的产品的地方,当时,蒸汽机在其他地方并不普遍;也是唯一一个能够让外国人购买到热带产品的地方,因为英国有专用设施来获取这些产品。[①] 我们的出口中有很大一部分都是由这些东西组成的,外国对我们这些东西的需求迫切,自然是高度刚性的。因而,外国对英国商品的欲望是异常刚性的;与此同时,却没有相应的影响使英国对外国的商品的欲望也同样做到异常刚性。而目前,除我们之外的很多国家都生产蒸汽机制造产品,因此,排除战争因素,外国人已经无须再被迫向我们寻求他们需要的东西;而我们从国外进口的主要产品是我们所需的食品和工业原材料——对这些产品,我们的边际欲望弹性很可能比我们对国内产品

[①] *Money, Credit and Commerce*, p. 192.

的边际欲望弹性要小得多。现在，这些事实可能使英国在"向外国人征税"方面处于弱势地位——比一个世纪之前要弱得多。

§10 上述各节所做的分析不同于本书早先几版。在前几版中，按照马歇尔的论述，我设想有 A 国和 B 国，A 国需求函数表示以 A 国商品定价的 B 国商品在不同定价时的不同需求数量；B 国以相应的需求函数表示以 B 国商品定价的 A 国商品在不同定价时的不同需求数量；以及一个供给函数，以明确的数学关系，表示以 A 国商品定价的 B 国商品在不同定价时的不同供给数量。分别以 η、γ 和 e 表示 A 国需求、B 国相应的需求和不征税情况下 B 国供给，我们发现，当 A 国征收进口税或者出口税，产生税收收入 R 时，从 B 国获取的净收益等于 $\dfrac{\eta}{\eta-e}R$，或者，由于很容易证明 $e=-(\gamma+1)$，① 因而净收益等于 $\dfrac{\eta}{\eta+\gamma+1}R$。不论是征收从量税（每

---

① 这个结论可以证明如下。弹性 e 是用亚麻总供给的一个小比例变化除以以布料计量的每单位亚麻的相应比例变化所得到的商。以亚麻计量的国外对布料的需求弹性 γ，并非是简单地把弹性 e 改一个正负号，而是布料总需求的一个小比例变化除以以亚麻计量的每单位布料的相应比例变化所得到的商。这说明二者根本不是一回事。当然，其间的差异是弹性概念本质上不对称的结果，可以用符号来说明。令 b 单位的亚麻与 a 单位的布料相当，则 $(b+\Delta b)$ 的亚麻与 $(a+\Delta a)$ 的布料相当。那么，对应于一定数量的亚麻，比如 b 单位的亚麻，γ 的值（定义为负值）可由如下方程式给出：

$$\gamma\left[\left\{\frac{b+\Delta b}{a+\Delta a}-\frac{b}{a}\right\}\div\frac{b}{a}\right]=\frac{\Delta a}{a}$$

$$\therefore\ \gamma=\frac{\Delta a}{a}\div\left\{\frac{a(b+\Delta b)}{b(a+\Delta a)}-1\right\}=\frac{b\Delta a\{a+\Delta a\}}{a\{a\Delta b-b\Delta a\}}$$

$$\approx\frac{b\Delta a}{a\Delta b-b\Delta a}$$

同理，对应于 b 单位的亚麻，以布料计价的亚麻供给弹性，即 e，可由如下方程式给出：（转下页）

第二十二章　进出口的统一从价税

卖出一单位的亚麻就征收一定数量的布料）还是从价税（按售出亚麻的总价值来征收一定百分比的布料），只要供求曲线为直线，这一公式都是准确的。如果税收足够小，使得在相关范围内，像马歇尔在对国内普通贸易的分析中所设想的那样，供求曲线不显著偏离直线，那么可以认为这一公式提供了一个适当的近似值。

§11 如果美德两国布料的边际效用都能完全地被视为常数——想一想在国内贸易中，当税收影响到某商品的产量时，我们是如何对待货币边际效用的——如果我们此时能够像彼时对待货币边际效用那样对待布料边际效用，那么上述过程还是有充分根据的。这种情况下，在本章第 7 节所给出的 C' 公式中，E_C 和 G_C 都会是无

（接上页）

$$e\left[\left\{\frac{a+\Delta a}{b+\Delta b}-\frac{a}{b}\right\}\div\frac{a}{b}\right]=\frac{\Delta b}{b}$$

$$\therefore e=\frac{\Delta b}{b}\div\left\{\frac{b(a+\Delta a)}{a(b+\Delta b)}-1\right\}=\frac{a\Delta b\{b+\Delta b\}}{b\{b\Delta a-a\Delta b\}}$$

$$\approx\frac{a\Delta b}{a\Delta b-b\Delta a}$$（分母应为 $b\Delta a-a\Delta b$。——译者注）

因而，e 不等于 $-\gamma$，但 e 与 γ 之间有关系，即 $\gamma+e=-1$。

由此，我们马上可以得到如下结果：

第一，如果 γ（或 e）的值在 -1 和 0 之间，那么 e（或 γ）的值也一定在这个区间，且二者均为负值。如果其中之一的值为 $-\frac{1}{2}$，另一个也必为 $-\frac{1}{2}$，在这种情况下，$\gamma=e$。

第二，如果 γ（或 e）的值为 0，那么 e（或 γ）的值为 -1。因而，以亚麻计价的布料的需求由直角双曲线来表示，那么以布料计价的亚麻供给将是完全刚性的。无须任何数学技巧，只要我们稍微思考一下所使用的这两个术语的意义，就会发现这是必然的。

第三，如果 γ 的值为负，并且绝对值比单位 1 大，那么 e 一定为正。如果 γ 的绝对值只比单位 1 大一点点，比方说为 $1\frac{1}{10}$，那么 γ 的绝对值相应地会远大于 e 的值。但是，当 γ 变成一个很大的负数时，e 就会变成一个很大的正数，在数值上接近 γ。因而，如果 $\gamma=-2$，则 $e=-1$，但如果 $\gamma=-10$，则 $e=-9$。

穷大，而该公式也会简化为 $C' = R\dfrac{E_l}{E_l - G_l}$。另外，由于在这些条件下，显然对亚麻（以布料计价）的需求弹性等于对亚麻的欲望弹性，而对亚麻（以布料计价）的供给弹性等于放弃亚麻的厌恶弹性，所以 E_l 等于 η，而 G_c 等于 e。因而，在这种特定的假设情况下，C' 的值为 $R\dfrac{\eta}{\eta - e}$，如本章第 10 节所示。但是，仔细考虑一下就会发现，对于我们在这里要处理的这类问题，布料的边际效用"不能"完全被视为常数。这一事实破坏了前一段所述处理方法的逻辑基础，因为那种方法是基于这一假设的，即假设存在需求函数和对应的供给函数，用曲线将两个变量连接起来；在征收进出口税的时候，可以这么说，这些曲线"保持不变"。但这是不可能的。相反，只要征税国从纳税国获得收益，两条曲线都会发生扭曲，就像在支付赔款时那样。[①] 这意味着一定进出口规模的供求弹性，在有无赔款或者赋税的情况下，是不一样的，因而不能用来决定这些税款的结果。因此，在可以合理假设真实生活的任何条件下，本章第 7 节所述的更为复杂的分析都是必要的。

§12 在我们对赔款的研究中，在一定条件下，一个国家（即德国）向世界其他国家收取一定规模的赔款，或者世界其他国家向德国收取同样规模的赔款，鉴于 C 表达式的对称形式，这两种情况下的收益额是一样的，只不过获益方不同。但是，以进口税的方式征税，情况就不一样了，因为 C' 的表达式不是对称的。根据

[①] 参见 Pigou and Robertson, *Essays and Addresses*; Robertson 的论文, "The Transfer by Problem", p. 180。

第十九章第 14 节的假设，美国对德国征税，以布料核定税额，以获得 R 单位布料的税收收入，则

$$C' = R \frac{-210E_l - 174}{-210E_l - 180G_c - 174}$$

但如果德国对美国征税，以亚麻核定税额，以获得 R 单位亚麻的税收收入（其价值相当于 R 单位布料税前的价值），则

$$C' = R \frac{-180G_c - 174}{-210E_l - 180G_c - 174}$$

我们进一步假设 $E_l = G_c$，则上述表达式分别变为

$$R \frac{-210E_l - 174}{-390E_l - 174} 和 R \frac{-180E_l - 174}{-390E_l - 174}$$

因而，以美国为征税国，美国从外国获得的收益是以德国为征税国时德国相应收益的 $\frac{-210E_l - 174}{-180E_l - 174}$ 倍。纯粹为了说明问题，我们让 $E_l = -3$，可以算出美国收益是德国收益的 $\frac{5}{4}$ 倍。

§13 以常识来说，通过征收进口税来产生一定的岁入，显然不能使一个国家像收取同等赔款那样，对外国人施以重税。我们的公式为此提供了正式的证明。以美国为征税国（这一情况对进口税计划更为有利），

$$\frac{C'}{C} = \frac{E_l G_c (E_C + 1) - E_C G_l (E_l + 1)}{E_l G_c (E_C + G_l) - E_C G_l (E_l + G_c)}$$

该表达式分母的第二项必须远远大于分子中相应的项，因为 G_c 为负值；公式中的第一项也必须如此——除非出现了下面这个概率极小的情况，即 $G_l < 1$（G_l 本身为正）。因此，$\frac{C'}{C}$ 一定小于 1；又根

据第十九章第 14 节的假设，将其简化为 $\dfrac{-210E_l-174}{-210E_l-180G_c}$；如果假设 $E_l=G_c=3$，可以算出结果为 $\dfrac{39}{100}$。

§14 国际贸易伦理问题依然存在。即便一国政府能够通过向外国人征收进出口关税来使其本国公民受益，该国政府应不应该利用这种权力呢？这一问题显然与第十八章第 6 节所讨论的问题具有同样的普遍性特征，单靠我们自己而不考虑他国的行为，是不可能得到解决的。目前来看，我们如何去做取决于外国如何去做：如果他们向我国人民征税获得岁入，那么在其他条件相同的情况下，我们就有理由向他们的人民征税获得我们的岁入。在这种意义上来说，那些受欢迎的争论者是对的，他们认为，英国自由进口的理由在现实世界中并不那么有力，因为在现实世界中没有其他国家允许自由进口。不过，说实话，一项旨在以外国人利益的损失为代价换取蝇头小利的关税政策（对于这样的政策，如果他们愿意，他们总是可以采取报复措施）将是既不明智又不值得的。除非别国的侵犯行为迫使我们陷入关税战，否则，我认为，我们绝不能动用进出口关税这一手段，目的仅仅在于盘剥一下外国人。如果基于其他理由，这类税确有征收的必要，那么言之为一种意外事件且向外国人征税幅度不高，并不能成为反对征收此类税的充分理由。但是，作为大的原则问题，我们可以提出，即使地位如英格兰这样的国家，对外国人大幅征收进出口税是可行的，这么做也是不可取的。

第二十三章　保护性关税

§1 保护性关税是一个处理起来令人感到棘手的问题，因为这些关税导致的影响具有双重性质。一方面，它们是增加税收的工具；另一方面，则是阻止国外商品与国内商品竞争的工具。一个明显的例子是当保护性关税设置得高到完全将被征税产品排除在国内市场以外时，这实际上等于禁止该产品进口，因而也不可能带来任何收入；另外一个例子是当需要在高税率和低税率之间做出选择时——两者经测算产生相同的收入，但其中一个会大幅降低进口额。不过，一般来说，第二个例子并不那么一目了然，有时候需要在所谓保护性关税作为收入的来源（优点）及其作为外国竞争的壁垒（优点？缺点？）之间进行权衡。

§2 从前一章的分析不难看出，在其他条件都相同的情况下，如果进口产品与国内产品有着竞争关系，那么对该产品所征收的进口税，很可能会高于对没什么竞争关系的产品（比如茶、咖啡等）所征收的进口税，即会从外国人那里强行取得更大比例的收益。其原因在于国内产品存在竞争对手会使我们对国外产品的需求更富弹性。因此，从这个角度来看，保护性进口税很可能比对非竞争性商品征收的进口税更能增加收入——我在这里是站在国家的立场上；不过，正如上一章第9节所述，外国人对我们的岁入贡献无论怎样都不大。另一方面，正如第九章第 18 节所示，除了能强制外国人缴纳点儿税以外，一般来说，就增加岁入而言，单独征收进口税可能不及进口税加同等的国内消费税，甚至赶不上单独征收消费税。我认为把这些彼此矛盾的因素放在一起讨论是合理的，这样，我们也可以顺理成章地得出结论：就增加岁入而言，一般来说，我们是对非竞争性商品征收进口税，还是对竞争性商品征收进口税并同时征收同等的消费税，抑或只征收保护性关税，即对竞争性商品只征进口税而不征消费税，这些都不是特别紧要。接受这一结论，我们的问题就简单多了。在评估征收保护性关税的提议时，我们可以完全忽略税收收入这一方面，而仅仅考虑它对造成竞争性壁垒的影响就可以了。

§3 在本章中，我们关注的是被视为"永久性"的保护主义制度，贸易保护与自由贸易的争斗，可以说是以永恒的方式（sub specie aeternitatis）在进行着。[①] 就此视角而论，我们有理由假设工资率一般情况下会自行调整，从而使两种制度下的平均失业率基本相同。没有人假设或曾经假设在这两种制度下都"不会"出现失业——尽管古典经济学家有时被指责暗示如此。我们所需要的是，我们在这两种制度之间的选择"不会对失业造成任何影响"。基于这个假设，竞争性进口并不是造成任何国家失业的原因；而平均进口额的减少也不会给该国带来就业率的显著（及持续）增长。相反，限制进口仅仅意味着阻止人们通过国内生产"和"国际

---

① 不论是出于保护性目的还是其他，为抵消不利的外汇收支可能造成的货币困难而以进口关税来干涉对外贸易，这一点将会在第三部分第五章第 16 节谈及，但在本书中未加详细研究。

交换来获得某些商品,并迫使他们仅能通过国内生产来获得这些(或其他)商品。然而,可以推测,如果人们更喜欢这种迂回似的方式,那么他们是希望通过这种方式以一定的生产力支出获得更多他们想要的商品。毫无疑问,他们可能会犯错,也可能会发现自己上当受骗。不过,一个人选择将什么作为他的直接物质利益,一般来说,实际上也更可能会心想事成,而不是庙堂之上掌控关税的官员所希望加在他身上的那种方式。因而,客观上的确有充分的理由做出判断,政府干预竞争性进口商品的自然流动是会遭到反对的。

§4 但是,这一判断并不具有决定性。显然,在以军事或社会理由而主张的保护性关税面前,这种判断就不是决定性的。从军事角度来讲,要保持军事优势,在某些关键产品上不依赖于进口,否则在战争年代就会被人卡住脖子;从社会角度来讲,要保持国内生活的社会优势。但即使在仅考虑经济因素的情况下,这一推断也不具有决定性。其背后的理由确实证明了这样一种推论,即对进口不加以限制的直接而快速的影响是经济上有利于进口一方。不过,正如李斯特(List)很久以前所强调的,直接而快速的影响并非是唯一的影响。他写道:"创造财富的能力远比财富本身重要。"① 因此,"国家对于物质资产势必多少有所牺牲或放弃,借以获致文化、技术和协作生产的力量;就是说,必须牺牲些眼前利益,使将来的利益获得保障……的确,保护性关税在初行时会使工业品价格提高;但是同样正确的,而且也为主流经济学派所认

---

① *A National System of Political Economy*, p. 133.

可的是，经过相当时期，国家建成了自己的充分发展的工业以后，这些商品由于在国内生产成本较低，价格是会低落到国外进口品价格以下的"①。当李斯特写这本书时，英国已经确立了自己作为主导制造业大国的地位。他并不否认，在当时，大陆国家通过将自己控制在农业范围以内并从英国购买工业成品，将会获得其资本和劳动力的最大回报。但他认为，一个国家现在最容易生产的商品，不一定与它最具天然优势生产的商品相同，因为天然优势的形成需要发展的时间和摸索实践。制造业能力的建立，包括工人的培训、机器的完善、运输的改进、信用的提升和市场组织的改善，可能需要数年的时间才能完成。②在建成之前，老牌制造业国家"与别的国家那些新生的或半成长的工业相比，具有数不清的有利条件"。③对于一个渴望发展制造业的农业国来讲，这种论证尤其有力。按照假设，由于此类国家没有重要的工匠阶层或者工厂工人，因而开办任何一种工厂所需的专门技术都将非常难以获得。"所有厂长、监工和工人必须首先在国内先行培训，否则就得向国外招请，而企业兴办以后是否能够赢利，既然尚未得到充分的检验，资本家就不免缺乏信心。"④因而，任何初建的工厂在很长时间以内都不大可能与国外老牌的对手以平等的地位竞争——即使所涉及的行业在该国具有很大的天然优势，也不例外。

对于一个工业化程度已经很高的国家来讲，李斯特的论证就

---

① *A National System of Political Economy*, pp. 144-145.
② 同上，第300页。
③ 同上，第300页。
④ 同上，第294页。

没那么有力了。在这些国家开始一项新的工业，所能遇到的最初困难可能会小得多，因为人们已经习惯于各种工厂的劳动，从中找到一些能够胜任新环境的人手，相对而言并不困难。另外，在工业社会中，上文提到的其他一些要素，诸如生产能力、运输体系、信用系统，已经具备，不再像农业国那样需要先建立起来才能使制造业有利可图。尽管如此，在发达工业体中保护特定的新生工业的论点，在形式上还是有道理的，这道理一点也不少于对新生工业体的保护。同样的道理也适用于保护某些老牌工业免受蓄意攻击的类似论点——国家与这种工业已经完全适合了。可以想象，外国公司可能会采取一种消灭其英国竞争对手的政策，以建立对英国市场的独有控制。它们可能在英国以低价销售（价格低到使其自身蒙受实质损失），直到他们的对手被击垮，这样，他们就不再担心有任何竞争对手了，于是就可以大幅抬高价格来收割自己的劳动成果。面对此类动作，限制其廉价商品的进口，尽管仍会造成直接损失，但或许不失为一项合理的政策，因为它可能会使我们日后避免垄断性的敲诈勒索。当然，即便在这种情况下，也不一定就需要这种所谓合理的政策，因为遭受威胁的企业往往自身足够富有和强大，不需要直接或间接的政府援助就能保护自己。因此，李斯特在做如下论述——由于外国入侵，"几代人为之辛苦经营方才建成的生产力与财产的复杂体系，顷刻之间就会化为乌有"——之后，在同一页随即指出："当政府方面也没有任何补救方法时，我们往往看到工业仍然会勉强挣扎，在实际亏损的情况下继续生产。它们宁可忍受牺牲，静待时机好转，它们要避免的是它（出口贸易）一旦中断以后就不免要遭受到的无可挽回的损失。"① 尽管如此，以上对李斯特的论点的扩展，其形式有效性是毋庸置疑的。②

§5 目前为止，我们尚未论及减少特定竞争性产品进口对利益分配方面的影响。这些影响当中，最明显的是该商品（进口被削减）的购买者和该商品的国内生产者之间的关系。一般来说，这些人（生产者）会发现自己能够索要更高的价格，这样，貌似他们能以顾客的损失为代价而获取更高的利润。但对于绝大多数普通商品而言，这种获利本质上都是暂时的。当一种特定商品的生产者赚取异常丰厚的利润时，这会吸引更多的人涌入该行业，直到其回报率重新回到普通的水平。任何价格的提升都是单位生产成本提高的反应，而不是为了增加生产者的收益。一般来说，几大生产要素作为整体，其赢利能力不会有明显的改变。然而，如果竞争性产品进口包括一大类商品，在其制造过程中，某一生产要素起了主导作用，情况可能就不一样了。因而，假设有一个工业国家，对农产品进口普遍征收重税。因此，农业将变得更有利可图，农民将准备支付更高的租金，最终，大众消费者的利益将会因农业土地主的利益而受到持久的损害。在自耕农的国家里，只要相关的产品是那种在小农田就能方便种植的，那么这种分配改变的受益者可能并不会比受损者获得明显的利益。但是，在土地主拥有大片大片的土地的国家里，受益者的情况就要好得多了。尽管理论上可以通过向土地主征缴土地所有特别税，或者从土地主收

---

① *A National System of Political Economy*, p. 298.
② 参见前文，第八章，第 3 节。

益中给予农产品消费者补助,来消除这种分配上的改变,但在现实当中尚未真正见到此类做法的施行。我认为,在英格兰这样的国家,任何对竞争性农产品进口的大规模限制,都必然涉及无法消除或无法完全消除的分配转移,即分配从相对贫穷的大众消费者转移到相对富裕的少数农地所有者手中。这一点假设应该是合理的。反之,如果被限制进口的商品在其生产制造过程中,劳动力(而不是资本和土地)起着极其重要的作用,那么随着这类商品更多地在本国制造,劳动力就可能在国家实际收入中占据更大的比例,在特别有利的条件下,甚至占据绝对大的比例。果真发生这种情况,就意味着分配的转移对相对贫穷的人有利,同时也意味着对社会有利。这种可能性具有一定的学术价值,但我认为它在实践中被有效利用的可能性不大。

§6 从上述讨论可以清楚地看到,除了外汇方面的困难(这一点在此不做讨论)以外,很容易出现这样的情况,即一个国家通过减少特定竞争性商品的进口而在经济上获益。因此,从国家的观点,某种程度上也是从世界主义的观点来看,保护主义政策的某些应用也有明确的理论依据。但是,这绝不意味着政府可以乘机利用这些理论依据。首先,需要考虑是否可以通过别的方式,比如奖励或补助的形式,来取得更令人满意的预期结果。第二,必须考虑现实生活中的政府在应对这些困难上是否值得信任,或者是否可以彼此信任。对此,西奇威克早在19世纪末就曾浓墨重彩地写道:"作为抽象的经济理论的结论,我同意,在某些情况下和某些范围内,贸易保护很可能会对被保护的国家有利,甚至可能对世界有利——如果这种保护能够严格限制在这些情况之下,并在这些范围以内。但是,在商业企业(commercial enterprise)习惯已经充分发展的自由社会里,无论如何,我依然强烈主张政府秉持'仅为岁入征税'这条普遍性规则。这实际上是最好的。我如此主张的根据是我不认为我们有理由期望各国现行政府足够明智与强大,能够将其保护性干预保持在适度的范围内,因为构建保护性进口关税系统要实现双重目标,一方面要公平收税,另一方面要有效保护民族产业,这一任务既艰巨又微妙,同时,一旦引入该系统,政府必然会承受扩大其应用范围的压力。我认为,保护主义往往会鼓励生产商和贸易商在行业危机和危险中寻求政府援助,而不是依靠自己的远见、独创性和活力,因此,保护主义在特定情况下可能带来的收益会被这些普遍的负面效果所抵消;特别是任何一个国家所谓最明智的保护措施往往都会鼓励其他国家采取各种不明智的保护措施。"① 对这一问题的深入讨论不在本书范围之内;另外,通过从第一朵麦肯纳关税*之花到新保护主义花开满园的英国经验,也很难说清其中的道理。

---

① *Principles of Political Economy*, p. 487.

* 麦肯纳关税(McKenna duties)是指在1915年战时预算中,时任英国财政大臣的雷金纳德·麦肯纳(Reginald McKenna)针对国外进口奢侈品,如汽车、钟表等,征收的关税。——译者注

第三部分 公共财政与就业

第一章　序　言

§1 直到20世纪初，公共财政问题都被认为是独立存在的，因此在讨论这些问题时，实际上从未提及它们与就业状况和就业人数波动的关系。在本国，1909年出版的《济贫法》皇家委员会多数派报告和少数派报告首次认真研究了这个问题：中央与地方政府能否通过谨慎安排财政支出，使就业更趋稳定，甚至比现有情况下的平均就业人数更多。自此以后，政府财政收支与就业情况的关系得到了广泛的讨论，一系列的独立问题被区分开来。本书这一部分的目的就是梳理并研究这些问题。研究问题的抛出并不是笼统的，我们将苏俄那样的经济体包括在内，在那些经济体中，大量的工业活动都是由政府指挥的；更重要的是，像我们这样的经济体也包括在内，在这些经济体中，虽然中央和地方政府把全国劳动力中相当一部分投入到生产端，但私营企业为盈利而生产仍然占主导地位。

§2 任何时期的就业数量一定等于该时期的货币工资额除以平均货币工资率。对货币工资率行使任何权力都不在公共财政的责权范围之内。因此，公共财政唯一能够影响就业数量的方式就是作用于货币工资额的规模。初步来看，这可以通过下面三种方法来实现：一是自己雇用劳动力，二是控制购买商品的支出以影响劳动力的雇用，三是通过拨款或补贴刺激企业家和私人的支出。

第一章 序　言

这些方法可以通过影响货币工资额在货币总收入中所占的比例，或者影响货币总收入本身的大小，来调节货币工资额的规模。不论哪种方法，在我们的讨论中占中心地位的是"货币总收入"的概念，明确它的定义非常重要。

§3 货币总收入，按照通常的用法，是指生产要素（这里面当然包括原材料要素，如归政府所有的农场、工厂等）因其所提供的服务而收到的款项总和，有时候也被叫作按要素成本计算的国民货币收入。如果把下列任何一项计算在内，货币总收入显然都不等于货币总支出：（1）让渡而非销售股票、股份或其他资本资产；（2）商品转让而非通过一连串的中间商最终流向终端买家；（3）私人之间的转让或者从政府到私人的转让，但并不以这些人或其设备提供的服务为基础；（4）私人向政府的赋税转移（不论是直接税还是间接税），或者通过贷款从私人到政府的转移；（5）国内购买或国外投资的支出减去外国人在本国相应的支出后的净差额（net balance）。如果不把最后一项包括在内，而是使用净支出（net outlay）来表示总支出减去其他四项，这就变成了反过来看的收入，即从那些做出支付（他们的支付构成了对方的收入）的人的角度来看，而不是从那些获得支付的人的角度来看。从这个意义上说，使用净支出这一概念，或者笼统而言，使用支出这一概念，有一定的便利性，它等效于产生收入的支出，有时候也被称为有效需求。鉴于在第五章末尾对外汇收支平衡的讨论，在接下来的讨论中，我将使用该术语。

§4 在进入正式讨论之前，还有一个问题需要做进一步的观察。就业数量必然等于货币工资额除以货币工资率；这意味着，在货币工资率不变的情况下,货币工资额发生任何给定百分比的变动,都会给就业带来相同百分比的变动。如果工薪族的潜在人数是固定的,就业与失业之和当然也是固定的,因此,就业数量的任何给定变化都意味着失业数量的反方向变化,但二者在数值上是相等的。然而,如果工薪族的潜在人数不是固定的,就业与失业的关系就并非如此了。我们假设原有 100 个可用之人,其中 90 人就业,如果可用人数从 100 增加到 110 人,而就业人数保持不变,仍为 90 人,失业人数就从 10 人增加到了 20 人,而失业率则从 10% 上升到 18.2%。事实上,工薪族的潜在人数是很难保持固定不变的。如果我们认为这些人在适龄劳动人口中具有合理而稳定的比例,那么其数量的变化主要是由这个比例来决定的。不过,即使总人口是稳定的,适龄劳动人口也不大可能是稳定的。相反,如果出生率在近期大幅下降,总人口必呈下降状态,但适龄劳动人口却很可能在同期出现增长。在本国,近几十年来,尽管人口总体增长缓慢,但适龄劳动人口却在急剧上升,相应地,成为工薪族的人数也在迅速增加。尽管在就业数量一定的情况下,任何工薪族潜在人数的变化都会使就业率和失业率的比例发生数量相同但方向相反的变化,①但是,这种变化在某种程度上还是会

---

① 将原工薪族潜在人数记作 K,将原就业人数记作 E,则就业率为 $\frac{E}{K}$,失业率为 $\frac{K-E}{K}$。使工薪族潜在人数增加 k,则就业率为 $\frac{E}{K+k}$,失业率为 $\frac{K+k-E}{K+k}$。二者相比,就业率下降比例为 $(\frac{E}{K}-\frac{E}{K+k})$,失业率增加比例为 $(\frac{K+k-E}{K+k}-\frac{K-E}{K})$,二者都等于 $\frac{kE}{K(K+k)}$。当然,这在没有正式证明的情况下是显而易见的。

第一章 序 言

使阐释变得复杂。不过,当潜在的工薪族数量发生变化时,货币工资额和货币工资率的变化对就业与失业的影响,与工薪族数量固定不变的情形相比,并没有什么不同。此外,当货币工资额和潜在的工薪族数量都发生变化时,这两种变化所带来的合力对就业(与失业)的影响,与工薪族数量固定不变的情形相比,也是一样的,但条件是总货币工资额的变化与人均货币工资额的变化成相同比例。

第二章　就业、失业与货币工资额的关系（不考虑货币工资率的变化对货币工资额的反拨效应）

§1 有了上一章的初步准备，我们现在要研究的是，潜在工薪族人均货币工资额的大小及其变化在不同的情况下对就业和失业规模的大致影响。为了避免在文中不断地重复"潜在工薪族人均"这样的字眼儿，我会假设潜在工薪族人数固定，并以该情况下所适用的语言来表述我这里的讨论。该情况下所提出的每一项有关货币工资额的命题或者观点也都适用于更广泛的情况，只要我们把"货币工资额"替换成"潜在工薪族人均货币工资额"即可。本章将不考虑货币工资率的变化对货币工资额的反拨效应，这个问题留待下一章再做专门分析。

§2 我们的讨论将分四种情况进行：第一种情况是货币工资额固定不变；第二种情况是货币工资额围绕着一个固定不变的中心上下波动；第三种情况是货币工资额持续性上涨；第四种情况是货币工资额在持续性上涨中上下波动。在讨论中，我将不考虑劳动包括许多门类、劳动者具有不同素质、劳动者从事不同职业、不同职业间不具有流动性等因素。这相当于假设劳动是同质的，劳动者是可以自由流动的。去掉这些假设必会带来一定的复杂性，但就我目前的目的而言，这种复杂性倒是居于次要地位，无关大局。

§3 下面我们来讨论第一种情况：货币工资额不变。如果劳动力在就业市场上相互间充分竞争，货币工资率就会根据不同职业的货币需求进行自我调节，使得每个找工作的人都能找到工作。这是因为只要有人尚未就业，他的存在就会给工资率施加下行的压力。在这种情况下，货币工资总额的大小实际上对就业不具有任何意义。不论其大小，人人都能充分就业。然而，在现实生活当中，劳动力在就业市场上的竞争不可能如此充分。在劳资谈判盛行，以及任何一种措施都是为了给失业人员提供救济的情况下，不难预料，倘若工资额保持不变，货币工资率的设定要略高于维持完完全全充分就业的水平。这样，失业率（记作 h）才会为正值，而不是零。

§4 此外，只要心理和其他相关条件不变，就会有一种趋势，即无论货币工资额是多少，失业率都是相同的。当然，这并不否认，在某些情况下，特别是在一些大的干扰之后，h 实际上比通常预计的要大。在这些情况下，提高货币工资额即可永久性地将 h 降低到异常情况以下。现在，我们来看一个正常的情况。如果工资额得到永久性的增加，或者工资额有所变化但其平均值是增加的，这时候工资率将趋向于被推高，直到抵消掉所增加的工资额——当然，如果我们面对的是一个威权政府，该政府完全不按照公共财政领域的规则行事，是能够阻止平均工资率上升的；亦或者，类似的结果也会产生于工会领导下的自愿行为，有的人希望如此，但对另外一些人，这么做是绝无可能的。

§5 在1852—1912年间，工会连续记录了就业周期性的变化，该研究对本章命题提供了相当大的帮助。在这些周期中，失业率平均百分比极其接近。从失业率最低年开始到下一个最低年的前一年结束，我们对每个周期进行计算，得到下面这张平均失业率（%）表：

1853—1859	1860—1864	1865—1871	1872—1881	1882—1889	1890—1898	1899—1905	1906—1912	整个周期60年
5.2	4.8	4.7	4.2	5.9	4.6	3.9	4.8	4.7

从失业率最高年开始到下一个最高年的前一年结束，我们同样对每个周期进行计算，得到下表：

1852—1857	1858—1861	1862—1867	1868—1878	1879—1885	1886—1892	1893—1903	1904—1908	整个周期57年
4.4	5.7	5.0	3.8	6.1	5.2	4.2	4.6	4.7

可以看到，在整个第一组周期当中，与均值最大偏差为25%，8个周期当中有6个的偏差小于11%，并且有4个周期几乎没有任何偏差。在整个第二组周期当中，最大偏差为30%，但5个最佳周期的偏差都小于11%。这些百分比都不大；当然，绝对偏差也很小。如果我们换个角度，以就业而不是失业来表述，这些数据就更让人印象深刻了。在整个1852—1912年间，寻找工作并且找到工作的劳动人口平均就业率从来没有显著低于94%或者高于96%。因而，平均就业水平和可用劳动力二者之间的比例一定是自始至终都至为接近的，更不要说，可用劳动力其实很可能增长了大约45%。概括地说，在包括好年景与差年景的整个期间，平均来看，就业数量在可用劳动力中所占比例是稳定的。

§6 当然，由于外部原因，心理和其他相关条件会发生改变，结果导致正常的失业率在某个时期高于另一个时期。例如，战间期*的平均失业率远远高于1914年前的水平，大概有2.5倍之多。当时，已经建立国家出资的普通失业保险制度，但很可能正是这一制度造成了其中相当大的一部分失业。在建立这一制度之前，面对失业，工会要付出成本，个人要遭受痛苦，这些都会限制提高工资的要求；而现在，这一约束机制被大大削弱了。不过，这不是重点。只要货币工资额保持不变，我们就可以放心地说，总的来讲，从长远来看，货币工资额有多大并不重要。

§7 但是，我们必须知道，在这句话中，"总的来讲，从长远来看"绝非多余的词。这是因为假如失业率在一个很高的水平，很可能员工及其主管都会把全部注意力放在失业率上，任何提高就业的手段就仿佛天赐大礼一般，都会受到欢迎，而且不会对提高工资率造成严重的压力。如果我们愿意的话，可以将之解释为：高失业率与正常就业水平的巨大差异带来了心理上的变化，因而导致他们做出与心理无变化时不同的反应。除此以外，货币工资额对货币工资率的反应不是即时的，在某些情况下甚至会有明显的滞后。然而，即使把货币工资总额从一个固定水平推高到另一个较高水平的效果在性质上是暂时的，从实践的角度来看，这种做法有时也是非常值得的。

§8 下面我们来讨论第二种情况：货币工资额在连续的时期（例如贸易周期）内均值保持不变，但实际值围绕均值上下波动。

---

* 即第一次世界大战结束之后到第二次世界大战爆发之前那段时间。——译者注

我们关注的是，如果工资额不允许波动，而是保持在平均水平不变，或者，为避免措辞中所包含的模糊性，更一般来讲，如果它的波动程度降低了，[①]那么失业率会受到怎样的影响。我们已然看到，如果工资额保持不变，货币工资率会自我调节，最终一般会形成某个稳定的失业率百分比。经过上述讨论，如果工资额波动，情况会怎样呢？一种"可能"是，货币工资率会随着货币工资额的变化而上下波动，这种变化如此高明，最终无论是好年景还是差年景，失业率都保持在 h 不变，h 反映了稳定的需求。但是，事实上，劳资谈判的过程使货币工资率具有黏性，即对任何方向的变动都具有相当大的抵抗力。这意味着，在好年景和差年景，工资率的变化不足以使失业率保持在 h 水平不变。反过来，这意味着在差年景，失业率要高于 h。其中的道理是，假设差年景 h 为零，那么在工资额波动的情况下，好年景与差年景的平均失业率"一定"高于工资额不变的情况，因为，显然，好年景的失业率不可能低于零；但是，由于我们实际上允许 h 不是零，而是一个正值，于是，这就不成立了。货币工资率黏性在好年景抑制货币工资额上涨，使失业率远低于 h，其程度可能不亚于在差年景时失业率高于 h 的程度。那么，这种可能性在现实生活当中会发生吗？我认为，答案显然是否定的。这是因为，尽管货币工资率上行没有"封顶"，但是在像英国这样的国家，失业人员可以寻求失业补助、失业援助，或者在最糟糕的情况下，通过《济贫法》获得失业救济，

[①] 当涉及两个以上的数量时，有多种方式来测量它们围绕均值的变化程度；而在某些情况下，一种测量方式可能报告 A 系统比 B 系统变化更大，另一种则可能报告相反的结果。

从而确定了一个明确的"底线"。这个底线是不容突破的。如果工资额（即劳动力总需求）波动不大，这倒无关紧要，因为底线，可以说，在这种情况下根本不会被触及。但是，鉴于在实际中经历的那种波动，特别是如果失业救济的规模很大，实际上这种情况肯定会时有发生。因此，我们大体上可以得出结论：综合考虑好年景和差年景两个时期的工资总额，如果工资总额波动，那么两个时期的平均货币工资率将比稳定时期更高，平均失业率也会更高。也就是说，在保持工资总额均值不变的同时，稳定工资总额会降低失业率。此外，还有另外一个原因也支持这一结论。在经济景气时，工人们试图提高工资，而在经济不景气时，雇主们试图降低工资，这往往会导致罢工、停工，从而对失业人口数量造成直接[①]和间接的伤害。如果就业需求更加稳定，我们有充分的理由相信，因劳资纠纷而导致的停工停产将不会像目前的情况那样过于频繁和广泛。

§9 从上述结果，我们可以得出一个重要的实用性的推论。不考虑国家干预的情况，假设工资额在 A（好年景时期）与 $(A-a)$（差年景时期）之间波动。为使其稳定，政府部门可能会在差年景将其提高至 $\left(A-\frac{1}{2}a\right)$，或者在好年景将其降低至 $\left(A-\frac{1}{2}a\right)$；也可能会在差年景时将其提高至 A，而在好年景时保持不变。在符合本章第 6 节规定的条件下，只要工资额没有持续性的上涨或下降趋势，那么无论是好年景还是差年景，在上述两条截然不同的政策

[①] 在英国的统计中，直接涉及劳资纠纷的人不被计算为失业人员。

路线中，政府部门选择哪一条，对总体平均失业人数都没有影响。综合好年景和差年景一起来看，这两条路线都以同样的程度降低平均失业率。

§10 现在，我们来看第三种情况：货币工资额持续性上涨。如前，如果工薪一族之间的竞争是充分的，在工资额固定的情况下，就会出现完全就业，即使工资额持续上涨也不会对此有所改变。这一点显而易见。但是，由于工资率有自我调整的趋势，以使失业率 h 保持正值，这是工资额保持不变的情况，而一个持续上涨的工资额几乎可以肯定使失业率低于 h。因为工资调整的机制有其时滞性，可以说，追求者永远追不上被追求者。这也在很大程度上解释了大战期间，经过初期的调整之后，为什么失业率水平会极低。货币工资额体现出的对劳动力的需求持续上升，而货币工资率滞后，其中部分原因是工薪族出于爱国不愿将自己的要求推向极致。同时，必须记住，官方的劝说甚至引导，会使劳动力具有异常的流动性，往往流向最需要的地方。

§11 我们还剩下第四种情况没有讨论。通过与上文类似的推理，很容易看出，如果货币工资额围绕一个持续上涨的中心在一定范围内波动的话，失业率将小于该中心保持不变时的失业率。如果工资额保持这种上涨趋势，但是却不再波动，那么失业率还会更低。

第三章 货币工资率的变化对货币工资额的反拨效应

§1 本章我们要讨论一个至关重要的问题。当公共财政政策增加了货币总收入，而货币总收入又提高了货币工资额时，貌似我们可以预期货币工资率也会相应地上升。在上一章中，我们对这一趋势的性质及其结果的分析是基于如下假设，即货币工资率的变化不会自身反过来对货币总收入产生反拨效应，从而也不会对货币工资额产生反拨效应。但是，这一假设通常与事实不符。反拨效应确实在发生。因此，本章要研究这些效应的性质，并探寻其存在会使我们上一章的结论产生多大的偏差。

§2 如果货币工资率上升而货币工资额不涨，那么就业一定会下降，真实收入一定会缩小。这意味着公众总体上愿意拿出来投资以获得一定的预期回报的资源减少了。在预期回报（或曰投资需求计划）给定的情况下，对于"正常的银行与货币体系"，即一个高利率与高收入紧密相关[①]的体系，这会导致利率的上升。而利率的上升反过来，将如后面第五章要描述的那样，伴随银行贷

---

① 参见后文，第五章，第9节。

款的增加，会引起从被动余额到积极余额*的资金转移，结果货币总收入及工资率都会增加。因而，本段开始所设定的前提（即货币工资率上升而货币工资额不涨），在我们检视其含义时，被证明是自相矛盾的。然而，既然由货币工资额构成的货币总收入不能相应地做出合理的改变，货币工资额就不可能与货币工资率"同幅"增长。这是因为假设二者以同比例增长，实际收入就变得跟从前一样，也就会有同样的意愿去投资以期获得一定的预期回报，以及同样的预期回报，或者说，具有同样的投资需求计划。但在这些情况下，利率没有理由比以前高，因此，货币总收入也没有理由比以前高。由此，虽然货币总收入和货币工资额会由于货币工资率的上升而被推升，但它们不会被推高那么大的比例。因而，当货币工资额最初由 100 上涨（也许是因为公共投资政策）到 $(100+X)$ 时，这会引起货币工资率由 100 上升至 $(100+Y)$，反过来，这会进一步引起货币工资额上涨至 $(100+X+kY)$ $(0<k<1)$。

§3 在上一章中，我们坚持认为，货币工资率具有推动其自身不断上升的趋势，并会最终在"稳定的条件"下确保失业率保持不变。但在此处，不难看出这种趋势将会受到何种影响。首先作为第一步，将货币工资额从 100 提高到 $(100+X)$，货币工资率也从 100 提高到 $(100+X)$，也就是说，使上一段中的 Y 等于 X。下一步，货币工资额上涨到 $(100+X+kX)$。但是，货币工资率又随即上升，如此往复不断。因此，若货币工资额和货币工资率初值

---

* 凯恩斯的流动性偏好理论将货币需求分为三类，即交易需求、预防需求和投机需求。积极余额对应于满足交易需求和预防需求，与收入成正比，与利率无关；被动余额对应于满足投机需求，与利率成反比。——译者注

第三章 货币工资率的变化对货币工资额的反拨效应

相同，均以100表示，经过多次相互作用之后，最终二者的值为 $\{100+X(1+k+k^2+\cdots)\}$，即 $\left(100+\frac{X}{1-k}\right)$。因而，当 $k=\frac{1}{4}$ 时，二者均为 $\left(100+\frac{4}{3}X\right)$；当 $k=\frac{1}{2}$ 时，二者均为 $(100+2X)$；当 $k=\frac{3}{4}$ 时，二者均为 $(100+4X)$；等等。我们并不知道真实条件下 k 的值，但不论其值如何，只要 $k<1$，货币工资率增加对货币工资额的反拨作用就不会阻止我们上一章所描述的趋势，即货币工资率上升以适合货币工资额的上涨。因此，尽管存在着这种反拨作用，该章所形成的所有结论都保持不变。

§4 目前，我们探讨的是正常的货币与银行体系。反之，如果我们假设货币存量被政府严格控制，或者有部门替政府严格控制，使得无论发生什么，货币利率都保持稳定不变，那么情况则完全不同，因为这个时候，当货币工资率提高时，由于利率保持不变，货币工资额等比例上涨不再是不可能的事了。这样的上涨有可能会如期而至。如此一来，真实收入，当然还有就业，就变得跟以前一样了。[1]因此，在这种情况下，上一段的分析需要修改。上文提到，货币工资率上升以适合货币工资额的上涨，但是，当以工资额为推动力上涨的时候，这一趋势不再是货币工资额和货币工资率二者以某种同样有限的比例上涨。相反，这会导致二者都以发散级数无休止地上涨，因为此时的 k 不再小于单位一，而是等于

---

[1] 我们必须牢记，一项维持利率不变的政策，虽然可以防止工资率的变化像正常银行政策那样影响就业，但不能阻止投资需求函数的变化对就业的影响。我所著《就业与均衡》(*Employment and Equilibrium*) 一书的数学推导附录里面，有对这种不对称性的详细解释。

单位一。陷于无限的泥潭,是很难有信心前行的。但是,鉴于这种相互作用并不是即刻发生的,而是有其时滞性,我的结论是——尽管并非满怀信心——货币工资额在其上涨过程中仍会保持对货币工资率这一追赶者最初的领先优势。

§5 至于货币工资额的上下波动,我们随后基于利率不变(而不是货币银行系统中以正常方式运行的利率)的分析结果并不像乍一看那么严重。原因是我们一直在描述的相互作用并不是一下子就有结果的,而是要在数月甚至数年内才会逐渐产生结果。因此,尽管在目前的假设条件下,由货币工资率相应的上涨造成的扩张期的抵消效应,最终会被由此而引起的货币工资额的进一步扩张所抵消,然而,这些抵消效应越大,货币工资额的初始变动对就业的影响就越小,这一点却是真的。因此,工资率抵抗下行的黏性要大于抵抗上行的黏性,这一事实仍然可以得出上一章所描述的结果。如果工资额在最初相当不稳定,那么稳定工资额可以降低好年景和差年景总体的平均失业率,这一点也无疑义。同样的逻辑表明,上一章所说的关于货币工资额上升(或下降)趋势变化的结果也是正确的。这些变化意味着,与没有这种趋势的情况相比,平均失业率会永远高于(或者低于)某个绝对的值。

§6 然而,如果政策是用来将货币工资额从较低的固定水平推升到较高的固定水平,那么在这种情况下,上一章第4—6节所示的结论,即"总的来讲,从长远来看",货币工资率相应的同步上涨将不会对就业产生任何影响,就无效了。如我们所见,在正常的货币与银行体系下,尽管货币工资率的增长会对货币工资额产生反拨效应,但是,该结论仍然是有效的。然而,在利率被固定的体制下,货币工资额最初的变化和随后一系列反拨的联合作用必然使货币工资额相对于货币工资率永远地保持在高于其自身没有发生变化时的水平。实现这一目标的代价是一个永无休止的扩张过程,货币收入、货币工资额、货币工资率都在不断增长,像是被设成了永动模式;这是因为把货币工资额提高到一个新的"固定"水平的意图,当然是不会成功的。

第四章 货币工资率不变情况下货币工资额与货币总支出的关系

§1 公共财政影响货币工资额最为显见的方式就是通过影响货币总支出（即反过来看的货币总收入）来达到目的。货币工资额与货币总支出密切相关；货币总支出的变动，初步看来，可以预期会对货币工资额产生与其方向一致的变动。但是，货币总支出与货币工资额之间的这种关系并不是一成不变的。因此，我们下一步就是要详细探寻货币总支出的行为会如何影响货币工资额的变动，而不考虑其对货币工资率可能存在的影响。故此，我们假设货币工资率固定不变。

§2 显然，如果货币工资率固定不变，那么总支出或总收入的上升或下降"趋势"，将与货币工资额类似的趋势相联系，当然，前提是要有足够的人手可以被召去工作。就我的目的而言，没有必要对此做进一步的讨论；本章只研究围绕固定中心波动所产生的问题。

§3 首先，我们假定劳动力完全同质，且在不同的地点和职业之间具有充分的流动性。在这样的条件下，如果货币支出或收入在 $(A+a)$ 和 $(A-a)$ 之间波动，那么与货币收入一直保持在 A 的情况相比，货币工资额的行为会有什么不同？

第四章 货币工资率不变情况下货币工资额与货币总支出的关系　**251**

§4 我们要区分四种情况：(1) 当货币收入等于 $(A+a)$ 时，有可用劳动力失业（由于合作意愿等正当的因素），因而，当收入低于 $(A+a)$ 时，情况必然亦是如此；(2) 当货币收入等于 $(A-a)$ 时，有可用劳动力失业，但当收入达 A 或 $(A+a)$ 时完全就业；(3) 当货币收入等于 $(A-a)$ 或 A 时，有可用劳动力失业，但当收入达 $(A+a)$ 时完全就业；(4) 当货币收入等于 $(A-a)$ 时，完全就业并有职位空缺，因而，不用说，当收入高于 $(A-a)$ 时，亦必是如此。

§5 在这四种情况下，当货币总支出分别为稳定或波动时，货币工资额受影响的不同方式，借助下图就很容易理解了。

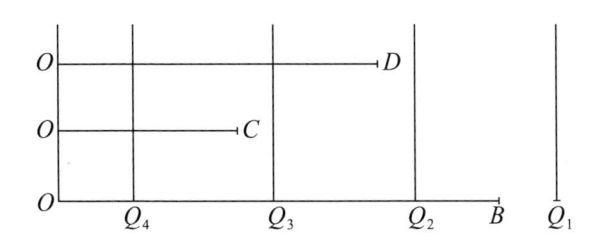

图中，OB 表示在第一个阶段收入为 $(A+a)$ 时所需的劳动力（及设备）数量；OC 表示在第二个阶段收入为 $(A-a)$ 时所需的劳动力（及设备）数量；OD 表示收入为 A 时每个阶段需要的中间量。对应上面所区分的四种情况，可用劳动力数量分别可以由 OQ_1、OQ_2、OQ_3 和 OQ_4 来表示。在 OQ_1 中，如果两个阶段的收入分别是 $(A-a)$ 和 $(A+a)$，那么就业的劳动力数量在一个阶段为 OC，在另一个阶段为 OB；如果两个阶段的收入都是 A，那么就业的劳动力数量为 OD，即 $\dfrac{OC+OB}{2}$；因此，当货币工资率不变时，两种情况下，工资额的平均值是一样的。在 OQ_2 中，如果收入分别是 $(A-a)$ 和 $(A+a)$，那么两个阶段的就业劳动力数量为 $(OC+OQ_2)$；如果收入都是 A，那么就业的劳动力数量为 $2OD$，也就是 $(OC+OB)$，必然大于 $(OC+OQ_3)$；因此，在后一种情况下，工资额更大。在 OQ_3 中，如果收入分别是 $(A-a)$ 和 $(A+a)$，那么就业的劳动力数量为 $(OC+OQ_3)$；如果收入都是 A，那么就业的劳动力数量为 $2OQ_3$；因此，同样是在后一种情况下，工资额更大。在 OQ_4 中，在每个阶段这两种收入下，就业量都显然等于 OQ_4，因此，两种情况下，工资额都是相同的。

因而，对于第（1）种情况，稳定的货币总收入使货币工资额稳定下来，而不改变其平均规模；对于第（2）和第（3）种情况，货币总收入既稳定了货币工资额，又增加了其平均规模；对于第（4）种情况（实际生活中肯定不会出现），货币总收入既不影响货币工资额的稳定性，又不影响其平均大小。

§6 我们目前的讨论是基于这样的假设，即劳动力在不同的地点和职业之间具有充分的流动性。如果忘记了这一点，就很容易得出错误的推论。由于在现实生活中，即使在最好的时代，也总会有人失业，因此，可能会有人认为上述第（1）种情况才是唯一与现实相关的：在这种情况下，如果货币工资率不变，货币总支出的波动，在促进货币工资额波动的同时，永远不会影响其平均金额。但事实并非如此，因为，考虑到现实当中存在的劳动力流动的各种障碍，货币支出的波动很可能会给一些地方和职业造成相当大的失业，同时给其他地方留下许多职位空缺。因而，尽管在好年景也会有人失业，但这一点却不能一如在完美的流动性体制下那样，证明现实生活中不存在职位空缺。

§7 本章第 5 节的分析不加变动就能扩展到更一般的情况，其中，在 $(A-a)$ 和 $(A+a)$ 之间波动的货币支出不是被调整为固定值 A，而是通过转移变量 b（体现好年景向差年景的货币转移，其大小应该是 $b<a$），调整为在 $(A-a+b)$ 和 $(A+a-b)$ 之间波动的值。支出为 A 时的稳定性会使货币工资额更加稳定，很容易看出，在同样的环境下，此类调整也可达到同样的目的，但程度较轻；并且，程度越轻，b 值越小。此类调整也会使平均工资额变大，其条件也与之前一样。如果 b 大于 a，结果当然会有所不同。① 但这种情况没有什么实际意义。

§8 接下来，同样为了简化讨论，我们假设劳动力具有完美的同质性，并将劳动力分为两类：一类服务于公权部门的需求，另一类服务于私营企业的需求。最初，公共支出与私营支出的总和在 $(A-a)$ 和 $(A+a)$ 之间波动。公权部门决定将第一个阶段的支出 $(A+a)$ 减少 c；当总支出为 $(A-a)$ 时，则增加等量的数额。就目前而言，我们假设任何一个阶段公共支出的变化都不会影响那个阶段的私营支出。② 对于我们的讨论来说，只要公共支出的变化不会引起私营支出产生同等程度的变化，其实就足够了。在这一假

---

① 因而，如果 $b>a$，尽管最初在好年景和差年景都有一些失业，但是很可能在改变之后，这种转移不仅创造了就业，而且会在过去所谓差年景创造出一些岗位空缺；当然，如此一来，平均工资额就降低了。假设在好年景有 100 人失业，在差年景有 200 人失业，这意味着 $a=50$，超过 50 的转移会增加所谓好年景的失业率，但其对所谓差年景的就业却不会增加那么多。但是，如果好年景失业为 300，差年景失业为 400，这同样意味着 $a=50$，但可以进行远大于 50 的转移而不影响货币工资额的平均大小。

② 参考后文，第五章，第 5—7 节。

设下,并且假设货币工资率固定不变,那么货币工资额的稳定性会受到怎样的影响呢?为了解答这一问题,我们需要考虑一个新的并且非常重要的因素,即劳动力流动状况。

§9 如果劳动力在这两个部门之间绝对没有流动性,那么显然,按照我们的假设,公共部门的货币支出行为根本不会影响私营部门的工资额。只有与公共部门相关的那部分工资额才会影响到工资总额。这部分工资额与公共部门总支出的关系,与本章第5节所描述的方式相同。但是,有两种情况需要区分开来。公共部门将支出从公私部门支出合计较大的时候转移到较小的时候,在某些情况下,意味着将支出从公共部门支出较多的时候转移到较少的时候;在另外一些情况下,意味着将支出从公共部门支出较少的时候转移到较多的时候。这可能意味着,这种转移要么利于公共部门支出的稳定,要么破坏公共部门支出的稳定,具体如何,需视情况而定。① 对于前一种情况,除非在没有转移的情况下,即使公共部门支出在低水平,也有一些岗位空缺,否则转移一定会使该部门的工资额更加稳定,从而使工资总额也更加稳定;并且转移越多越稳定——当然,条件是 c 小于 a。对于后一种情况,则是相反的结果,平均工资总额会变得不那么稳定。由于实际当中,正如我们所看到的那样,公共部门和私营部门支出的变化通常具有相同的意义,因此前一种情况更有可能发生。

---

① 公共部门意在稳定总支出的做法可能会破坏其自身支出的稳定,这当然也暗含着,其稳定自身支出的做法可能会破坏总支出的稳定。如果公共部门真这么做了,在劳动力完全不流动的情况下,工资总额可能就稳定了;但在劳动力充分流动的情况下,工资总额可能就不稳定了。

§10 如果劳动力在两个部门之间充分流动，那么不可能同时存在这一部门有岗位空缺而另一部门却有失业人员的情况。这是因为一旦存在岗位空缺，失业人员立刻就会将其填补。因而，我们实际上在探讨一个统一的单一部门。除非整个部门在总支出位于低点时也有岗位空缺（这种情况我们可以认为实际上是不可能的），公共部门的掌控者将支出从好年景（以统一的单一部门计）转移至差年景必然使工资总额更加稳定，而不管公共部门的工资额是否因此而变得稳定或不稳定。

§11 如果劳动力既不是充分流动也不是绝对不流动，那么显然，劳动力的流动性越强，产生这种效应的可能性就越大。因此，任何措施，比如，建立全国劳工职业介绍所、增加适于多行业的工作岗位等普遍提高跨地域、跨行业流动性的做法，只要能够使政府部门增加旨在促使总支出稳定的支出转移，也必然会促进货币工资总额的稳定性——因而会强化这种转移。如果被委托管理国家和地方开支的政府部门不仅考虑总体失业率，而且在决定进行转移分配时，还考虑到各个具体行业和地方的详情，那么这一点还可以得到进一步强化。

§12 不过，我们还有一个复杂的问题。目前为止，我们一直假设劳动是同质的，因此无须考虑不同劳动享有不同程度流动性的问题。但事实上，劳动并不同质。在受公共部门需求影响的劳动岗位与相应的受私营部门需求影响的劳动岗位之间，在某种情况下可能更具流动性，但在该种情况之外可能就不具流动性了。比如，公共部门可能需要劳动力来铺设道路、修建学校，那么在公共部门受此需求影响的就业中心与私营部门建筑、修路相关的就业中心之间，劳动力就可能具有高度流动性；但是，在这些中心与这些中心以外的中心之间，不管是否相关，比如煤矿或工程，都没有一点流动性。再比如，在私人的林业工作和国家的林业工作之间，劳动力的流动性可能很大；但是，在国有森林行业和雇用工匠、机械师的企业之间，可能就丝毫没有流动性。[①] 然而，所有这些并不能否定上一节所得出的主要结论。

§13 从第 5 节的描述中可以看出来，公共部门从好年景（对公共部门与私营部门都如此）向差年景转移支出，会起到稳定平均工资额的作用：在有些情况下，工资额的平均规模没有改变；在另一些情况下，则使之增加；但没有一种情况是使之减少。但是，正如我们在第二章所见，一般来说，工资额的平均水平对就业没有长远的意义，因为货币工资率会自我调整以适应平均工资，因此这种区别对于我们的目的来说并不重要。

[①] 比利时的经验似乎表明，在冬季，森林工作很适合为其他季节从事建筑行业的非技术工人提供就业机会。

第五章　货币总支出与公共财政操作的关系

§1 在前面三章，我们研究了货币工资额的变动与就业/失业的关系；货币工资率不变情况下货币工资额与货币总支出的关系；以及现实生活当中，当货币工资额的变动引起平均货币工资率相应的变动时，反过来货币工资率对货币工资额产生的反拨作用。下一步，我们要探究公共财政操作——课税、放贷等财政收入与支出的手段——在一开始（也就是在货币工资率产生任何反拨作用之前）是否会以及如何改变货币总支出。

§2 对此，最好的探究方式是否定之否定。在很多人看来，政府部门有可能在任何时期通过公共财政手段来影响货币总支出的规模，这一点似乎太过明显，不值得争论。然而，有时候，人们认为这超出了他们的权力范围——货币收入不受其影响，该是多少还是多少，并且这不仅仅是说长时间的平均，甚至每一天都是如此。这一观点可以在1908年南非德兰士瓦贫困委员会的报告中找到非常清晰的表述："财富是支付工资的唯一来源，国家必须征税（或贷款）以支付劳动者工资。因此，当政府向失业者提供工作时，它只不过将工资发放的权力从个人转移到了自己身上。政府一只手在增加就业，另一只手却在减少就业。它从私人那里拿走工作，转手交给了国家选定的人。"① 在本国，当讨论旨在缓解工业萧条的公共政策对就业的影响时，也经常听到类似的观点。在英国1930年大萧条期间，这种观点甚至被冠以"财政部观点"一说，即政府部门增加其货币支出总是并必然使其他人在相应程度上减少货币支出。这样一种极端的观点竟然被白厅*那些极富能力的公务人员所接受，真是不可思议。然而，整个事情并非乍一看那么简单。

§3 我们可以想象这样一种体制：银行系统通过贴现率和公开市场操作，使货币总支出刚性不变；不过，为了实现这一目标，有时候需要确立实际"负"利率！在这种情况下，公共财政的任何操作——私人企业家的任何运作也一样——都不可能在任何时候、在任何程度上影响货币总收入的大小。也就是说，所谓的"财政部观点"在其最极端的形式下竟然是有效的。当然，现实当中，不可能有这种类型的货币与银行体制。举例来说，在本国，众所周知，一旦私人企业家认为前景大好，他们往往立刻将现有资金更快地周转起来[或者说，将他们的被动存款（即储蓄存款）转为活跃存款]，同时，通过银行贷款获得更多的资金。因而，他们发挥了两种影响，两者都会促进货币总收入的增加。同样的道理，当私人企业家认为前景暗淡时，他们就会促使货币总收入减少。事情表面看似显然，政府部门利用自己的资金、采取类似的操作，

---

① 《德兰士瓦贫困委员会报告》，第129页。

* 白厅（Whitehall）为英国伦敦一条大道，得名于怀特霍尔宫，是英国政府中枢所在地，包括英国国防部、卫生部、财政部、首相府（唐宁街位于白厅西南端及国会街北端）等，因而，白厅也成了英国政府的代名词。——译者注

第五章 货币总支出与公共财政操作的关系

一定能够以类似的方式影响货币总收入。毫无疑问，当享有一定收入的私人决定将支出扩大到超过现有规模时，他们这样做的原因与影响政府的原因是不同的。一般来讲，私人这么做是出于利润的动机，而政府的动机则在其他方面，并且要深远得多。为了就业，没有什么能阻止政府进行预期收益为零甚至为负的投资。但是，尽管决策背后的动机可能不同，决策一旦做出就会自行得到执行，并产生决策导致的结果。决策背后的动机对决策执行的机制和决策产生的结果并不重要。对于所谓的"财政部观点"，以上这个回答足够了。这一观点给我们的问题提供了粗略而不正确的答案，但是，我们的问题需要进一步的分析。为此，我将区分并分别讨论五种主要的公共财政操作类型。

§4 第一种类型，政府部门借款以扩大支出，确保投资品的生产，即确保资本存量的持久增加。接下来六节将对这一类型进行讨论。

§5 首当其冲，我们要考虑的是政府部门投资的性质。如果政府的额外支出用于如下投资，即其未来产出与个人通常投资的具有工具性价值*的产品的产出之间形成竞争关系，那么私人投资将受到直接制约。例如，在一个房建工程主要由私营企业承担的国家，政府部门一旦参与房建就不可能不制约这类私人投资；且制约程度越深，租新房的总体需求弹性越小。我们知道，旨在帮助

---

* 工具性价值（instrumental good）指的是这种价值能够为我们所用，从而带来其他方面的价值，它是带来其他工具性价值或内生性价值（intrinsic good）的工具或手段。相应地，具有工具性价值的产品（instrumental goods）指的是能够带来其他价值（益处等）的产品，例如机械、设备、药品等。——译者注

就业而进行的"公共工程"一般限于私人通常不从事的活动,例如筑路,而没有扩展到建造钢铁厂或者棉纺厂之类活动,其主要原因就在于此。当然,在彻底的社会主义社会里,没有私人投资,这种区分就没有意义了,因为政府在任何时候所进行的额外投资全部都是净额外投资。但对于英国,这一点非常重要。政府投资规模扩大 S,即使利率完全不受影响,也不意味着总投资会扩大同样的规模,除非政府投资完全是非竞争性的。因而,可以用 mS 表示政府投资,其中 m 小于单位一,且随着投资产品的需求弹性趋近于零而趋近于零。

§6 接下来,我们必须考虑增加公共投资(即使完全属于非竞争性)对私人投资可能产生的影响。这种影响可以通过利率反映出来。因此,如果允许普通的经济活动动机和过程自由发挥作用的话,则政府部门扩大投资有导致利率上升的趋势(经济极度萧条时期除外),因为政府投资也需要货币。这将在一定程度上(但不一定是在同等规模上)限制私人投资借贷以及投资行为本身。在实行固定金本位制的国家,增加的货币收入推高物价,这可能(不一定会)进一步刺激利率上升的趋势,其结果是进口相对于出口扩大,要么黄金被逐渐耗尽,要么央行采取行动,通过贴现和公开市场操作,防止这种情况发生。而在货币自主的国家,政府可以自由地维持低利率政策,创造任何数量的新货币来支持银行信贷。在这种情况下,利率不会受到影响,对私人投资也不会产生任何影响。

§7 另一个重要的考虑是扩大公共投资(通过借贷融资)与扩大总投资之间的关系。扩大公共投资可能会使私人企业家产生心理反应,在某些情况下,其反应程度之大,用通俗的话说来说就是"信心给毁了"。有时候,这种风险可能非常严重。因而,在1930—1931年的(英国)大萧条期间,英国政府的财政状况引发了普遍的恐慌,国家破产的言论甚嚣尘上,在放弃金本位制之后,对英镑未来的地位和购买力普遍存在不确定性。在这种情况下,政府为抵消私人支出的收缩而扩大公共支出的任何尝试,都很可能会使情况变得雪上加霜。而且,尽管这听起来有点矛盾,但对于国家来说,刺激货币总需求的最有效的措施是严格削减自身的需求,并如其所做的那样,在所有公共部门中推行严格的节约运动。如今,很流行谴责那场运动纯粹是愚蠢之举。其实,没有道理这样做;但在我看来确实有理由认为,在放弃金本位对信心的冲击被消化之后,这场运动就已经完成了它的使命,本应该早日停止,经济引擎也本应该更快地逆转。与这些消极的心理反应相反,扩大公共投资有时候也会产生积极的心理反应。在这些情况下,这种扩张非但不会对企业信心造成不利影响,反而可能产生积极的效果,刺激商业信心,有效地起到启动泵的作用。要区分这两大类情况,理论上虽然很容易,但在实际当中千变万化的情况下,往往是一项非常困难的任务。

§8 不过,这还不是故事的结局。假设我们一直在考虑的这些进程已经取得了效果,由此,投资支出已然出现一定的净增长(这是政府部门所采取的措施对货币总收入的主要影响),但是,我们还需要考虑政府投资对个人消费品支出的可能影响。这显然是一个非常重要的问题,因为,如果这些影响是负面的,而且足够大,那么所谓财政部观点终究是正确的。第3节已经给出了理由,使我们相信在正常的银行与货币体制下，这些影响的负面程度根本不足以达到这一水平。这也是因为部分额外的投资支出不是通过消费支出转移来融资的，而是通过将资金从被动余额转到积极余额，再通过使用积极余额创造新货币来进行的。如果政府以本章第6节所描述的方式阻止利率的上升，那么就没有理由对消费支出进行"任何"制约，所需要的全部资金也将以该方式进行融资。

§9 然而，我们的讨论还不能就此而止。消费支出的负面反应不太可能大到足以"彻底"抵消投资支出的扩张。不仅如此，另外，可以预期的是，随着投资支出"不断"升高，消费支出也将不断升高。有人认为其中的原因是，新招入投资行业的人会想要花掉他们的收入，由此将会为其他人创造就业机会，但其实并非如此，因为如果我们假设有1000人招入投资行业但同时有1000人被消费行业所抛弃，由此在其他方面对就业造成的损害将会抵消投资领域新员工的支出所带来的益处。所以，我们有必要假设在消费行业中不会有人被解雇，这样才能合理地使用这一论点。换句话说，我们必须用我们的结论作为证明它的前提。此外，还有一种不同的证明方法，且不落入循环论证。当政府部门的决策使得投资率实现净增长时，就需要有更多的资金被提供。但这只有在利率上升，或者实际总收入增加并致总就业增长，或者二者同时发生时，才能实现。在正常的银行与货币体系下，利率会（很可能是）略有上升。这意味着，如果人们在被动余额中的资金比积极余额中的资金少，则会更具优势，这也就意味着货币总收入增加了。对于依赖低利率政策的银行与货币体系，为了阻止利率上升，银行总是会为此目的需要多少新货币就创造多少新货币，因此必

第五章 货币总支出与公共财政操作的关系

然扩大实际收入；否则，我们本应进行的额外投资的资金将无法到位。但是，额外的实际收入意味着更多的就业，所以，在货币工资率不变的情况下，一般来说，货币收入会增加。因而，无论哪种情况，货币总收入不仅增加了，而且增加的数额超过了其中来自投资的部分。用一些经济学家现在时髦的话语来说，相关乘数不仅为正，而且大于单位一。①

§10 上述五段的分析得出的主要结论是，显然，政府部门通过贷款进行的投资一般会增加货币总支出。

§11 第二种类型，政府部门的借款转移支付给穷人，比如说，国家补助的失业保险的受益人。可以肯定地说，这些钱中的大部分都会用于购买消费品，从而间接地为这些商品的生产者创造货币收入。尽管其中一些借款可能本应是私人投资或是私人（不含国家补助对象）消费品支出，但这种公共财政操作的主要效果必然是增加总支出，原因已经在第3节给出，即政府贷款一部分资金来源于被动余额账户向积极余额账户的转移以及银行创造的新货币。因此，我们所要确定的只是，当相对贫穷的人拥有更大的总购买力②时所带来的继发效应如何。人们有时认为，大致上说，这一继发效应必然带来货币总支出的扩大，因为穷人的消费支出占其收入的比例可能会大于富人，而消费产生收入，储蓄却不能。并非如此！一个穷人花100块钱买吃买穿并不会像富人存款投资建车

---

① 对这一问题更充分的讨论，请参考我的另外一部著作《就业与均衡》（*Employment and Equilibrium*）第三部分。

② 我使用这一术语，是为了避免下述事实所引起的尴尬，即穷人从政府转移支付中获得的收款（receipt），从技术上讲，并不是收入（income）。

库那样使货币总收入增加。但是，这一推理虽然不正确，其所指向的结论却是正确的。对于任何给定的实际收入，穷人手中掌握的比例越高，十有八九用于投资的预期回报就越低。不过，如果投资资源的供给计划提高了，而获取这些资源的机会保持不变，那么势必会形成一种趋势，即利率上升，或者实际总收入上升，或者二者都上升。这意味着，按照第9节所示的方式，货币总收入往往会被推高。因而，正如公共借款投资一样，政府转移支付不仅初始效应有利于货币总收入，而且继发效应还会对其进一步巩固和加强。

§12 我们看到，目前为止所描述的所有过程都需要政府借钱。由于这些过程是在政府预算的保护伞下由中央政府来操作，因而，这里也涉及"赤字预算"。因此，把公共项目支出和赤字预算作为替代性政策的说法是不正确的，可是人们有时候就是这么认为的。我国传统上反对在正常的和平时期为赤字编制预算——除了某些显然适合贷款融资的特殊规划（比如，海军舰队的重建）外。但是，这一传统并不影响地方政府的支出；至于中央政府，利用预算外资金，例如，减少雇主对失业保险基金的缴款，或者允许该基金自行借贷，就可以轻松把问题解决了。只要政客们愿意，就连进口税也可以列为预算外；看看战前对进口小麦施行的强制性税费就知道了——当然，这不是一种基于利得的税收。这些不过是政客们的伎俩，对基本的事实不会有影响。

§13 第三种类型，政府通过税收筹集资金，而不是通过贷款，并且把筹集到的资金用于不与私人投资相竞争的公共工程上。有两个极端情况可以说明问题。在一种极端情况下，我们可以假设，政府以税收形式筹集并投资的资金恰好等于纳税人削减的投资支出和减少的消费支出之和。在另一种极端情况下，我们可以假设，这些人通过减少个人支出、从被动余额账户取款、呼吁银行创造新货币等方式集纳税款，其程度与政府通过借贷而不是征税来筹集等量资金的程度完全相同。前一种极端情况不会出现，理由如下：可以肯定地说，为政府公共投资筹集到的资金并非都来自于本应是私人投资的项目。因此，必须增加总投资。但是，正如本章第3节所示，当投资增加（通过对需求侧的影响）时，货币总支出也会随之增加。这就排除了前一种极端的情况。另一种极端情况在实践中也同样不会出现。因为，尽管政府完全可以向银行借款，而愿意借款给政府的私人在一定程度上也可以从银行贷款，并以贷款购买的政府债券作为抵押，但是，他们一般不愿意从银行贷款来纳税，往往也不能这么做。由此得出的结论是，在税收的方法下，货币总收入将在一定程度上增加，但与在贷款的方法下政府同等支出相比，增加的幅度要小得多。

§14 第四种类型，政府通过税收筹集资金，并把筹集到的资金转移支付给相对贫穷的人。这将会产生类似的结果。

如果接受转移支付的人相对来讲并不贫穷，而是与提供转移支付的人的财富相当，那么从总体上看，货币总支出不会有显著的变化。[①]毫无疑问，如果"接受"转移支付的人比"提供"转移支付的人更习惯于以货币形式持有更大（相对于实际收入）的实际余额，这种转移将产生减少活跃存款、增加被动存款的效果，

[①] 注意，正如第一章第3节所定义的那样，这里的货币支出等同于货币收入。转移支付本身，如养老金或失业津贴，并不是货币收入。如果将其计算在内，货币总支出的增长就会大得多，但这与此处及下文的探讨就不一致了。

或者换句话说，降低货币收入流速，因而，会使货币总支出收缩。而如果提供转移支付的人更依赖于货币形式的实际余额，那么货币总支出将会扩大。但是，如果两组人一开始财富水平相当，那么任何一组都不太可能比另外一组更看重货币形式的实际余额；因而，任何一种结果都不会比另外一种更可能发生，货币总支出任何显著性的变化也就不可能存在。

但如果是从富人向穷人转移，情况就不同了。这种转移往往会增加货币总收入，其原因见本章第 11 节，与其中讨论的继发效应有关。但这还不是全部。即使穷人愿意跟富人一样将同等比例的收入存储起来，向穷人的转移支付也仍然会使货币总收入变大。这部分是因为，在很大程度上，穷人的收入是在较短的时间间隔内支付给他们的，因此与富人相比，他们以货币形式持有的实际余额相对于他们的收入（加上他们可能获得的任何政府补贴）要少。由此，以富人为代价、有利于穷人的收入再分配，除了刚才描述的反应之外，还将导致以货币形式存在的实际余额平均水平下降，即增加货币收入流速，其结果是货币总支出扩大。出于与本章第 13 节所述相似的原因，在向穷人转移支付额度给定的情况下，由税收筹集的转移支付资金对货币总收入的影响要小于由贷款筹集的转移支付资金对货币总收入的影响。

§15 第五种类型，赤字预算，即已知政府各类支出额度，政府以贷款而不是以赋税来融资。显然，对于"现有"支出是选择贷款融资还是赋税融资，这种选择给货币总收入带来的差异，在本质上无异于对同等额度的"额外"支出是选择贷款融资还是赋税融资。因而，相关问题已经在第 13 和 14 节讨论过了，其中比

第五章 货币总支出与公共财政操作的关系

较了通过税收和通过贷款为向穷人转移支付和投资提供资金所产生的不同影响。据此，我们得出结论，总的来说，以贷款融资的赤字预算政策必然会导致货币总收入的增加。我们之前的讨论进一步表明，与富人相比，税收减免对穷人越有利，这种趋势就会越强。

§16 现在，我们来探讨一个非常重要的一般性问题。当一个国家与世界其他国家有贸易关系时，该国的支出不一定在其"国内"产生同等的收入。这不同于孤立的国家或地区，支出必然产生同等的收入。如果一个国家采取扩张主义政策，并因而改善了就业状况，该国人民一定想买更多的进口商品。这种效果可能对英国特别重要，因为英国对外贸易依存度异常巨大。如果外国同时也在实行扩张主义政策，这就会导致他们也想购买更多的进口商品；这样一来，一个国家（比如英国）的进出口关系就不会受到干扰。但是，如果英国实行扩张主义政策，而其他国家不实行，那么进口的刺激就不会被出口的相应刺激所抵消。如果并且只要外国人愿意从我们这里购买有价证券来填补这个缺口，这就暂时还不重要。但整个缺口都以这种方式填补，无论如何都是不太可能的。因此，一些本应构成国内支出的财政开支，将成为外国人在我国持有的被动余额；并且，国内支出的收入会持续下降。如果不采取公开的行动，这种趋势也有可能会被本国货币与外国货币之间的汇率下降所抵消，因为这会鼓励出口、抑制进口；或者，也可以采取旨在增加出口（如出口补贴）、限制进口（如关税、配额等）的国家行动加以纠正。但是，只要这种情况未被抵消或者未被纠正，其存在就意味着，为了使货币总支出达到一定的增长，政府用于投资或向穷人转移支付的支出——无论是来源于贷款还是税收——都会比其他情况下需要的更大。事实上，如果降低汇率的抵消影响被国际金本位规则所禁止的话，那么在某些情况下，政府可能无力借由扩大财政支出来确保国内货币总支出的显著增加。

§17 最后，对于相反趋势的探讨同样重要。在本章讨论的所有情况中，尽管存在外汇收支平衡的困难，但如果且只要政府的措施确实引起货币总收入的增加，那么就会产生积极而可观的累积反应。首先，个人货币收入的增加意味着，在任何给定的税率下，政府自身的货币收入都会增加。所以，在完成给定数额的公共投资或转移支付时，政府需要的新资金要少于该数额，即政府不再需要借入或以新税筹集同等数额的资金。即使货币工资率同时被扩大到无法改善就业的程度，也是依然如此。但是，进一步来讲，如果就业得到改善（这几乎肯定会发生），如果存在由国家保障的失业保险制度（正如英国这样），那么就会产生第二项利好，即失业率降低了，政府就不需要为失业救济保障那么多，这也就意味着政府需要的贷款或税收减少了。因而，一项公共财政操作，若成功地增加了货币总收入、缓解了失业状况，无论程度如何，都可以说是自食其力了。所谓"每每俘敌而归，而后倍攻之也"，这意思是说，去打仗的士兵都抓了俘虏回来，俘虏又加入我方士兵投入战斗，我方力量就翻倍了。换个角度讲，指挥官要求由一千人发动进攻，但实际不需要为了这个目的而投入那么多人。究竟这个数字应该多大，取决于具体情况。对此的任何估计在很大程度上都是猜测。不过，在我国目前的情况下，我们可以相当肯定的是,对于我们正在探讨的这个问题,政府需要有能力支出一定的资金;但无论是通过贷款还是收缴新税,政府为实现这一目标所需要筹集的资金数额可以"大幅度"低于既定的数额。

第六章　政府为促进就业而影响货币总支出的主要方式

§1 在上一章中，我们已经确定政府拥有调整货币总收入大小的权力，且方式不止一种，而是有多种可供选择的公共财政操作的方式。本章，我们将区分政府为促进就业而行使这种权力的主要方式。正如我们所见，抛开劳动力流动的障碍以及外汇收支平衡的困难，一般来说，调整货币总支出在同样意义上意味着调整货币工资率。因此，政府很可能会设法影响货币总收入，通过对其施加某些条件并引发某种变动，进而传导到货币工资率，使之相应的状态和变动具有有利于就业的特征。

§2 理论上讲，有两种主要的操作类型加以区分：(1) 稳定货币收入；(2) 将货币收入提升到一个高过政府干预的水平。然而，尽管某些种类的公共财政操作仅仅影响货币工资率的稳定性，但不太可能只影响其平均水平，因为政府有一种天然的倾向，即在经济困难时期采取比在经济繁荣时期更加强有力的改善行动。因此，在实际当中，更为方便的区分方法不在于区别稳定性操作与提升性操作，而在于区别只有稳定性操作与既有稳定性又有提升性操作。

§3 显然，旨在将政府的开支由经济景气时期调整到经济不景气时期而不影响其总额的公共财政操作，以及旨在在经济不景气时购买存货、在经济景气时卖掉存货的公共财政操作,这两种操作都属于上文两类区别的前者。《就业白皮书》中所提出的政策,即在经济景气时期和经济不景气时期,雇主与雇员对失业保险基金的缴款有所不同,这一政策也属于前者。对于预算,在经济不景气时为政府支出做赤字预算,在经济景气时为政府支出做等值的盈余预算,这一政策同样属于前者。后两项政策,正如前文所示,① 在原则上是相同的;它们在形式上也可以相同:如果雇主和雇员的缴款不被称作缴款(缴款进保险基金账户),而是被称作赋税(赋税进财政收入账户),那二者在形式上就也是相同的了。接下来的三章,我会对这几项政策做简要的描述。

§4 另一方面,扩大公共支出的操作,无论其资金来源是贷款还是税收,在经济不景气时会超过假设政府不考虑就业时所采取的措施,但在经济景气时政府却不会相应地缩减公共开支并使之低于该情况下所采取的措施。此类操作在稳定货币总收入的同时,必然提高其平均水平。在撰写《就业政策白皮书》(1944)时,这种类型的操作很可能就在作者们的脑海中。他们直面公众舆论,使他们"认识到,经济衰退时期为改善住房、公共建筑、通信手段、水电供应等社会永久性设备提供了机会"。② 我不会详细阐述这类政策,因为与之有关的全部信息都可以从第五章的讨论中归纳出来。但是,我会拿出第十章来简要阐述另一项与之大体类似的政策,即在经济不景气时发放工资补贴,而在经济景气时却不采取任何反补贴或抵消措施。

---

① 参阅前文,第五章,第12节。
② 见引文文献,第66段。

第七章　政府部门支出的时机[①]

§1 本章，我们来看一个起到稳定性作用的政策，主要是将一般在经济景气时期进行的公共资本支出转到经济不景气时期，这一政策已经具有相当长的历史。这些资本支出有时是通过税收融资，但更多是通过贷款融资；不过，在任何一种情况下，无论是否转到经济不景气时期，融资都是在经济景气时进行的。政府部门习惯于在某些场合签下大宗订单，这意味着这些商品的制造商需要大量的劳动力来制造这些商品。按照目前的观点，订单是给私人企业还是给需要这批货物的政府部门的生产企业并不重要。无论哪种情况，都同样有将订单从经济景气时期向经济不景气时期转移的空间，以及相应的劳动力需求的转移，这会体现在货币工资额上。贫民救济委员会[*]订购了那么多的物资，海军部订购了那么多的船只，市政当局订购了那么多的学校和其他建筑，还有那么多的道路维修项目，等等，并且没有严格的强制性，要求他们在某个特定的时刻之前必须完成这笔订购。事实上，通常是当

[①] 本章部分内容摘自本人所著《产业波动》(Industrial Fluctuations)第二部分第十四章。

[*] 贫民救济委员会是1835—1930年英国管理《济贫法》的临时政府机构，该机构根据1834年的《济贫法修正案》(the Poor Law Amendment Act 1834)而设立。——译者注

第七章 政府部门支出的时机

产业普遍萧条时（在这种时候，大多数私人企业也同样不景气），政府部门的需求就会降低，反之则会升高。"其原因不难解释。公共收入，即财政收入，忠实地随国家经济活动的波动而波动。在危机时期，财政收入往往会减少。为了应付由此而产生的赤字，政府出于谨慎会尽可能削减开支，因此，所有看来并非绝对必要的项目都会被推迟。随着生产的恢复，许多本以为可以顺延而无不便的订单，现已变得亟须执行。经济生产设备在正常时期似乎足以满足工商业的需要，但现在也已证明数量不足，必须尽快加以弥补。而同时取得的财政收入盈余，也会促使行政机关执行不那么紧迫的项目。"① 然而，政府部门没有必要以这种方式执行其订单。如果愿意，政府可以采取保持经济平稳的政策。

§2 这一政策体现在1904年普鲁士商务部长发出的关于"就业保障组织"的一篇通函中，并被施洛斯（Schloss）在关于外国如何应对失业的《报告》中引用。该通函写道："即请诸君惠注，一切措施皆旨在防止大规模之失业，或于不可为之时减轻其影响。为对抗此祸害之事，各镇、各区、各省乃至全国上下各级行政，务须竭尽全力，发挥自身雇主作用，全面而有条理地在所负责之项目中进行适当分配与调节。凡重要之工业、企业，概皆有一些项目，并非绝对需要于固定期限之内完成；同理，各省区、各市镇行政部门，亦皆有待分配之工作，其完成之日可在一定限度内根据情况自由选择。若所有公共行政部门在对这些工作做出安排之时，能够及时审慎地选择时机，将其安排在民众谋工之时，则

---

① R. Viviani, 引自《国际劳工办公室失业救济报告》，1922年，第117页。

多数情形下,当可防止广泛失业之情势,严重之困境亦可随之而避免。这些工作当中,凡无需技术、各类失业人员皆可从事者,若能保留到威胁就业之时(此种情况大多于冬季后期在较大之城镇和工业中心出现)则更为有利也。"① 同样的政策以更严格的形式体现在《济贫法》皇家委员会多数派关于市政临时工作的提议里。委员们写道:"偶尔雇用正式工以外的人,有时候是不可避免的。在这种情况下,我们认为可取的方式是,如果有可能,政府部门就把临时性工作安排在连普通正式工作也萧条呆滞的时候,在那个时候再把这些工作推入劳动力市场。这一点查普曼(Chapman)教授说得很好,他认为,只要政府部门对劳动力的需求有上下波动,将这种需求从贸易的盛衰以及季节性因素的影响当中解放出来就是可取的,之后,人为地使之与公开市场的需求成反方向变化。"② 一项类似的政策也赢得了皇家造林委员们的赞同。他们所关心的是要使自己确信,"造林,这一森林建设工作中最需要劳动的部分,具有足够的灵活性,在劳动力充足时可以持续推进,在劳动力不足时可以随时中止";③ 他们建议造林实际上应依据这些原则来推进或中止。

§3 《济贫法》皇家委员会少数派也在更广泛的领域内采纳了同样的观点。他们写道:"国家和地方政府的行政与服务支出每年在1.5亿英镑,我们认为,毫无疑问,从中至少可以划拨400万英镑的专款,不按年度平等地进行,而是按照10年的规划,以不均

---

① 《外国应对失业问题之机构与方法报告》,第108页。
② 《〈济贫法〉皇家委员会报告》,第41页。
③ 《海岸侵蚀与绿化造林皇家委员会报告》,第二卷,第13页。

第七章　政府部门支出的时机

等的年利率通过贷款来进行。这样，当全国劳工交易部报告称在联合王国境内无法找到工作的健全求职者人数超过正常水平的时候，单一年度专款甚至可以达到1000万—1500万英镑。在负责全国劳工交易的部长提出这份报告之后，只要失业比例指数按照现在的计算方法超过比方说4的时候，各政府部门会再度执行其十年资本支出计划；海军部会准备建造一艘特种战舰，增加大炮和炮弹的储备；陆军部会下令增建一批不可或缺的兵营，并进一步补充其五花八门的军需；工务局会加快其长期性任务，如新建邮局、新建其他政府大楼，以及更新陈旧的办公家具；随着电报电话延伸到英国的每一个村庄，邮局会以平常的三到四倍的速度运转；即使是文书局也会比平常快两到三倍来印刷皇家历史手稿委员会的卷宗，发行国家档案馆的刊物。但可做之事远不止于此。显然，在今后几十年里，政府会花费数百上千万英镑来重建最糟糕的小学，大量增加中学的数量，大大增加技术学校和培训学院的数量，并把我们十五所大学的住宿能力和设备数量扩增一至两倍。所有这些建筑和翻修装饰工作，光是它们，就可以在十年间有效地花掉那4000万英镑了；这些工作事实上不是——也不必为了追求效率——以年度同等分期付款完成的。很可能会有一项为期十年的中央对地方的财政补贴，以援助地方在教学楼、教学设备等方面的支出。这种情况只需要劳工交易部部长报告说失业指数已经达到了警戒线，即可触发对地方的财政资助；之后，全国各地方教育部门就可以按照实际情况的要求来提供工作机会了。与此同时，这些也会刺激地方政府开展其带有资本性质的一般市政项目，无论是电车轨道还是供水系统、公共浴室还是发电站、熟练工的住所还是市政大厅、排水系统还是街道翻新,等等,这些项目在经济萧条的年份比在生意兴隆的年份规模要大得多。事实上,他们已经开始这样做了:市政企业自我建立了一套小型的波动调整机制,在一定程度上可以抵消私人企业的潮涨潮落。由于在这个方向上的巨大发展,我们倾向于认为,没有相较于1878—1879年和1839—1842年的经济衰退,英国过去二十年的周期性经济萧条感觉起来没有那么严重,其原因正在于此。"①二十年前,在"假设货币总收入和货币工资总额之间的比率保持不变"的前提下,鲍利博士对当时需要的调整幅度进行了如下估计:"1911年工资额为8亿英镑。以第一年为失业率最低的一年,一个典型的周期如下表所示:

连续十年										
失业率(%)	$2\frac{1}{2}$	$3\frac{1}{2}$	$4\frac{1}{2}$	$5\frac{1}{2}$	$6\frac{1}{2}$	$7\frac{1}{2}$	$6\frac{1}{2}$	$5\frac{1}{2}$	$4\frac{1}{2}$	$3\frac{1}{2}$
失业均值差(%)	$-2\frac{1}{2}$	$-1\frac{1}{2}$	$-\frac{1}{2}$	$\frac{1}{2}$	$1\frac{1}{2}$	$2\frac{1}{2}$	$1\frac{1}{2}$	$\frac{1}{2}$	$-\frac{1}{2}$	$-1\frac{1}{2}$
工资额的变动(百万英镑)	+20	+12	+4	-4	-12	-20	-12	-4	+4	+12

在公共支出方面,我们或许可以把工资算作全部成本的80%。基于这些数据,如果头三年共计扣留3600万英镑工资(支出为4500万英镑),失业率会被拉平到统一的5%,平均延缓支出时间为四年;如果在第七、第八年总计预付1600万英镑工资(支出为2000万英镑),失业率同样会被拉平到5%,平均预支出时间为两年

---

① 《〈济贫法〉皇家委员会少数派报告》,第1196页。

半……目前，可就业人口比1911年增加了约8%，周薪增加了约70%。那么，现在，在头三年中延缓的支出将会达8100万英镑，在第七、第八年预支出将会是3700万英镑。"① 显然，随着现在以及今后货币收入的提高和物价水平的上涨，这些数据都会被更大的数字替代。但是，其中的原理是一样的。

§4 在体制如同英国这样的国家里，可以从经济景气时期转移到经济不景气时期的这类公共支出，其主体部分都控制在"地方"政府的手里。这样的权力机构，有控制不同项目部门的委员会制度，有人事方面频繁的变动，也有面对纳税人时持续的恐惧（所有这些因素使得制定一个深思熟虑且普遍适用的财政政策变得非常困难），他们自己很少有权力或者意愿在就业方面采取补偿政策。因此，我们可以得出结论，用鲍利博士的话说，就是，"促使地方政府（没有地方政府的合作，系统化的政策不可能完全获得成功）保障就业数量的唯一可能的方法，就是由中央政府行使其强制权力，可以给予也可以不给予专项拨款，可以赋予也可以剥夺举债的权力，最重要的是，当国家需要着手公共工程时，能够以宽松的条件提供资金"。② 在1920—1921年战后经济萧条的困难时期，中央政府行使其权力，以相当大的力度给地方政府拨款，来刺激经济的发展。③ 在1909年，《发展与道路基金法》中已经体现了一项定期且长期采取此类行动的安排，其中规定，议会给予地方政府的拨款"必须在考虑到就业的现状与前景的情况下才能使用"。

---

① *Is Unemployment Inevitable?* 1924, pp. 367-368.
② *Is Unemployment Inevitable?* 1924, p. 376.
③ 相关方面的概要，参见 Morley, *Unemployment Relief in Great Britain*, pp. 189-191.

因此，当1944年白皮书敦促"公共投资，无论是在时机上还是在数量上，都必须经过仔细规划，以抵消私人投资不可避免的波动"①时，该白皮书至少在公共支出的时间安排方面是踏着前人的足迹来做出判断的。

§5 固然，这一政策不能无限制地推行。目前，大部分公共资本支出只能以这类方式调整，但成本甚高且不方便，甚至还有风险。比如，有这么一个小镇，可能目前很难确定自此时起十年之后是否需要更多的教学楼；而在十年之后，当它真的需要这些教学楼的时候，又绝不能再度推迟对这种需求的满足，否则就是严重渎职了。中央政府同样无法准确地预见其未来对舰船和枪炮的需求：政府不愿去预测这些需求，是因为担心给自己套上过时型号的包袱；但当要求变得紧迫时，它又不敢拖延。当面临战争威胁的时候，绝不可能允许强调工业的稳定性而影响作战部队采购必要物资的时间。然而，在公共资本支出的其他部分，不论一两年内政府的要求在何时得到满足，都对便利性和成本没有多大影响。在这些情况下，很容易克服将投资支出由好年景向差年景转移时所遇到的障碍。此外，我们也要记住，以实现稳定性为目的的转移支出不一定是"向后"转移。有些一般是在以后才进行的资本项目，政府部门也可以提出来"提前"进行。

---

① White Paper on Unemployment Policy, p. 18, § 48(c).

第八章 政府采购：经济不景气时购买，经济景气时卖出

本章的标题大致说明了该政策的性质，它与上一章所讨论的政策具有相同的属性。通过这种方式，如果政府愿意的话，可以有所为，在一段时间内平衡货币总支出和货币工资总额。我将不详细分析这类政策，因为大部分相关的内容已经说过了。不过，可以从实践的角度对它做几点评论。显然，对于易腐烂的商品或者受时尚风向影响太大的商品，这一政策是无法适用的，但对于其他种类的商品，这一政策还是有充分的理由站得住脚的。然而，由于产业波动的周期很长，因此它的代价必然非常高昂。别的不说，单就利息而言，如果利率是5%，持有某个商品四年的成本就是21.5%，也就是说，相当于立刻以该额度折价出售。此外，在持有商品这段时期内，"款式会改变，规格也会改变，因此，很少有商品是耐用的，也就是说，很少有商品能在繁荣和萧条的变化阶段保持其经济价值"。[1] 当然，在一个机械化改良与发明快速发展的时期，这一点尤为正确。纵有千虑，也难保一失。上述考虑恐怕并不完备，还有一个非常重要而实际的考虑。对于政府部门来

---

[1] J. M. Clark, *The Economics of Overhead Costs*, p. 164.

说，要控制发出订单的时间来采购"必需"的商品，所要做的只是在他们已经熟悉的领域中一个关于采取何种方式的决策。但是，政府部门在经济不景气时大量购买商品，在随后的景气时期将其出售给公众，意味着他们进入了一个全新的领域——商业投机。政府部门在这方面采取的任何行动，都会遭到该领域内的交易商们的强烈反对。这会加大政府取得成功的难度。但除此之外，即使是那些赞同政府部门有足够的能力经营生产性企业的人，也可能对中央政府（除了中央政府，没有任何其他政府部门可以参与其中）是否适合商业投机犹豫不决。在两次大战期间，各个官方采购部门的成就并没有什么借鉴意义，因为当时的情况与正常时期完全不同。因而，相对于前面几个章节所描述的更为正统的方式而言，政府部门采取此类行动要面临更大的困难。然而，这正是对其仔细研究而非拒之以千里之外的原因。

第九章　经济景气与不景气时保险费的调整

正如第六章中所提到的，1944年的《就业政策白皮书》包含了一项提议，旨在在不影响货币总收入的情况下使其趋势更加稳定。该提议出现在白皮书的第68—69段，内容如下。政府"在研究了多种方案之后，当设定的条件得到满足时，支持采用一种方案，即根据就业状况，在拟议的社会保险新体制下，雇主与员工缴纳不同的保险费。保险费缴纳标准比率将以平均失业水平的前瞻性预测为基础，以使社会保险基金在若干年内保持平衡。但是，当失业率低于预测的平均水平时，实际征收的保险费率将超过标准比率，而当失业率超过这一平均水平时，保险费率将低于标准比率。……这一方案的效果是，在失业率超过一定水平时，失业率上升2个百分点就会以平均每周50万英镑来减少就业人口缴纳的社会保险费（除了相应地减少了雇主的成本以外）。这将大幅提高就业人员手中的购买力；因而，留在数百万人手中的额外资金将有助于维持对消费者商品的需求，从而至少抵消一部分失业人口支出下降的影响。维持购买力将大大减少总支出和就业方面的变化"。顺便提一句，这一计划并不"仅仅"是在经济不景气时提高了个人购买力，也在经济景气时使之降低到相应的程度。至于雇主的缴款，这一计划实际上相当于在经济不景气时给予他们工资补贴，而在经济景气时对他们征缴相应的工资税；因而，在稳定工资额、改善就业方面，这一计划所产生的有利影响，远远超过白皮书所称的内容。[①] 然而，该计划的主要特点是，在经济不景气时多多少少以借贷替代（虚拟）税收，在经济景气时多多少少以（虚拟）税收替代借贷。正如我们在第五章所看到的那样，以借贷替代税收往往会增加货币总支出，反过来，以税收替代借贷则会减少货币总支出。这两个过程叠加在一起，必然使货币总收入趋于稳定。

[①] 参考后文第十章第4节内容。

第十章　经济不景气时的
　　　　工资补贴

§1 在经济不景气时给予雇主的补贴，无论是在产出方面还是在工资方面，如果是由所得税类型的税收（本质上与就业率没有直接的区别）提供的（更不用说由贷款提供的），则一定趋向于稳定货币总支出，从而稳定货币工资额，就像前面三章所描述的政策那样。然而，由于在经济景气时没有相应的税种予以抵消，显然，如第六章所示，这类政策一定也会使货币支出的平均水平，从而使货币工资额的平均水平，高于不采取这种政策时的水平。这一点在实践中是可以预料的。本章，我们并不关注旨在刺激特定种类商品产出的补贴，如甜菜糖、牛奶、牛肉等的补贴；而为维护工业和平而引入的救世主似的临时补贴，如1921年和1926年的煤炭补贴，也与本章无关。本章将对其他类型的补贴做简要的评述。

§2 一般来说，有人建议，在经济不景气时，将补贴提供给特定的行业或行业集团，而不是所有的行业。因而，在1923—1924年间，失业救助委员会向那些愿意从事诸如天然气、水、电、电车、码头、港口、运河等公用事业财政创收项目的私营企业提供政府拨款，否则这些项目就会被推迟。[1] 类似的拨款曾一度被已故伯爵贝尔弗（Earl Balfour）等人倡议提供给某些出口行业。然而，政府直接向特定行业拨款的形式造成了厚此薄彼的差别化优惠，这很可能会遭到不能享有同样优惠的其他行业的强烈不满。如果是出口行业获得了补贴，还会有更多的反对意见：（1）外国买家所得到的，至少有一部分是由英国纳税人提供的；（2）外国政府很可能通过征收报复性进口关税来反击我们的出口补贴。部分地由于这些原因，在经济不景气时期对特定行业的补贴政策，"作为促进就业的一种手段"，迄今为止在实践中还没有发挥重要作用。本章将仅涉及涵盖行业主体的补贴，且并不泛泛而论，而是只讨论工资方面的补贴。

§3 已故梅尔切特勋爵（Lord Melchett）在1925年出版的一本小册子中对此提出了一个巧妙的计划。[2] 实质上，这个建议是，任何四位劳动者，只要愿意，就可以把他们的保险金（每人每周23先令）交给国家；之后，政府把这笔钱付给雇主，条件是在现有员工之外，即此四人以外，他按照工会的工资标准再雇用另外一人。该建议的根本想法，第一是，用于补助金的钱只应该是原本用于保险福利的钱，这样就不需要额外筹集资金了。第二是，补助金的发放不应针对整个公司的全部，而应仅针对公司的新增。当时的标准工资，我们大致算作40先令，那么从雇主的角度来看，该计划相当于给失业者提供工资21.6先令，其余部分则由保

---

[1] 参见 Morley, *Unemployment Relief in Great Britain*, p. 191。
[2] *The Remedy for Unemployment*.

险基金支付。毫无疑问，如果这种补贴能被限制在额外员工的数量（即有补贴时实际雇用的人数与没有补贴时本应雇用的人数的差额）上，这样的安排在经济不景气时会带来就业的增加。然而，除非情况非常糟糕，以至于没有丝毫的希望使之立即好转，否则，没有补贴时本应雇用的人员与补贴之前已经雇用的人员，二者不能画等号。当人们想要的是一种英雄主义式的补救办法，也就是出台专门的法律以应对单一的紧急情况时，这种困难还不是致命的。但是，直白地说，任何基于梅尔切特勋爵观点的计划都不能成为解决失业问题的常规标准手段，因为一旦如此，在看到经济萧条即将来临时，个体雇主就会被诱使解雇员工，同时希望立刻重新雇用他们，这样一来，他们的大部分工资账单就会落在其他人的肩膀上了。①

§4 因此，让我们谈谈经济不景气时的工资补贴问题，这不仅是针对因补贴而雇用的新增工资收入者，而且是针对整个工薪阶层。实施这种补贴，存在严重的实际困难。如果所有职业都是严格区分开的，从而不仅没有人可以直接从一个职业跳转到另一个职业，而且每一代进入工业时代的人在这些职业中所做的选择也被严格地固定下来，那么一切都将变得十分简单。每一个职业都可以作为一个单一的问题来处理。但是，在现实生活当中，不同的职业并非严格分开，因而，必须考虑补贴可能会改变不同职业所特有的工作与人的比例关系。如果政府对所有职业都给予完全一样的财政支援，这种影响是不会产生的。然而，事实上，面对

---

① 参见《布兰斯堡失业委员会报告》，1927年，第79—80页。

低工资率、高失业率的行业，政府很可能会受到强大的政治压力，被要求给予这些行业更多的补贴。例如，在1931年（英国）经济大萧条时期，相对低迷的工程业和造船业肯定比铁路等行业更需要优惠的待遇。更为严重的是，随着对某一行业产品需求的萎缩，该行业的衰退与萧条愈加明显，它就会要求给予更高的补贴，无论绝对值还是相对值都高于其他行业的平均水平。这样的请求可能会成功地达到目的，而如果他们成功了，那么就会造成某些行业人员扎堆，太多的人都被安排在那里工作，而另一些行业则门可罗雀。这时候可能需要政府展示出强大的力量和能力，以防止工资补贴政策陷入这种模式。《就业政策白皮书》(1944)中提出的调控雇主对失业救济的缴款（参见上一章），在实际效果上，就是于经济不景气时对所有雇主以相同比率进行工资补贴，于经济景气时通过税收抵消来取得平衡。这项建议如果得到采纳，就会规避上述困难。

第十一章　学术提炼

§1 本章的目的在于计算出工资补贴的直接同期效应。我们假设：工资率不具有反向作用力；在实体经济中，工资和其他一切都以实物支付，且只有一种"实物"；不存在对外贸易。据此，假定补贴的资金来源于对非工资收入者征收的同期税（例如所得税），这种赋税对就业率不产生显著性的影响。为方便起见，我们的实体经济可以农业社会为代表，其中，农民拥有土地并雇用劳动力，所有劳动力的技能都是相等的。该社会除了麦子不生产别的东西，工资也以麦子来支付。当该社会经济不景气时，工资率为每天 ω_1 蒲式耳小麦，就业人数为 x；但当工资率为 ω_2（小于 ω_1）蒲式耳时，就业人数增加为 $(x+h)$。在这种情况下，假设政府部门就所雇用的每个劳动者向雇主支付补贴 s，数额等于 $(\omega_1-\omega_2)$；如上所述，补贴资金是通过对非工资收入者征收所得税取得的，而支付给劳动者的工资率不变。

§2 就业人数每增加 h，以小麦支付的实际总收入增加介于 $h\omega_1$ 和 $h\omega_2$ 之间，后者等于 $h(\omega_1-s)$。为近似起见，我们假设劳动边际生产率函数为线性，则实际总收入增长为 $h\left(\omega_1-\frac{1}{2}s\right)$，工资入者实际收入为 $h\omega_1$。由此可知，非工资收入者由于向工资收入者支付补贴,其实际净收入减少了$\frac{1}{2}hs$。

§3 因而,第一眼看上去,就业的增加、实际收入的增长,这些不可避免地是以对非工资收入者的净伤害为代价取得的。但其实并非如此。我们已经看到,表达式$\frac{1}{2}hs$测量的是非工资收入者在付出补贴资金后实际收入的减少情况。现在,在现代社会中,是不允许失业人员挨饿的;而非工资收入者,无论如何,都要以这样或那样的方式为此提供至少是很大一部分资金或必需之物。故而,当就业增加时,非工资收入者为此而掏腰包的数额就变少了。由是,上述类型的补贴计划,可以抵消非工资收入者可支配收入的损失。我们用c来表示他们为帮助每一位失业者所付出的资金贡献率,即每天为每位失业者支付的款额。政府补贴会减少他们救济失业者所必须支付的费用;综合考虑补贴计划之后,他们承担的净费用可以近似地表示为$\left(\frac{1}{2}s-c\right)h$。如果补贴率是贡献率的两倍以上,该表达式为正值;但如果补贴率不足贡献率的两倍,该表达式就是负值,这就说明,给非工资收入者补贴的成本比他们减少必要的开支的成本还要高。

第十二章　一次性扩张货币工资额

§1 在第二章，我们曾经讨论过，在任何特定的物质与心理条件下，像这样一个国家，货币工资率往往会对平均工资水平的一次性增长做出适当的反应，从而使失业率保持合理的稳定性。这一结论，如果追求过度，就会将一次性扩张排除在失业救济的有效方法之外。在该章，我们已经指出不应过分对其强调。本章，我们将再简单讨论一下这个问题。

§2 首先，如我们在第二章所见，当就业遭受严重打压、工薪族经过一段严重的不适后，其心理可能受到巨大冲击，已经完全能够接受由一次性提高支出所带来的收入和就业方面的改善，并将其视为上帝的恩赐，而绝不会激起对工资的任何反应。第二，即使它确实引起了这种反应，由于这种反应肯定会具有一定的滞后性，无论如何，就业情况的改善仍将在一段时间内保持下去。这个过程可能是很短暂的，但这并不意味着它不真实或不受欢迎：

善即存焉，但问何故善亦有终？

> 唯时间永恒，无人能与之争！*

这两种考虑不能被简单地视为经济紧缩主义的权宜之计或者缓和剂。两者可能都有相当大的实际重要性。

§3 不过，还有一个更为根本的考虑。第二章所描述的趋势并不是由压倒一切的外部命运强加在我们身上的，而是由于这个国家的工资率是在广泛的领域内通过不同的行业进行独立的谈判来确定的，而不太考虑整个国家的经济状况。但是，由此而产生的趋势是能够被克服的，或者，不管怎么说，都是能够被工党领袖们深思熟虑的政策大大软化的。他们负有这样的责任。在一定程度上，更好的就业率和更高的货币工资率是可以相互替代的两个选择。此外，还有第三种选择，即渐进式通货膨胀。这一点将在下一章中进行讨论。威廉·贝弗里奇爵士（Sir William Beveridge）在他的著作《自由社会中的充分就业》（*Full Employment in a Free Society*）中，有一小节对这个实际问题进行了很好的阐述。①

---

* 这两句诗见于作者于1907年所发表的一篇文章，"关于道德的几点争议"（Some Points of Ethical Controversy）。作者不认为善是永恒的，也不赞同以先验论的方法去认定善具有永恒的特征；他认为人们需要以知觉（特别是我们的感官）的方法去探究善。这里，作者引用这两句诗也是强调要去客观感知，而不是主观认定。——译者注

① 见该书，第198—201页。

第十三章　趋势的运动与变化

§1 出于本章的研究目的，我将把货币总收入与潜在的工薪族总人数之间的比值称为校正的货币支出。在任何一个国家，如果校正后的货币支出呈下行的趋势，这必然会导致每个潜在的工资收入者的货币工资额呈下行的趋势，因而势必会对失业率产生不利影响。不管该趋势是否有波动，结果都是一样。正如第二章所明确指出的那样，其原因在于，尽管货币工资率往往会根据每个潜在的工资收入者的货币工资额进行自我调整，从而使得工资额从长期来看，其大小并不重要，但是，这个调整的过程是滞后的。反之，如果校正的货币支出呈上行的趋势，失业率必然会受到有利的影响。另外，校正的货币支出自身（即排除政府部门采取的特别行动）无论是出现下行趋势还是上行趋势，或者根本没有趋势，只要政府部门采取的行动使其呈上行趋势，那么它对失业率就会"产生"有利的影响。但是，政府部门采取的直接致力于促使趋势上行的行动，还会产生其他相关的后果；政府采取行动时的趋势与政府不采取行动时的趋势完全不同；政府不采取行动时，趋势本应是有升有降。因此，区分这些情况是十分必要的。

§2 首先，我们假设，排除政府部门的干预之后，该趋势是下行的。那么，此时，没有人会认为，政府部门采取使趋势上行的行动，会带来任何有害的后果——"只要该行动没有达到造成净上行趋势的程度"。因此，当这种独立趋势是下行的时候，支持政府采取此类公共行动的理由就尤其充分。在战间期，人们认为英国就属于这种情况。这一信念大大鼓励了支持公共行动的许多论点，使其热情高涨。因此，尽管偏离了主要论点，但是探寻一下这种信念是否正当合理，可能还是蛮有趣的。

§3 这背后的原因有两个方面。一个是，第五章第 16 节所描述的机制有可能形成一种下行的趋势，而这种机制受到了追捧；另一个是，人们注意到，在战间期，平均失业率比 1914 年之前要高得多，并"由此"做出推断：看吧，这种机制一定在起作用。显然，这种推论太不严谨了，因为，毫无疑问，还有其他的原因会导致失业率居高不下。一战后的经济混乱也与 1930 年的大萧条有关，再加上人们天性不愿意离开自己的家园去别处寻找不确定的机会，因而造就了一批顽固的失业人员，这些人所处的地方、所做的事，都已经需求凋敝了。此外，由于失业保险的发展，失业人员的境况已经大大缓解，工会基金也得到了补贴，从而大大地增强了工作的人要求提高工资率并抵制降低工资率的能力。这很可能使失业率（货币工资率往往可以随之进行自我调整）远高于过去的水平。当然，这些仅仅是对证据不足的裁决所做的抗辩。整个问题还没有最终的定论。

§4 要解决这个问题，显然之道就是直接研究现有的统计方面的证据。鲍利博士对 1924—1938 年间英国的货币总收入进行了估计，如下表所示：[1]

---

[1] *Studies in National Income*, p. 81.

(单位：百万英镑)

1924	1925	1926	1927	1928
3900	3800	3750	3900	3925
1929	1930	1931	1932	1933
3925	3800	3450	3325	3550
1934	1935	1936	1937	1938
3700	3900	4150	4350	4350

这里没有证据表明未经校正的总收入或总支出有下行趋势——恰恰相反。但是，对于校正后的收入，就不能那么说了。根据鲍利博士提供的统计数据，[1] 以及英格兰和威尔士达到工作年龄的男性人口普查数据，[2] 我们可以合理地计算出，在1924—1938年间，潜在的工资收入者的数量以每年约1.5%的速率呈上行趋势。将此人口统计数据和鲍利博士的收入估算数据相结合，我们得到如下两个指数：（1）校正的货币收入、（2）每位潜在工资收入者的货币工资额：

年份	校正的货币收入	每位潜在工资收入者的货币工资额
1924	102	100
1925	95	97
1926	93	93

---

[1] *Studies in National Income*, p. 111.
[2] 在人口普查年份，英格兰和威尔士15—64岁男性人口统计数据如下（包括绝对数量和百分比）：

	1891	1901	1911	1921	1931
人口数量	9509000	11131000	12536000	13309000	14568000
百分比	100	117	132	140	153

（续表）

年份	校正的货币收入	每位潜在工资收入者的货币工资额
1927	97	96
1928	96	94
1929	94	92
1930	90	87
1931	80	78
1932	78	76
1933	82	76
1934	83	80
1935	86	82
1936	90	86
1937	94	91
1938	93	91

该表格表明，在战间期，校正的货币收入有轻微的下行趋势，而每位潜在工资收入者的货币工资额的下行趋势略强。

§5 言归正传，让我们假设在没有干预的情况下，校正的货币收入独立呈上行趋势。那么，对于政府部门来说，施加向上的压力以促成上行的趋势，就需要干预的趋势愈加上行才可以。在这种情况下，必须认真权衡在就业领域之外造成有害后果的危险。不过，只要校正的货币收入的总体上行趋势是适度的，不仅实际上没有危险，相反，还有希望产生相当大的社会优势。随着技术的不断进步，人均实际收入有望增加，因此，除非校正的货币收入呈现上行趋势，否则，货币价格就会下降。这意味着战时公债券（及其他定息债券）的持有者可以获得无契约条款约束的利益；然而，同一事实的另一面是，英国财政大臣的技术性预算问题不

第十三章 趋势的运动与变化

会得到缓解——我们可以合理预期的是生产率的提高会缓解这一问题。因此，校正的货币收入的适度累进是受欢迎的。但是，快速而猛烈的趋势则是绝对不行的，因为，在达到某个临界点之后，这会导致人们对流通货币的不信任，并且，可以说，这种不信任会像滚雪球一样变得无比巨大。由此引发的"恶性通货膨胀"会严重扰乱国家的经济生活，并对社会甚至政治结构造成严重破坏。1918年后德国通胀的教训无疑证明了这一点。

§6 显然，如果独立趋势已成上行而非下行，而政府部门采取行动推动其继续上行，则更有可能达到危险的临界点。因此，为了直接用于指导实践，有必要知道在不久的将来，这个国家可能会出现什么样的独立趋势。战间期虽然大概呈现出来轻微的下降趋势，但这一事实尚无法使人们相信这种趋势会因而持续下去。鉴于建筑物和通信手段等已然遭到的巨大破坏，在未来的许多年里，很难不存在大量有利可图的私人投资机会，这将对货币收入产生强大的向上拉动作用。因此，无论如何，在一段时间内，校正的货币收入更有可能呈上行趋势而不是下行趋势。[①]

§7 本章还有一点需要考虑，即假设情况是既没有独立的上行趋势也没有独立的下行趋势。政府部门着手通过提高校正的货币收入（人均货币工资额也会水涨船高）来在一定程度上降低失业

---

① 在战争期间，大量适龄工作的人死亡，再加上离校年龄在不久的将来有望得到有效提高，必然导致适龄工作的人口，比方说在1948年，减少，因而潜在的工资收入者也会减少，少于倘若战前的增长率持续下去的话所应有的适龄人口数量；相对于未校正的货币收入，校正的货币收入也会大于倘若战前状态持续下来的数值。但是，这并不意味着从1948年起，与战前相比，未校正的货币收入的上行趋势必然会带来校正的货币收入更快的上行趋势。正文中的结论不能以此为证。

率（以经济景气与不景气时平均失业率来算）。目前来看，尽管存在与劳动力流动相关的困难，政府还是能够实现这一目的的。并且，如果他们能够说服或者强迫工资收入者维持原有工资水平不变，政府将能够永久性地实现这一目的。但是，如果货币工资率以前几章所描述的方式被推高（这种情况在像英国这样的国家极有可能发生），失业率将会再次恶化——除非校正的货币收入也再次被推高。因而，如果政府继续努力实现他们自己最初设定的目标，他们必须一直推动货币总收入不断升高。我们有理由相信，除了因劳动力流动性不充分造成的摩擦性失业以外，政府几乎可以保障并维护充分就业，条件是政府要做好准备，不仅仅要使校正后的货币收入比校正前大，而且要使校正后的货币收入以几何级数不断增大。但在这种政策下，通胀规模恐怕很容易超过安全限度。消除这种风险的唯一方法是，工资收入者在追求提高货币工资率方面能够有所克制。基于这种考虑，"充分就业政策"不一定带来通货膨胀。但是，要同时保证高水平的平均就业率、迅速扩张的货币工资率（就给定生产力的劳动而言）以及货币价值的合理稳定，这是人的才智所不能企及的。

索　引

Administration, cost of, and revenue raising, 33

Ad valorem taxes on imports or exports, 193-202: compared with reparation levy, 195, 197; effect of, 193, 200; England's position with regard to, 197, 198; ethical issue of, 201, 202; tariff war and, 202

Aggregate money income: defined, 211; money rates of wages and, 221, 222, 224; money wages bill and trends in, 225; public authorities and, 231-223; public expenditure and, 211 (see Aggregate Money Outlay)

Aggregate money outlay:
    adjustments to insurance contributions and, 244, 254, 255

    banking system and, 232
    defined, 225
    employers' wages subsidies and, 256
    employment aided by, 243-255
    money wages bill and, 225-230—mobility of labour, 225-230; transfer of outlay, 227-230; unemployment and, 227, 227 n.

政府：行政成本，财政收入，33

进出口从价税，193—202：与战争赔款（赔款税）进行比较，195，197；进出口从价税的影响，193，200；英格兰的地位，197，198；伦理问题，210，202；关税战，202

货币总收入：定义，211；货币工资率，221，222，224；货币工资额与趋势，225；政府（公权部门），231—223；公共支出，211（另见"货币总支出"）

货币总支出：
    保险金的调整，244，254，255

    银行体制，232
    定义，225
    雇主的工资补贴，256
    就业补助，243—255
    货币工资额，225—230——劳动力流动性，225—230；转移性支出，227—230；失　业，227，227 页注释

private industrialists and, 228, 232
public authorities influence on, 227-255—cumulative effects of, 242; employment, aid to, 243-255; foreign trade and, 241; public loans, 233-238; taxation, 238-240

Aggregate sacrifice: accuracy of terminology, 41; amount of, considered, 69, 70, 71; announcement of, and tax formulae, 55; distribution of taxation and, 55; effect of tax formulae and volume of work on, 63; factors affecting, 55; in widest sense, 60

Aggregate satisfaction: damage to, of tax announcement, 65

Agricultural communities, protective duties and, 206

Air force, 19

Air raid damage compensation, 15

Alcoholic drink, taxation of, 40

Allowance, family: British income tax system and, 81, 82; equality of sacrifice and, 81, 82; income tax and, 81, 82

Announcement aspects, tax schemes and their, 101, 102-113

Announcement considerations, synthesis of, and distributional considerations, 72-75

Announcement effect:
of progressive tax formulae, 55, 56, 75
of taxes: damage to aggregate satisfaction and, 65; principle of least sacrifice and, 63-71

私人企业家, 228, 232
公权部门（政府）的影响, 227—255——累积效应, 242; 就业, 补贴, 243—255; 外贸, 241; 公共贷款, 233—238; 征税, 238—240

总牺牲: 术语的准确性, 41; 程度大小, 69, 70, 71; 赋税宣告, 赋税规则, 55; 赋税分配, 55; 赋税规则与劳动量, 63; 影响因素, 55; 广义而言, 60

总满足感: 损失, 赋税宣告, 65

农业社会, 保护性关税, 206

空军, 19

空袭（轰炸）损失的赔偿, 15

酒精饮料, 酒精饮料税, 40

补贴, 家庭补贴: 英国所得税制, 81, 82; 同等牺牲, 81, 82; 所得税, 81, 82

赋税宣告方面, 赋税方案及其宣告, 101, 102—103

赋税宣告因素, 综合考量, 赋税分配因素, 72—75

赋税宣告的影响:
累进税赋税规则, 55, 56, 57
税收: 总满足感的损失, 65; 最小牺牲原则, 63—71

索 引

Anti-social activities, compensation and, 13-15

Army, 19

Assessment, object of, 46; and money income, 78

Australia, central tax on unimproved land in, 148; taxation of land values in, 148

South, tax on unimproved land values in, 148

Austria, effect of inflation on money in, 16

Authorities, local, and: aid to employment, 247, 248, 249, 250; grants to, 23

Authorities, public:

aggregate money outlay and, 230-242—borrowings for investment, 233-237; "budgeting for deficits", 228; cumulative effect of loans and taxes, 242; power to alter, 231-233; transference to poor persons, 238

employment and, 201-267—aids to, 245-251; adjustment of insurance contribution, 254, 255; financial methods, 243, 244; mobility of labour, 228-230; monetary trends and, 263-267; private enterprise and, 210; stabilizing money wages bill, 219

Average rate of tax, 47, 49

Bachelors, income tax and, 81, 82, 85

Balfour, Earl, on grants to export industries, 256

反社会的活动，补偿，13—15

陆军，19

课税对象，46；货币收入，78

澳大利亚，未改善土地的中央税，148；土地价值税，148

澳大利亚南部，未改善土地价值税，148

奥地利，通货膨胀的影响，16

地方政府：就业援助，247，248，249，250；拨款，23

公权部门（政府）：

货币总支出，230—242——投资借贷，233—237；"赤字预算"，238；贷款与税收的累积效应，242；做出改变的力量，231—233；向穷人转移支付，238

就业，201—267——援助，245—251；保险费的调整，254，255；财政手段，243，244；劳动力流动性，228—230；货币趋势，263—267；私营企业，210；稳定货币工资额，219

平均税率，47，49

单身人士，所得税，81，82，85

贝尔弗伯爵，给出口行业拨款补贴，256

Bank loans, and changes in money rates of wages, 221

Banking and monetary system, normal, defined, 221

Barbour, Sir D., on regressive nature of commodity taxes, 125

Bastable, Professor, on undesirability of loan finance, 38-39

Battleships, 31, 33

Belgium, winter employment in, 230 n.

"Beneficial" undertakings of government, 25

Benham, Mr., and error on savings exemptions in earlier editions, 123 n. 3

Bernouilli, hypothesis of satisfaction from income, 90

Betterment, principle of, in relation to compensation, 11

Beveridge, Sir William, on progressive monetary inflation and employment, 262

Bill, money wages: aggregate money outlay and, 225-230; changes in money rates of wages and, 217, 221-224; collective bargaining and, 215, 218; employers' wages subsidies and, 256; employment in relation to, 210, 211, 214-220; expansion of, 224, 261, 262; stabilisation of, 218, 219, 224; unemployment relief and, 215, 216

Blanesburgh Committee on Unemployment Insurance, 1927, Report of, referred to, 258 n.

银行贷款,货币工资率的变化,221

正常的银行与货币体系,定义,221

巴伯尔爵士,论商品税的累退性质,125

巴斯塔布尔教授,借贷财政的不可取性,38—39

战舰,31,33

比利时,冬季就业,230页注释

政府企业的利益,25

贝纳姆先生,早期版本中关于储蓄免税的勘误,123页注释3

伯努利假设,收入的满足感,90

增益-付出原则,补偿,11

威廉·贝弗里奇爵士,论渐进式通货膨胀,262

货币工资额:货币总支出,225—230;货币工资率的变化,217,221—224;劳资谈判,215,218;雇主的工资补贴,256;与就业的关系,210,211,214—220;扩张,224,261,262;稳定性,218,219,224;失业救济,215,216

布兰斯堡失业保险委员会报告,258页注释

Bounties, 99, 100; versus import duties, 209

Bowley, Dr., on money income and wage-earners, 264, 265; on public expenditure to aid employment, 249, 250; on sources of income, 127, 131, 132

Bread, tax on, 52

British income tax, anomalies of, 134; differentiation against saved income, 120

British residence in relation to taxation, 166, 167

British taxation, technique of, 115-116

Bruins, Professor, report on double taxation, referred to, 170 n.

Business undertakings of government, finance of, 24-29

Campbell, G. F. C., on distinction between improved and unimproved value of land, 149-151

Campion, Daniel and, on distribution of income, 131

Cannan, Professor E., on double taxation of saved income, 119 n. 1

Capital: annual accumulation of, and taxation, 59, 60, 60 n.; depreciation of, and income tax, 79, 80; foreign investment of, to avoid taxation, 166-167; in relation to income, 79

Capital accumulation, annual, and taxation, 59, 60, 60 n.

Capital expenditure of governments, loans and, 36

补贴, 99, 100; 补贴与进口关税, 209

鲍利博士, 论货币收入与工资收入, 264, 265; 论公共支出与就业援助, 249, 250; 论收入的来源, 127, 131, 132

面包税, 52

英国所得税, 其中的异常现象, 134; 针对储蓄收入的差别化, 120

英国定居权与赋税, 166, 167

英国税制, 技术问题, 115—116

布鲁因斯教授, 双重征税的报告, 170页注释

公权部门商业经营中的财政, 24—29

坎贝尔, G. F. C., 土地改善价值与土地未改善价值的区别, 149—151

坎皮恩和丹尼尔, 论收入的分布, 131

坎南教授, 储蓄收入的双重征税, 119页注释

资本: 年增长, 资本与赋税, 59, 60, 60页注释; 资本贬值, 资本与所得税, 79, 80; 国外投资, 逃税, 166—167; 与收入的关系, 79

资本年积累与赋税, 59, 60, 60页注释

政府资本开支, 贷款, 36

Capitalism versus Socialism (Pigou), referred to, 24 n.

Central government, and control of grants for public works, 247, 250; and speculative commerce, 253

Chamberlain, Sir Austen, on substitution of expenditure due to taxation, 77

Champagne, tax on, 53

Chapman, Professor, on variation of public work with state of trade, 247

Civil Service, 19

Clark, J. M., on difficulty of purchasing goods for stock in depression, 252

Coal mines, nationalization of, 2, 4

Coercion for revenue raising, 33, 34

Cohn, in *Economic Journal*, referred to, 164 n. 1

Collection, tax schemes and costs of, 101, 115-117

Collective bargaining, effect of, on wages bill and unemployment, 215, 218

Cologne, land duties in, 159, 162

Colson, M., on cost of collection of tolls, 28, 29

Colwyn Committee; see Committee on National Debt and Taxation, Report of

Commandeering:
compensation for, 3-15—considerations irrelevant to problem, 7-8; in times of disturbance, 9, 10; interest-bearing script as, 2; market value and, 8; special values in relation to, 8, 9; taxation in relation to, 7, 8; under

资本主义和社会主义的比较（庇古），24页注释

中央政府，控制公共工程拨款，247，250；商业投机，253

奥斯丁·张伯伦爵士，论由于赋税而导致的替代性支出，77

香槟税，53

查普曼教授，论公共工程（的实施）随经济活动而相应地变化，247

行政，19

克拉克，J. M., 论在萧条时期为存货而采购的困难，252

煤矿，国有化，2，4

强制性财政收入，33，34

科恩，《经济学杂志》刊文，164页注释1

征税，赋税方案与课税成本，101，115—117

劳资谈判，对工资额与失业率的影响，215，218

科隆，土地税，159，162

科尔松，M., 论收取道路通行费的成本，28，29

科尔温委员会：另见"国家债务与税收委员会报告"

征用：
其补偿，3—15——与该问题无关的因素，7—8；在动荡时期，9，10；以有息文契作为补偿，2；市场价值与补偿，8；特殊价值与补偿，8，9；纳税与补偿，7，8；在稳定时期，6—9；意外之财，9，10

stable conditions, 6-9; windfall profits and, 9, 10

different kinds of, 6

insurrection and, 10

invasion and, 10

of particular items within a class, 6-10; special cases of, 10

real nature of, 2

use of money and, 1

war-time use of, 1

of wheat crops, 1

of whole classes of items, 11-15; rival policies in, 11

windfall profits and 9-10

of wool crops, 1

Commission of Taxation Commonwealth of Australia, 22nd Report of, on tax on unimproved land, 148

Committee on National Debt and Taxation, Report of: amount of taxation and efforts of wealthy men, 70; family allowances, 82, 83; inadequacy of earned income relief, 84; referred to, 23, 61 n., 145 n.

  Minority Report, on rigidity of work supply, 70

Commodities, complementary, taxes on, 54, 106; rival, taxes on, 54, 106

Commodity taxes: announcement effects of, 74; complementary commodities and, 54, 106; differential nature of, considered, 101-117; difficulties of ideal system of, 114, 115; effect of,

不同类型，6

叛乱，10

入侵，10

同一类别的特定物品，6—10；特殊情况，10

实质，2

资金的使用，1

战时征用，1

小麦收成，1

整类全部物品，11—15；竞争性政策，11

意外之财，9—10

羊毛产量，1

澳大利亚联邦税务委员会，第22次报告，未改善土地税，148

国家债务与税收委员会报告：赋税额与富人的努力，70；家庭补贴，82，83；劳动收入救济的不足，84；本报告的引用，23，61页注释，145页注释

少数派报告，论劳动供给没有弹性，70

商品，互补性商品的税收，54，106；互斥性商品的税收，54，106

商品税：赋税宣告的影响，74；互补性商品，54，106；探讨了差别化的本质，101—117；理想机制的困难，114，115；对货币收入边际效用的影响，110—112；弹性需求，104，

on marginal utility of money income, 110-112; elasticity of demand and, 104, 105, 107-109; equal sacrifice and different rates of, 76, 77; general, difficulty of collection, 124; ideal distribution of, 114, 115; as substitute for income tax, 124-126; compared with income tax, 115, 116; practicability of substituting for income tax, 122-126; regressive nature of, 125, 126; size of families and, 126; state expenditure and, 107, 109 n. 1; yield of, 52, 53

Community, as a unitary being, 31, 33; industries of increasing supply price and, 95

Companies, joint-stock: effect of taxation on incomes of, 70; income differentiated against, 136; savings of, 59 n. 2

Compensation:

 anti-social activities and, 13-15

 for commandeering: certain considerations irrelevant to problem of, 7, 8; in times of disturbance, 9, 10; interest-bearing script as, 2; market value in relation to, 8, 9; principles of, 3-15; special values in relation to, 8, 9; taxation in relation to, 7, 8; under stable conditions, 6-9; windfall profits and, 9, 10

 expropriation and, 15

 for loss and damage other than com-

105, 107—109; 同等牺牲与不同税率, 76, 77; 普通商品税, 课税的困难, 124; 理想的赋税分配, 114, 115; 作为所得税的替代, 124—126; 与所得税进行比较, 115, 116; 替代所得税的可行性, 122—126; 累退性质, 125, 126; 家庭的大小, 126; 国家支出, 107, 109 页注释 1; 税收收入, 52, 53

社会, 作为一元体, 31, 33; 提高供给价格的产业, 95

公司, 股份公司: 税收对股份公司所得的影响, 70; 所得, 差别化对待, 136; 储蓄, 59 页注释 2

补偿

 反社会的活动, 13—15

 征用补偿: 与该问题无关的因素, 7, 8; 在动荡时期, 9, 10; 以有息文契作为补偿, 2; 市场价值与补偿, 8, 9; 征用原则, 3—15; 特殊价值与补偿, 8, 9; 纳税与补偿, 7, 8; 在稳定时期, 6—9; 意外之财, 9, 10

充公 (征用), 15

征用之外的损失: 空袭 (轰炸) 的

mandeering: air raid damage, 15; devaluation of contracts after inflation, 16-18; for workmen's accidents, 15
market-value, in case of anti-social activities, 14
principle of betterment and, 11
property rights of ancient origin and, 13
reasonable expectation and, 12
Complementary commodities, taxes on, 54, 106
Compound death duties, plans for, 145, 146
Compulsory purchases of government: legality of, 4, 5; principles of compensation, 3-15
Consciousness, states of, as the only elements of good, 5
Conscription, military and civil, 1
Constants, tax, 48 n., 53 n. 1

Consumers, individual, and non-transfer expenditure, 21
Consumers' surplus:
loss of, as measure of sacrifice, 104 n. 2; under monopoly conditions, 155
taxation and, 43
Consumption: death duties and, 141; immediate and future, compared, 99; proportion of savings, 59, 60
Contract debts: danger of reopening, 18; devaluation of money and, 16-18
Contraction of work and taxation, 65

损失, 15; 通胀之后的合约贬值, 16—18; 工伤, 15

市场价值, 反社会活动的不同情况, 14
增益原则, 11
源于古时的财产权, 13
合理预期, 12
互补性商品的税收, 54, 106

复合式遗产税方案, 145, 146

政府的强制收购: 合法性, 4, 5; 补偿原则, 3—15

意识状态, 利之全部要素, 5

征用, 军事与民事, 1
常数 (常量), 税收常数, 48 页注释, 53 页注释 1

消费者, 个人消费者, 非转移性支出, 21
消费者剩余:
以消费者剩余的损失来测量牺牲, 104 页注释 2; 在垄断情况下, 155
赋税与消费者剩余, 43
消费: 遗产税, 141; 即期消费与远期消费对比, 99; 储蓄比例, 59, 60
合同债务: 重新开始的危险, 18; 货币贬值, 16—18
减少劳动与赋税, 65

Contracts, government, and transfer expenditure, 30

Contribution, net, of reparation levy, 190-192

Contributions, insurance, adjustments of, to stabilize aggregate money outlay, 244, 254, 255

Co-operative societies, non-monetary income of, 78 n.

Cost of administration, revenue raising and, 33

Cramer, hypothesis of satisfaction from income, quoted by Marshall, 90

Cuts in expenditure due to taxation, 59

Cycles of employment, 215, 216

Dalton, Mr. Hugh, plan for compound death duties, 146

Daniel and Campion, on distribution of income, 131

Dawes Report, 177

Death duties: announcement effects of, 172; annual lump-sum taxes and, 142, 143, 145; characteristics of, 139; compound, plans for, 145, 146; effect of time-incidence of, 140-143; effect upon work, 139; ethical justification of, 138; income tax and, 84; not wholly paid out of capital, 139, 140; relation to consumption, 141; statistics of, and distribution of property income, 131; taxes on investment income and, 138-146; yield of, 52, 53

Debt: contract, devaluation of money and,

合同，政府合同，转移性支出，30

收益，净收益，战争赔款，190—192

保险金，保险，调整以稳定货币总支出，244，254，255

合作社，非货币收入，78页注释

行政成本，财政收入，33

克莱默，收入满足感假说，马歇尔引用，90

赋税导致的开支削减，59

就业的周期，215，216

休·道尔顿先生，复合式遗产税方案，146

丹尼尔与坎皮恩，论收入的分布，131

道威斯报告，177

遗产税：赋税宣告的影响，172；年定额税与遗产税，142，143，145；遗产税的特征，139；复合遗产税的方案，145，146；特定时间发生及其影响，140—143；对劳动的影响，139；伦理正当性，138；所得税与遗产税，84；并非全部完税于资本，139，140；与消费的关系，141；统计，财产性收入的分布，131；投资所得税与遗产税，138—146；税收收入，52，53

债务：合同，货币贬值，16—18；外

16-18; foreign, 20; National, 19, 23; war, 30	债，20；国债，19，23；战争，30
Decreasing supply price, industries of, 95	降低供给价格的产业，95
Defective status, certain property rights and, 12	某些产权的（法律）地位有缺陷，12
Degree of progression in taxes, 50	税赋累进的程度，50
Degree of regression in taxes, 50	税赋累退的程度，50
Demand, effective, or net outlay, 211	需求，有效需求，或净支出，211
Demand, elasticity of: burden of taxation and, 77; commodity taxes and, 104, 105, 107-109; gratis supply and, 26, 27; in relation to cuts in expenditure, 59; value of, for productive resources, 110	需求，弹性需求：赋税负担，77；商品税，104，105，107—109；免费供应，26，27；与削减开支的关系，59；需求弹性值，生产性资源，110
Demand schedule for investment and changes in money rates of wages, 221-223, 233 n.	投资需求计划与货币工资率的变化，221—223，233页注释
Dependents, allowance for, and income tax, 81, 82	被抚养人津贴与所得税，81，82
Depreciation, income tax and, 79	贬值与所得税，79
Depressions, trade, public expenditure and employment in, 245, 249, 250	萧条，商业萧条，公共支出与就业，245，249，250
Development and Road Fund Act, 1909, 250	发展与道路基金法，190，250
Differential charges, social welfare and, 28 n.	差别化收费，社会福利，28页注释
Differential taxation: aggregate sacrifice and, 102-117; between kinds of expenditure, 101-117; social welfare and, 28	赋税差异：总牺牲，102—117；不同支出类别之间，101—117；社会福利，28
Differentiation: bad in itself, 104; between sources of income, 127-137	差别化：本身就是坏的，104；不同收入来源，127—137
Differentiation against saving: and least-	针对储蓄的差别化：最小牺牲原则，

sacrifice principle, 121, 122; proposal to eliminate, 312, 133

Diminishing utility: equal proportionate sacrifice and, 86; equity in relation to, 6; progressive tax formulae and, 86, 87

Distribution of income, "errors" of, 94

Distribution of sacrifice, accuracy of terminology, 41

Distribution of taxation: aggregate sacrifice and, 55; ideal, 56, 114

Distributional aspects of tax schemes, 103, 114, 115

Distributional considerations: primary importance of, 75; synthesis of, and announcement considerations, 72-75

Distributional effects of import duties, 207, 208

Dividend, co-operative society, 78 n.

Domestic taxes, international reactions of, 165-167

Double taxation: as economic barrier between states, 170; in the British Empire, 166

Drink, alcoholic, taxation of, 40

Duties:
compound death, plans for, 145, 146
death: annual lump-sum taxes and, 142-144; characteristics of, 138; and consumption, 141; effect of time-incidence of, 140, 143; effect upon saving, 139, 145; effect upon work, 139; ethical justification of, 138; income tax and, 84; not wholly paid

121，122；提出消除针对储蓄的差别化，133

效用递减：同等比例牺牲，86；与之相关的公平性，6；累进税规则，86，87

收入分配"错误"，94

牺牲的分布情况，术语的准确性，41

赋税分配：总牺牲，55；理想状况，56，114

赋税方案与赋税分配，103，114，115

赋税分配因素：头等重要，75；综合考量，赋税宣告因素，72—75

进口关税的赋税分配，207，208

分红，合作社，78页注释

国内税，其国际反应，165—167

双重征税：作为国与国之间的经济壁垒，170；在大英帝国，166

饮料，酒精饮料，消费税，40

税，赋税，关税：
复合遗产税，方案，145，146
遗产税：年定额税与遗产税，142—144；遗产税的特征，138；特定时间发生及其影响，140，143；对储蓄的影响，139，145；对劳动的影响，139；伦理正当性，138；所得税与遗产税，84；并非全部完税于资本，139，140；投资所

out of capital, 139, 140; taxes on investment income and, 138-146; yield of, 52, 53

excise, and taxes on imports, 112, 113, 175, 204

on land, British, 159; German, 159; legacy, effect on saving, 145

McKenna, referred to, 209

protective, 202-209; definition of, 204; infant industries and, 206; military and social advantage of, 205; monopoly policy of rivals and, 206, 207; twofold character of, 203

saving, effects on, 139-145

on staple articles, 53

succession, effect on saving, 144

Earnings, effect of new capital on, 60

Earthquake, loans and, 39

Economics of Welfare (Pigou): referred to, 24 n., 94, 95 n.

Economy campaign, government, of 1931, and reasons for, 235

Edgeworth, Professor, expression quoted, 58; on equi-proportionate sacrifice, 86 n.

Education: elementary, gratis provision of, 28; inelastic demand for, 26

Educational service, 19, 20

Effective demand or net outlay, 211

Efficiency, productive: consumption and, 61; in relation to incomes, 61

Einaudi, Professor, report on double taxation, referred to, 170 n.

Elasticity of demand: burden of taxation

得税与遗产税，138—146；税收收入，52，53

（国内）消费税与进口税，112，113，175，204

土地税，英国，159；德国，159；遗产，对储蓄的影响，145

麦肯纳，209

保护性关税：202—209：定义，204；新生工业，206；军事与社会优势，205；竞争对手的垄断政策，206，207；双重性质，203

对储蓄的影响，139—145

常用物品税，53

遗产税，对储蓄的影响，144

收益，新资本对收益的影响，60

地震，贷款，39

福利经济学（庇古）：24页注释，94，95页注释

政府的节约运动，1931年，及其原因，235

埃奇沃思教授，引用，58；论同等比例牺牲，86页注释

教育：基础教育：免费供应，28；刚性需求，26

教育（服务），19，20

有效需求或净支出，211

效能，生产效能：消费，61；与收入的关系，61

伊诺第教授，双重赋税的报告，170页注释

需求弹性：赋税负担，77；商品税，

and, 77; commodity taxes and, 104, 105, 107-109; value of, for productive resources, 110

Elasticity of work supply, taxation and, 69, 70, 71, 75

Elementary education: gratis provision of, 28; inelastic demand for, 26

Emigration of potential taxpayers, 165, 166

Employers' wages subsidies, 256-260; by employers' contribution to insurance benefit, 258; effect on money wages bill, 256; finance of, 256; for additional wage-earners, 257; for all wage-earners, 258; ideal, 259, 260; non-wage-earners and, 260

Employment:

 adjustment of insurance contributions to state of trade and, 254, 255

 monetary policy and, 263-267

 public authorities and, 245-251: normal methods, 245, 246; outlays in slump, 246-251

 public works, 231, 232

 volume of: defined, 210; money wages bill and, 210, 220; money wage rates and, 221, 223, 223 n., 224, 263-267; number of wage-earners and, 212, 212 n.; proportion of labour force and, 216; public authorities expenditure and, 210; Royal Commission on Poor Laws on, 210; strikes and lockouts and,

104，105，107—109；需求弹性值，生产性资源，110

劳动供给弹性与赋税，69，70，71，75

基础教育：免费供应，28；刚性需求，26

潜在纳税人的外流，165，166

雇主的工资补贴：256—260；雇主对失业保险的缴款，258；补贴对货币工资额的影响，256；资金来源，256；新增工资收入者，257；整个工薪阶层，258；理想状况，259，260；非工资收入者，260

就业：

保险金的调整以适应经济活动与就业的变化，254，255

货币政策，263—267

政府（公权部门），245—251：常用方法，245，246；经济萧条时期的支出，246—251

公共工程，231，232

就业人数：定义，210；货币工资额，210，220；货币工资率，221，223，223页注释，224，263—267；工薪族人数，212，212页注释；劳动力比例，216；政府支出，210；《济贫法》皇家委员会，210；罢工停产，219；货币支出的趋势，263；失业，212

219;trend of money outlay and, 263; unemployment and, 212

Employment and Equilibrium (Pigou), referred to, 59 n. 3, 112 n., 223 n., 237 n. 1

Employment cycles, 215, 216

Employment exchanges, national system of, 229

Employment Policy, White Paper on, (1994): manipulation of employers' contributions to unemployment benefit, 258; proposal to stabilise money income, 244, 250, 254, 255

Enjoyment, capacity for, of different people, 58

Enterprise, private, and role in economy, 210

Enterprises, government: finance of, 24-29; rule for fixing fees in, 29; taxation by means of, 29

Equal net satisfactions; legal system and, 44; taxation and, 44; whether measurable, 41

Equal proportionate sacrifice, diminishing utility and, 6, 86

Equal sacrifice: amount of work performed and, 84, 86, 87, 88; different rates of commodity taxes and, 76, 77; discussed, 42, 43-45; equal incomes and, 81; family allowance and, 81, 82; income tax based on, 76-93; income-utility curve and, 88-93; investment income and, 83, 84; J. S. Mill on, 57;

就业与均衡（庇古），59页注释3，112页注释，223页注释，237页注释1

就业周期，215，216

全国劳工职业介绍所，229

就业政策白皮书（1994）：调控雇主对失业救济的缴款，258；提出稳定货币收入，244，250，254，255

不同人群感受快乐的能力，58

企业，私营，经济中的角色，210

企业，国营：融资，24—29；收费规则，29；赋税手段，29

同等的净满足感：司法体系，44；赋税，44；是否可测量，41

同等比例牺牲，效用递减，6，86

同等牺牲：工作量，84，86，87，88；商品税的不同税率，76，77；讨论了同等牺牲，42，43—45；同等收入，81；家庭补贴，81，82；基于同等牺牲的所得税，76—93；收入-效用曲线，88—93；投资所得，83，84；J. S. 穆勒，57；同等牺牲原则，不是凭直觉给出，44；累进税制，

principle of, not given in intuition, 44; progressive tax formulae and, 85, 86, 87; whether accurate terminology, 41

Equimarginal sacrifice: canon of, 57, 58, 59, 60, 72; formulae for, 67; principle of least sacrifice and, 59, 60

Equity, principle of: detailed circumstances and, 7; effect on capital, 6; expanded statement of, 6; good in itself, 5; legal system and, 44; sense of security and, 6; stated, 5; taxation and, 44

Excess profits duty: as tax on windfalls, 158; criticism of American system, 158 n. 1; E. P. T. of May 1940, 158

Excise duties, taxes on imports and, 112, 113, 204

Exemption: of investment income from taxation, announcement effects of, 121, 130

of savings from income tax, practicability of, 122

Expectation, reasonable, and compensation, 12

Expenditure:

government: aggregate, 31; employment and, 210, 211; marginal return of, 31; public loans and, 21; range of, 30-34; real income and, 22, 23; relation to productive resources, 20-22; system of fees and, 30; taxation and, 21, 107, 109 n. 1

non-transfer: defined and compared

85, 86, 87；术语的准确性，41

均等边际牺牲：其主张，57，58，59，60，72；赋税规则，67；最小牺牲原则，59，60

公平，公平原则：具体的环境，7；对资本的影响，6；扩大范围的陈述，6；本身即为利，5；司法体系，44；安全感，6；提出公平原则，5；赋税与公平原则，44

超额利润税：作为偶然所得税，158；对美国体制的批评，158页注释1；1940年5月的超额利润税，158

（国内）消费税与进口税，112，113，204

免税：对投资收入免税，赋税宣告的影响121，130

对储蓄免除所得税，其可行性，122

预期，合理预期与补偿，12

支出：

政府支出：总支出，31；就业，210，211；边际回报，31；公共贷款，21；支出范围；30—34；实际收入，22，23；与生产性资源的关系，20—22；收费制度，30；赋税，21，107，109页注释1

非转移性支出：定义，与转移性支

with transfer expenditure, 19, 20; fees and, 30; foreign debt and, 20; individual consumers and benefit of, 20, 21; on national defence, 64 n.; saving and, 61 n.; yield of taxes and, 52, 53

transfer: defined and compared with non-transfer expenditure, 19, 20; and fees, 30; foreign debt and, 20; and government contracts, 30; proportion in budgets, 23; saving and, 61 n.

Expenditure tax: compared with income tax, 118-126; objection to, 123; practicability of substituting for income tax, 122-126

Expenses, income tax and, 80

Exports: ad valorem taxes on, 193-202; compared with reparation levy, 195, 197, 200, 201; effect of, 193, 200; elasticity of demand and supply, 200; ethical issue of, 201, 202; tariff war and, 202

Expropriation arguments for, 13; compensation and, 15

Families of tax formulae: maximum yield of, 66; preferable members of, 65, 66, 67, 69

Family allowance: British income-tax system and, 81, 82; equality of sacrifice and, 81, 82; income tax and, 81, 82

Fees: government expenditure and, 30; rule for fixing in government

出进行比较, 19, 20; 外债, 20; 个人消费者与获益, 20, 21; 国防, 64 页注释; 储蓄, 61 页注释; 税收收入, 52, 53

转移性支出: 定义, 与非转移性支出进行比较, 19, 20; 收费, 30; 外债, 20; 政府合同, 30; 预算比例, 23; 储蓄, 61 页注释

消费税: 与所得税比较, 118—126; 反对意见, 123; 替代所得税的可行性, 122—126

用度, 所得税, 80

出口: 从价税, 193—202; 与战争赔款（赔款税）进行比较, 195, 197, 200, 201; 供需弹性, 200; 伦理问题, 210, 202; 关税战, 202

征用是否给予补偿的争论, 13; 补偿, 15

税族: 最大岁入额, 66; 优先成员, 65, 66, 67, 79

家庭补贴: 英国所得税制, 81, 82; 同等牺牲, 81, 82; 所得税, 81, 82;

收费: 政府支出, 30; 国营企业收费规则, 29

enterprises, 29
Finance of public enterprises, 24-29
Fisher, Professor Irving, on taxation of incomes, 92
Fluctuations in revenue, loans and, 36
Foreign capital, influx of, and British taxation, 165
Foreign debt and government expenditure, 20
Foreign trade: aggregate money outlay and, 241; reparations and marginal utility of, 178-185; terminology for, 174, 175
Foreigners:
    direct taxes on, considered, 168-173
    possibility of taxing, 112, 113, 168-173, 193-202
    taxation of: ethical problem, 171-173, 201, 202; justified as compensatory retaliation, 172, 173; past position on, 197, 198; reparation levy compared with, 201; "taxing the", 194, 195

Formulae:
    families of tax: maximum yield, 66; preferable members, 65, 66, 67, 69
    poll-tax, and effect on work, 64, 65
    progressive tax: and diminishing utility, 86, 87; and equal sacrifice, 86
    tax, 46-51; aggregate sacrifice and announcement of, 55; algebraic expression of, 47-51; defined, 46; effect on work, 63, 64, 65; families

公共企业融资，24—29
欧文·费雪教授，论所得税，92

财政收入波动与借贷，36
外资，流入，英国税制，165

外债与政府支出，20

外贸：货币总支出，241；赔款与边际效用，178—185；术语，174，175

外国人：
    直接税，168—173
    收税的可能性，112，113，168—173，193—202
    税收：伦理问题，171—173，201，202；补偿性报复的合理性，172，173；过去的地位，197，198；与赔款比较，201；"向外国人征税"，194，195

规则：
    税族：最大岁入额，66；优先成员，65，66，67，69
    人头税，对劳动量的影响，64，65
    累进税：效用递减，86，87；同等牺牲，86
    赋税规则，46—51；总牺牲与赋税宣告，55；代数表达式，47—51；定义，46；对劳动量的影响，63，64，65；税族，48；相互影响，

of, 48; interaction of, 52-54; least sacrifice and, 64; marginal utility of income and, 64	52—54；最小牺牲，64；收入的边际效用，64
Franc, method of stabilization of, after inflation, 16	稳定法郎的手段，通货膨胀之后，16
France, effect of inflation on franc, 16	法国，法郎通货膨胀的影响，16
Frankfort-on-Main, land duties in, 159-162	法兰克福，土地税，159—162
Free trade and employment, 204	自由贸易与就业，204
Function, tax: defined, 46; limitations on, 47; of equal-sacrifice income tax, 86, 88	税赋函数：定义，46；限制条件，47；同等牺牲所得税，86，88
Future sacrifices, taxation and, 57, 58	未来牺牲与赋税，57，58
Germany: contract debts and devaluation of money in, 16-18; land duties in, 159, 162, 164; post-1918 inflation in, 266; reparation levies after 1914-1918 war on, 176; revaluation of mortgages in, 17	德国：合同债务与货币贬值，16—18；土地税，159，162，164；1918年后的通货膨胀，266；1914—1918大战后的赔款，176；对抵押重新估价，17
Gold standard: effect of abandonment of, 234, 235; effect on prices of reparations under, 187-189	金本位：放弃金本位的影响，234，235；金本位制下对赔款价格的影响，187—189
Good, maximum, principle of, 45	福利，最大化，福利最大化原则，45
Good and evil, embodied in satisfactions, 40	善与恶，体现于满足感，40
Government:	政府：
business undertakings of, 24-29	商业经营，24—29
debts and currency collapse, 16-18	债务与货币贬值，16—18
enterprises of, a means of taxation, 29; rule for fixing fees, 29	国营企业，赋税手段，29；收费规则，29
expenditure of, aggregate, 31; fee system and, 30; marginal return, 31; range, 30-34	支出总额，31；收费制度，30；边际回报，31；支出范围，30—34

finance of, its complexity, 2; how operated, 1	融资，复杂性，2；如何实现，1
Government Valuation of Land Act, 1896 (New Zealand), 149	政府土地评估法案，1896（新西兰），149
Graduated taxation, Sidgwick on, 89	累进税，西奇威克，89
Grants to local authorities, 23	给地方政府的拨款，23
Gratis supply: elementary education, 28; general rule for, 27, 29; inelastic demand and, 26, 27; problem of waste and, 26-28	免费供应：基础教育，28；一般规则，27，29；刚性需求，26，27；浪费的问题，26—28
Harcourt, Sir William, justifies death duties, 138	威廉·哈考特爵士，遗产税的正当性，138
Hawtrey, R. G., referred to, 71 n. 2	霍特里，R. G.，71页注释2
Henderson, Sir Hubert, plan for compound death duties, 146	胡伯特·亨德森爵士，复合式遗产税方案，146
Hicks, Mrs., on transfer expenditure, 19 n.	希克斯夫人，论转移性支出，19页注释
Hicks, Professor, on excess profits tax, 158 n. 2	希克斯教授，论超额利润税，158页注释2
Hoarding: distinguished from investment, 120; effect of taxes on savings and, 59, 59 n. 3, 120	囤积：与投资相区别，120；税收对储蓄和囤积的影响，59；59页注释3，120
Import duties: agricultural effect of, 207, 208; distributional effects of, 207, 208; taxes on home products and, 112, 113; *versus* bounties, 209	进口关税：对农业的影响，207，208；其赋税分配效应，207，208；国内产品税与进口关税，112，113；进口关税与补贴，209
Imports:	进口：
ad valorem taxes on, 193-202	从价税，193—202
competitive, and unemployment, 204; relation to home production, 96	竞争性进口与失业，204；与国内生产的关系，96
effect of, 193, 200	影响，193，200
elasticity of demand and supply and, 200	供需弹性，200

England's position with regard to, 197, 198

ethical issue of, 201, 202

reparation levy and, 195, 197, 200, 201

restriction of competitive: effect on productive power, 204; *prima facie* presumption against, 204, 205

tariff war and, 202

Improved value of land, how distinguished, 149-151

Improvements on land, land tax and, in New Zealand, 148-151

Income:

as object of assessment, 46; concept of, 77; differentiation between sources of, 127-137; "errors of distribution" of, 94; for purposes of income tax, 78, 79

aggregate money: defined, 211; money rate of wages and, 221, 222, 224; money wages bill and trends in, 225; public authorities and, 231-233; public expenditure and, 221 (*see* Aggregate Money Outlay)

capital and, 79

from property: amount of, 127, 130; amount of, and income tax, 128, 129; distribution, 131, 132; proposal to exempt from taxation, 128-133; proposal to tax at higher rate, 132

from work: amount, 127, 132; effect of tax on, 128, 129

investment: equal sacrifice and, 83,

英格兰的地位，197，198

伦理问题，201，202

战争赔偿，195，197，200，201

竞争性进口的限制：对生产力的影响，204；充分的理由来反对，204，205

关税战，202

土地改善价值，如何区分，149—151

土地的改善，土地税，新西兰，148—151

收入：

作为课税的对象，46；概念，77；不同来源的差异，127—137；"分配错误"，94；所得税，78，79

货币总收入：定义，211；货币工资率，221，222，224；货币工资额与趋势，225；公权部门（政府），231—233；公共支出，221（另见"货币总支出"）

资本，79

财产性收入：数额，127，130；数额与所得税，128，129；分配，131，132；免除赋税的提议，128—122；以更高税率征税的提议，132

劳动性收入（劳动所得）：数额，127，132；赋税的影响，128，129

投资：同等牺牲，83，84；所得税，

84; income tax, 83-85; proposal to exempt from taxation, 129-133

money: as index of real income, 80, 81; as object of assessment, 78; commodity taxes and marginal utility of, 110-112; defined, 19; in relation to real income, 80, 81, 111

net, defined, 81

real: changes in money wage rates and, 221, 223; government expenditure and, 22-23; money income and, 80, 81, 111; taxation and, 78

saved, and equal-sacrifice principle, 136

Income distribution, aggregate government expenditure and, 32, 33

Income-elasticity of demand and cuts in expenditure, 59

Income tax:
announcement effects of, 74
bachelors and, 81, 82, 85
British: criticism of, 81, 81 n. 1; differentiates against saved income, 120; foreign investments and, 166; investment income and, 83, 84
cases where difficult, 116
collection as earned, 116
commodities tax as substitute for, 124-126
compared with commodity taxes, 115, 116
compared with expenditure tax, 118-126

83—85；免除赋税的提议，129—133

货币：作为实际收入的指标，80，81；作为课税的对象，78；商品税与货币边际效用，110—112；定义，19；与实际收入的关系，80，81，111

净收入，定义，81

实际收入：货币工资率变化，221，223；政府支出，22—23；货币收入，80，81，111；税收，78

储蓄与同等牺牲原则，136

收入分配，政府总支出，32，33

需求收入弹性与削减开支，59

所得税：
赋税宣告的影响，74
单身人士与所得税，81，82，85
英国所得税：其批评，81，81页注释1；针对储蓄收入具有差别化，120；国外投资，166；投资收入，83，84
难征所得税的实例，116
在获得收入时征税，116
商品税替代所得税，124—126

与商品税比较，115，116

与消费税比较，118—126

death duties and, 84	遗产税，84
depreciation of capital and, 79, 80	资本贬值，79，80
devisable property and, 83, 84	可遗赠的财产，83，84
earned, yield, 52	劳动所得，税收收入，52
effect on yield of a commodity tax, 53	商品税收入的影响，53
equal-sacrifice, structure of, where no savings, 76-93	同等牺牲，所得税结构，无储蓄，76—93
expenses and, 80	用度，80
family allowance and, 81, 82	家庭补贴，81，82
income, its meaning for purposes of, 78, 79	收入，从所得税来看其含义，78，79
interaction with other taxes, 53, 54	与其他税的相互影响，53，54
invested, yield, 52	投资，税收收入，52
investment income and, 85	投资收益，85
investment of savings and, 118-126	储蓄投资，118—126
limitations on, 47	所得税的限制条件，47
manual wage-earners and, 116	体力劳动者，116
marginal utility of income and, 87	收入的边际效用，87
preferable to property tax on administrative grounds, 137	从行政角度来说，比财产税更可取，137
progressive: and income-utility curve, 89-93; and types of work, 71; inferior to proportionate, 71	累进：收入-效用曲线，88—93；工作类型，71；次于比例税，71
progressive scales of, 47	累进所得税，47
proportionate: and types of work, 71; superior to progressive, 71	比例税：工作类型，71；优于累进税，71
regressive, and income-utility curve, 89	累退，收入-效用曲线，89
regressive scales of, 47	累退所得税，47
savings and, 118-126	储蓄，118—126
steeply graduated, 53	递增的累进所得税，53
Income-utility curve: ambiguity of concept, 91; equal sacrifice and, 88-93; progressive income tax and, 89-93;	收入-效用曲线：概念不明确，91；同等牺牲，88—93；累进所得税，89—93；累退所得税，89

regressive income tax and, 89
Increasing supply price, industries of, and community, 95, 95 n.
Increment duties on land: apparent, 160, 161; continental, 159; practical proposal for, 163; price level and, 160; as windfall taxation, 159, 160
Increments of value of land: real, 162; suggested partial exemption from taxation of, 163; windfall nature of, considered, 161, 162
Indirect damage of taxation, 34
Indirect taxes, undesirability of phrase, 115 n.
Industrial communities, protective duties and, 206
Industries: of decreasing supply price, 95; of increasing supply price and community, 95, 95 n.; subsidies to particular, 256, 257
Inelastic demand: burden of taxation and, 77; commodity taxes and, 104, 105, 107-109; gratis supply and, 26, 27
Infant industries, protective duties and, 206
Inflation: and compensation for devaluation of contracts, 16-18; methods of stabilisatoin after, 16-18
Insurance, unemployment, effect on employment, 264
Insurance contributions, adjustments to stabilise aggregate money outlay, 244, 254, 255

提高供给价格，产业，社会群体，95，95页注释
土地增值税：表面上的，160，161；欧洲大陆，159；实用建议，163；价格水平，160；作为偶然所得税，159，160
土地价值增值：真增值，162；建议部分免税，163；探讨了偶然所得的本质，161，162

税收的间接损失，34
间接税，此用语不严谨，115页注释

工业社会，保护性关税，206

产业：降低供给价格，95；提高供给价格与社会群体，95，95页注释；对特定产业的补助，256，257

刚性需求：赋税负担，77；商品税，104，105，107—109；免费供应，26，27

新生工业，保护性关税，206

通货膨胀：合约贬值的补偿，16—18；随后稳定货币的措施，16—18

保险，失业保险，对就业的影响，264

保险金，调整以稳定货币总支出，244，254，255

Insurance premiums and income tax, 81 n. 1
Insurrection, commandeering and, 10
Interchange, ratio of:
  definition of, 177
  effect on net contribution of reparation levy, 190-192
  market and, 177
  reparation levies and, 174-186—equilibrium of, 179-186; marginal utility of, 178-184
  reparation payments on prices and changes in, 187-189
Interest:
  changes in rate of, and increment duties, 160; on co-operative societies' capital, 78 n.; on loans, real nature of, 38; on loans, maximum limit of, 35, 35 n.
  money rate of: and changes in money rates of wages, 221, 223; control of by government, 223, 224; public investment and, 234
Internal debt, 23
International reactions of domestic taxes, 165-167
International trade relations, effect of taxation on, 194
Intuition: equal-sacrifice principle and, 44; source of least-sacrifice principle, 44
Invasion, commandeering and, 10
Investment:
  changes in money rates of wages and,

保险费与所得税，81页注释1
叛乱与征用，10
交换，进出口交换比率：
  定义，177
  战争赔款净收益的影响，190—192
  市场，177
  赔款，174—186——均衡，179—186；边际效用，178—184
  赔款对价格的影响与改变，187—189
利息：
  利率的改变，增值税，160；合作社资本，78页注释；论贷款，利息的本质，38；论贷款，利息的最大限额，35，35页注释

  货币利率：货币工资率的变化，221，223；政府的控制，223，224；公共投资，234
内债，23
国内税的国际反应，165—167

国际贸易关系，税收的影响，194

直觉：同等牺牲原则，44；最小牺牲原则的来源，44

入侵与征用，10
投资：
  货币工资率的变化与投资，221，222；

221, 222; demand schedule for, 223 n.; resources for, 221, 223

private, in relation to public investment, 233, 234

by public authorities, 233-237—benefits of, 236, 237; effect on consumption, 235, 236; private investment and, 233, 234; psychological effect of, 234, 235; rate of interest and, 234; restrictions on, 233, 235

of savings, income tax and, 118-126

Investment income: administrative conveniences of tax on, 136, 137; British income tax and, 83, 84; death duties and tax on, 138-146; difference between hoarding and, 120; effect on saving of differential taxation of, 120; equal sacrifice and, 83, 84; income tax and, 85; property tax versus tax on, 134-137; proposal to exempt from taxation, 120-133; proposal to tax at higher rate, 132; tax on, effect on saving, 144, 145; yield of tax on, 52

Jevons, Mr., on ratio of interchange, 179

Joint-stock companies: effect of taxation on incomes of, 70; income of, differentiated against, 136; savings of, 59 n.

Labour: as unit of measurement in international trade, 175; fluctuations in money outlay and, 225, 227; money wages bill and, 214; transfer of, by pubic authorities, 227-230; volume of

投资需求计划，223页注释；投资资源，221，223

私人投资，与公共投资的关系，233，234

政府投资，233—237——益处，236，237；对消费的影响，235，236；私人投资，233，234；心理影响，234，235；利率与投资，234；投资限制，233，235

储蓄投资，所得税，118—126

投资收入：投资所得税的行政便利，136，137；英国所得税，83，84；遗产税与投资所得税，138—146；囤积与投资收入的不同，120；投资所得税差别化对储蓄的影响，120；同等牺牲，83，84；所得税，85；财产税与投资所得税，134—137；免除赋税的提议，132；以更高税率征税的提议，132；投资所得税对储蓄的影响，144，145；投资所得税收入，52

杰文斯先生，论进出口交换比率，179

股份公司：税收对股份公司所得的影响，70；所得，差别化，136；储蓄，59页注释

劳务：作为国际贸易测量的单位，175；货币支出的波动，225，227；货币工资额，214；劳动力的转移，公权部门（政府），227—230；就业人数，216

employment and, 216
Labour leaders and wages policy, 261
Land: compulsory purchase of, 4; rent of, and diminishing return industries, 95 n.; "undeveloped", duty on, 147
Land and Income Assessment Act (New Zealand), 148
Land duties: British, 159; German, 159, 162, 164
Land nationalization, compensation and, 4, 13
Land tax:
　distributional aspects of, 152
　mortgages and, in New South Wales, 148; in New Zealand, 148
　on unimproved land, by Commonwealth of Australia, 148
　yield of, with regard to other taxes, 52
Land values, taxation of, 147-153; in Australia and New Zealand, 148, 149
League of Nations, problem of double taxation and, 170, 171
Least sacrifice, principle of: amount of work under tax formulae and, 64; as ultimate principle of taxation, 40-45; differentiation against saving and, 121, 122; differentiation between sources of income and, 128-133; distribution of taxation and, 55-60; J. S. Mill on, 57; optimum distribution and, 56; optimum means of raising tax revenue and, 72; relative nature of, 51; tax announcements and, 63-71; tax on land

劳工领袖与工资政策，261
土地：强制性购买，4；出租，回报递减的产业，95页注释；"未开发"土地税，147
土地与收入评估法案（新西兰），148
土地税：英国，159；德国，159，162，164
土地国有化及其补偿，4，13
土地税：
　赋税分配方面，152
　抵押，新南威尔士，148；新西兰，148
　未改善土地，澳大利亚联邦，148
　土地税收入，相当于其他税，52
土地价值，土地价值税，147—153；澳大利亚与新西兰，148，149
国联，双重赋税的问题，170，171
最小牺牲，最小牺牲原则：一定赋税规则下的劳动量，64；作为赋税最根本的原则，40—45；针对储蓄的差别化，121，122；收入来源的差异，128—133；赋税分配，55—60；J. S. 穆勒，57；最优分配，56；税收收入的最优解，72；相对性，51；赋税宣告，63—71；土地税，152

and, 152
Legacy duties, British, effect on saving, 145
Legal system: principle of equity and, 44; taxes as part of, 43
Levies, negative, 47
Levies, reparation:
   and relative value of commodities, 175
   compared with ad valorem import or export tax, 195, 197, 200, 201
   effect on ratio of interchange or terms of trade, 174-186—adjustment of industrial structures to, 178; basis of analysis of, 178; difference to normal trade, 177; equilibrium of, 179-186; marginal utility of, 178-184
   loans, compared with, 186
   methods of assessment of, 176, 177
   net contribution received, 190-192
Levy in kind, 1
Liquor licences, 12
Liquor Licences Act, Mr. (now Earl) Balfour's, 11
Liquor trade, nationalization of, 2, 3
List, on objects of protective duties, 205, 206, 207
Loan finance, versus tax finance, 35-39
Loans:
   bank, and changes in money rates of wages, 221
   conditions where defensible, 36, 37, 39
   employment and, 36, 39

遗产税，英国，对储蓄的影响，145

司法体系：公平原则，44；税法作为司法体系的一部分，43

税款，负税（或曰逆税），47

税款，（战争）赔款：
   商品的相对价值，175
   与从价进出口税比较，195，197，200，201
   对进出口交换比率或贸易条件的影响，174—186——产业结构调整，178；分析的基础，178；与正常贸易的不同，177；均衡，179—180；边际效用，178—184

   与借贷比较，186
   评估的方法，176—177
   收到的净收益，190—192
实物税，1
卖酒许可证，12
酒业许可法案，贝尔弗先生（现伯爵），11
酒业贸易，国有化，2，3
李斯特，论保护性关税的对象，205，206，207
借贷财政与税收财政，35—39
借款（贷款）：
   银行，货币工资率的变化，221

   并非全无道理的条件，36，37，39
   就业与借贷，36，39

exceptional nature of, 35, 39
interest on, maximum limit of, 35, 35 n.
limitation of period of repayment, 37
place of, in public finance, 35-39

posterity and, 37, 38
public, and aggregate money outlay, 233-238—"budgeting for deficits", 238; investment, 233-237; transference to poor persons, 238
public and government expenditure, 21
reparations and, 186
Local authorities: aid to employment, 247-250; grants to, 23
Local rates: differentiate against property, 127, 128; in New Zealand, 148; unsatisfactory nature of, 127, 128
Lockouts, effect on volume of employment, 219

Luxuries: fraction of income on, 56; taxes on, desirable, 115
Machinery, regressive nature of tax on, 125
Maladjustments of resources between employments, 94-100
Manual wage-earners, income from, 127; income tax and, 116
Marginal private net product of resources, 94, 95
Marginal return of government expenditure, 31-33, 34
Marginal sacrifices of taxpayers, 57
Marginal satisfaction: of income, 88; of

贷款的独特性质，35，39
贷款利息，最大限额，35，35页注释
还款周期的限制，37
贷款的地位，在公共财政里面，35—39

子孙后代，37，38
公共借贷，货币总支出，233—238——"赤字预算"，238；投资借贷，233—237；向穷人转移支付，238
公共与政府支出，21
战争赔款，168
地方政府：就业援助，247—250，拨款，23
地方税率：差别化对待财产，127，128；新西兰，148；其机制不能令人满意，127，128
停产，对就业人数的影响，219

奢侈品：占收入比例，56；奢侈品税，是可取的，115
设备，设备税的累退性质，125
不同就业之间的资源错配，94—100
体力劳动者，收入，127；所得税，116
边际私人净产值，94，95
政府支出的边际回报，31—33，34
纳税人的边际牺牲，57
边际满足感：收入，88；单位劳动，103

work units, 103

"Marginal" shilling in government expenditure, 31-33

Marginal social net product of resources, 94, 95

Marginal tax, formula for, 49

Marginal utility of income: income tax and, 87; poll-tax and, 64, 65; tax formula and, 64

Marginal utility of money income: and commodity taxes, 110-112; in relation to real income, 111

Marginal utility of taxpayers' money, 53, 57; and government expenditure, 64 n.

Marginal utility of trade and reparations, 178-184

Mark, method of stabilisation after inflation, 16

Market, and ratio of interchange, 177

Market price, government purchases at, 3

Market value, anti-social activities and, in relation to compensation, 14

Marshall, Professor Alfred: definition of true rent of land, 151; mentions Cramer's hypothesis, 90; on bounties and increasing supply price, 99 n. 2; on difficulty of valuation of land sites, 152; on effect of import and export duties, 193, 195, 197-199; on equitable taxation, 56; on marginal utility of money, 110; on measurement of foreign trade, 174, 175; on protective duties, 104; on public and private of land, 151;

政府支出的"边际"先令，31—33

边际社会净产值，94，95

边际税率赋税规则，49

收入的边际效用：所得税，87；人头税，64，65；赋税规则，64

货币收入边际效用：商品税，110—112；与实际收入的关系，111

纳税人的货币边际效用，53，57；政府支出，64页注释

贸易边际效用与赔款，178—184

马克，通胀后的货币稳定手段，16

市场，进出口交换比率，177

市场价格，政府采购，3

市场价值，反社会活动，与补偿的关系，14

阿尔弗雷德·马歇尔教授：土地真租金的定义，151；提及克莱默假说，90；论补贴和提高供给价格，99页注释2；论土地估价的困难，152；论进出口税的影响，193，195，197—199；论赋税公平，56；论货币的边际效用，110；论外贸的测量，174，175；论保护性关税，104；论土地的公价值与私价值，151；建议免除收益的地方税，132，133

suggests exemption of improvements from local rates, 132, 133
Maximum good, principle of, 45
McKenna Duties, referred to, 209
Medical attendance, inelastic demand for, 26
Melchett, Lord, on remedy for unemployment, 257
Memorandum on Imperial and Local Taxes, quoted, 57, 151, 152
Meteorological reports, in war-time, 15
Metropolitan Public Gardens Association, 152
Middle classes, taxation and, 61
Military advantage of protective duties, 205
Mill, J. S.: on relation between equal and least sacrifice, 57; on simplified terminology for foreign trade, 174, 175; on tax distribution, 57
Mineral royalties, compensation and, 4
Monetary mechanism and reparations, 188, 189
Monetary system, normal banking and, defined, 221
Monetary units, effect of currency catastrophe on, 16
Money: as index of real income, 78, 80, 81; as medium of governmental finance, 1, 2; compensation in relation to devaluation of, 16-18; implications of use of, 2; reparation payments and, 188, 189; transfers of, and real income,

福利最大化原则，45
麦肯纳关税，209
医疗护理，刚性需求，26

梅尔切特勋爵，论失业的解决之道，257
帝国与地方税备忘录，57，151，152

气象报告，战争年代，15
大都会公共花园协会，152

中产阶级，赋税，161
保护性关税的军事优势，205

穆勒，J. S.：论同等牺牲与最小牺牲的关系，57；外贸术语的简化，174，175；论赋税分配，57

矿采特许权，补偿，4
货币机制与赔款，188，189

货币体系，正常的银行与货币体系，定义，221

货币单位，货币大崩盘的影响，16

货币：作为实际收入的指标，78，80，81；作为政府财政的媒介，1，2；与货币贬值有关的补偿，16—18；使用货币的意义，2；赔款付款，188，189；货币转移，与实际收入，80，81

80, 81

Money income: as object of assessment, 78; effect of commodity taxes on marginal utility of, 110-112; in relation to real income, 111

 aggregate: defined, 211; money rates of wages and, 221, 222, 224; money wages bill and trends in, 225; public authorities and, 231-233; public expenditure and, 211 (*see* Money Outlay, Aggregate)

Money outlay, aggregate:

 adjustments to insurance contributions and, 244, 254, 255

 banking system and, 232

 defined, 225

 employers' wages subsidies and, 256

 employment aided by, 243-255

 money wages bill and, 225-230—mobility of labour, 225-230; transfer of outlay, 227-230; unemployment, 227, 227 n.

 private industrialists and, 228, 232

 public authorities' influence on, 227-255—cumulative effects of, 242; employment, aid to, 243-255; foreign trade and, 241; public loans and, 233-238; taxation and, 238-240

Money rates of wages:

 money wages bill and effects of changes in, 221-224—on aggregate money income, 221, 222; on bank loans, 221; on employment, 221,

货币收入：作为课税对象，78；商品税对货币收入边际效用的影响，110—112；与实际收入的关系，111

总额：定义，211；货币工资率，221，222，224；货币工资额与趋势，225；政府（公权部门），231—223；公共支出，211（另见"货币总支出"）

货币支出，货币总支出：

 保险金的调整，244，245，255

 银行体制，232

 定义，225

 雇主的工资补贴，256

 就业补助，243—255

 货币工资额，225—230——劳动力流动性，225—230；转移性支出，227—230；失业，227，227页注释

 私人企业家，228，232

 公权部门（政府）的影响，227—255——累积效应，242；就业，补贴，243—255；外贸，241；公共贷款，233—238；赋税，238—240

货币工资率：

 货币工资额及其变化带来的影响，221—224——货币总收入，221，222；银行借贷，221；就业，221，223，224；扩张，224；预

223, 224; on expansion, 224; on prospects of returns, 221, 222; on rate of interest, 221, 222, 223; on real income, 221, 223; on resources of investment, 221, 223
time lag of, 217
unemployment relief and, 218
volume of employment and, 210
Money wages bill:
  aggregate money outlay and, 225-230
  changes in money rates of wages and, 217, 221-224
  collective bargaining and, 215, 218
  employers' wages subsidies and, 256
  employment in relation to, 210, 211, 214-220
  expansion of, 224, 261, 262
  stabilisation of, 218, 219, 224
  unemployment relief and, 215, 216
Monopoly:
  policy of rivals, protective duties and, 206, 207
  power, compulsory purchase of private, 4
  prevention of, better than taxation of proceeds, 155
  profits, private enterprise and, 24
  revenue, taxes on, 74, 154, 155
  taxes: announcement aspect of, 154; distributional aspects of, 154
Morley, Mr., *Unemployment Relief in Great Britain*, referred to, 250 n. 2
Mortgages:
  land tax and: in New South Wales, 148;
	期回报，221，222；利率，221，222，223；实际收入，221，223；投资资源，221，223
	
	滞后，217
	失业救济，218
	就业人数，210
	货币工资额：
	货币总支出，225—230
	货币工资率的变化，217，221—224
	
	劳资谈判，215，218
	雇主的工资补贴，256
	与就业的关系，210，211，214—220
	
	扩张，224，261，262
	稳定性，218，219，224
	失业救济，215，216
	垄断：
	对手的政策，保护性关税，206，207
	
	垄断力量，强制性购买私人财产，4
	防止垄断，好于收取垄断收益税，155
	
	利润，私营企业，24
	税收收入，垄断税，74，154，155
	收税：赋税宣告方面，154；赋税分配方面，154
	莫利先生，大不列颠失业救济，250 页注释 2
	抵押：
	土地税与抵押：新南威尔士，148；

in New Zealand, 148, 149
revaluation of, in Germany, 17
National Debt and Taxation, Committee on: see Committee on National Debt and Taxation, Report of
National group, definition of, for economic purposes, 168
National System of Political Economy, List's, quoted, 205, 206, 207
Nationalisation: of coal mines, 2, 24; of liquor trade, 2, 3, 24; of Port of London, 2; of railways, 2, 3; payment by government script for, 2
Navy, 19
Negative levies, 47
Net contribution of reparation levy, 190-192
Net income, defined, 80
Net outlay, defined, 211
Net product of resources: divergence between private and social, 94, 95; marginal private, 94, 95; marginal social, 94, 95
New South Wales, land tax in, 148
New Zealand, taxation of land values in, 148, 149
New Zealand Year Book, 1940, on unimproved value of land and land tax, 149
Non-transfer expenditure: defined, 19-20; foreign debt and, 20; individual consumers and, 20-21; on national defence, 64 n.; saving and, 61 n.

新西兰，148
对抵押重新估价，德国，17
国家债务与税收委员会：另见"国家债务与税收委员会报告"

国家，定义，出于经济目的，168

政治经济学的国民体系，李斯特著，205，206，207

国有化：煤矿，2，24；酒业贸易，2，3，24；伦敦港，2，铁路，2，3；以政府文契支付，2

海军，19
负所得税，逆所得税，47
战争赔款的净收益，190—192

净收入，定义，80
净支出，定义，211
净产值：私人净产值与社会净产值之间的差异，94，95；边际私人净产值，94，95；边际社会净产值，94，95

新南威尔士，土地税，148
新西兰，土地价值税，148，149

新西兰官方年鉴，1940年，关于未改善土地价值和土地税，149

非转移性支出：定义，19—20；外债，20；个人消费者，20—21；国防，64页注释；储蓄，61页注释

Object of assessment, contrasted with source of tax payment, 140	课税对象，与纳税来源对比，140
Old age pensions, 30	养老金，30
Optimum amount of government expenditure, doctrine of, 31, 32	政府支出的最优化数额，其学说，31，32
Optimum distribution of taxation, 56	赋税最优分配，56
Optimum employment of resources, 99, 100	资源最优利用，99，100
Optimum tax scheme, conditions of absolute, 72, 73	最优赋税方案，绝对最优解的条件，72，73
Outlay, aggregate money:	支出，货币总支出：
adjustments to insurance contributions and, 254, 255	保险金的调整，254，255
banking system and, 232	银行体制，232
defined, 225	定义，225
employers' wages subsidies and, 256	雇主的工资补贴，256
employment aided by, 243-255	就业补助，243—255
money wages bill and, 225-230—mobility of labour, 225-230; transfer of outlay, 227-230; unemployment and, 227, 227 n.	货币工资额，225—230——劳动力流动性，225—230；转移性支出，227—230；失业，227，227页注释
private industrialists and, 228, 232	私人企业家，228，232
public authorities' influence on, 227-255—cumulative effects of, 242; employment, aid to, 243-255; foreign trade and, 241; public loans and, 233-238; taxation and, 238-240	公权部门（政府）的影响，227—255——累积效应，242；就业，补贴，243—255；外贸，241；公共贷款，233—238；赋税，238—240
Outlay, net, defined, 211	支出，净支出，定义，211
Pension: 19, 23; old age, 30; war, 30	养恤金：19，23；养老金，30；战争抚恤金，30
Pigou and Robertson, *Essays and Addresses*, referred to, 200 n.	庇古与罗伯逊，论文与演讲，200页注释
Pleasures, present and future, compared,	满足感，比较了当前的满足感与未来的

97, 98

Political Economy of War (Pigou), referred to, 38 n.

Poll-tax: announcement effect of, compared to property tax, 128, 129; considered in conjunction with income tax, 53, 54, 63; effect on work, 63, 64; formula for, 47, 48; ideal aspect of, 147; marginal utility of income and, 64; optimum conditions of, 68, 73, 74; yield of, 52

Poor Law relief, 30, 218

Poor Law, Royal Commission on, 1909, Majority and Minority Reports of, 210

Population, percentage of wage-earners in, 212

Port of London, nationalization of, 2

Post office, 19, 23

Postal services, 25

Premiums, insurance and income tax, 81 n. 1

Price level: increment duties on land and, 150, 160

Prices: governmental control of, 2, 3, 4; ratio of interchange and, 187-189; reparation payments under international gold standard and, 187-189

Principle of least sacrifice: equi-marginal sacrifice and, 58-60; optimum distribution and, 56; distribution of taxation and, 55-62

Principles of taxation, 40-45; equal sacrifice, 42 43-45; least sacrifice, 45, 51; maximum good, 45

满足感, 97, 98

战争政治经济学（庇古）, 38 页注释

人头税: 其赋税宣告效应, 与财产税比较, 128, 129; 探讨了与所得税叠加的效果, 53, 54, 63; 对劳动的影响, 63, 64; 赋税规则, 47, 48; 理想的状态, 147; 收入的边际效用, 64; 最优化条件, 68, 73, 74; 税收收入, 52

济贫法救济, 30, 218

济贫法, 济贫法皇家委员会, 1909, 多数派与少数派报告, 210

人口, 工薪族所占的比例, 212

伦敦港, 国有化, 2

邮局, 19, 23

邮政服务, 25

保险费, 保险与所得税, 81 页注释 1

价格水平: 土地增值税, 150, 160

价格: 政府控制, 2, 3, 4; 进出口交换比率, 187—189; 国际金本位制下赔款的支付, 187—189

最小牺牲原则: 均等边际牺牲, 58—60; 最优分配, 56; 赋税分配, 55—62

税收原理, 40—45; 同等牺牲, 42, 43—45; 最小牺牲, 45, 51; 最大福利, 45

Private enterprise, predominance in economy, 210	私营企业，经济中的主导地位，210
Private net product of resources, marginal, 94, 95	私人净产值，边际，94，95
Private value of land, defined, 151	土地的私价值，定义，151
Product of resources: marginal private net, 94, 95; marginal social net, 94, 95	资源产值：边际私人净产值，94，95；边际社会净产值，94，95
Production: national, in relation to normal expenses of government, 4; subsidies on, 19	国民生产：与政府一般性支出的关系，4；补贴，19
Productive efficiency, consumption and, 61	生产效能，消费与生产效能，61
Productive resources and government expenditure, 20-22	生产性资源与政府支出，20—22
Professional incomes, effect of taxation on amount of, 70	职业收入，税收对职业收入的影响，70
Profit on sale of property, income tax and, 80	出售财产的利润与所得税，80
Progression in taxes, degree of, 50	赋税累进，其程度，50
Progressive income tax, 47; income utility curve and, 89-93	累进所得税，47；收入－效用曲线，89—93
Progressive revenue-raising scheme, and total government expenditure, 31-33	累进税税收方案，政府总支出，31—33
Progressive tax, when inferior to other kinds, 68, 69, 71, 74 formulae of: diminishing utility and, 86, 87; equal sacrifice and, 86	累进税，次于其他税种的时候，68，69，71，74 赋税规则：效用递减，86，87；同等牺牲，86
Prohibition in U. S. A., 15	美国的废除与禁止，15
Property: amount of income from, and income tax, 127-130; compulsory purchase of existing or particular pieces of, 3, 4; devisable, and income tax, 83; distribution of income from, 131, 132;	财产：财产性收入与所得税，127—130；强制性购买现有的或特定的财产，3，4；可遗赠的财产与所得税，83；财产性收入的分布，131，132；财产价值的波动与财产税，135；财

fluctuating value of, and taxation, 135; income from, proposal to exempt from taxation, 128-133; proposal to tax at higher rate, 132

Property rights: defective legal status and, 12; legal nature of, 5; of ancient origin, and compensation, 13

Property tax: administrative convenience and inconvenience of, 136, 137; compared to poll-tax, 128; *versus* investment income tax, 134-137

Proportionate sacrifice, equal, and diminishing utility, 86

Proportionate tax, differentiation between sources of income and, 128-133; formulae of, 48; lower rate preferable in, 66; when inferior to regressive and superior to progressive, 68, 69, 71

Protection: practical difficulties of, 208, 209; theoretical case for, 208, 209

Protective duties: 202-209; definition of, 204; infant industries and, 206; military and social advantage of, 205; monopoly policy of rivals and, 206, 207; twofold character of, 203

Prussian report on avoiding unemployment, 246

Public authorities:
aggregate money outlay and, 230-242—borrowing for investment, 233-237; "budgeting for deficits", 238; cumulative effect of loans and

产性收入，免除赋税的提议，128—133；以更高税率征税的提议，132

财产权：法律地位有缺陷，12；其合法性，5；源于古时的财产权及其补偿，13

财产税：行政便利与不便利，136，137；与人头税进行比较，128；财产税与投资所得税，134—137

同等比例牺牲与效用递减，86

比例税，收入来源的差异，128—133；赋税规则，48；低税率更可取，66；次于累退税，优于累进税，68，69，71

保护：实际困难，208，209；理论性依据，208，209

保护性关税：202—209；定义，204；新生工业，206；军事与社会优势，205；竞争对手的垄断政策，206，207；双重性质，203

普鲁士应对失业的报告，246

政府，公权部门：
货币总支出，230—242——投资借贷，233—237；"赤字预算"，238；贷款与税收的累积效应，242；做出改变的力量，231—233；向穷

taxes, 242; power to alter, 231-233; transference to poor persons, 238 employment and, 210-267—aids to, 245-251; adjustment of insurance contributions, 254, 255; financial methods, 243, 244; mobility of labour, 228-230; monetary trends and, 263-267; private enterprise and, 210; stabilising of money wages bill, 219

Public enterprises, finance of, 24-29

Public health, 21

"Public utility services", 24

Public value of land, defined, 151

Public works, employment and: discussed, 231, 232; nature of, 233

Purchasing taxes, peace-time possibility of, 124

Railways, compulsory purchase of, 2, 3

Ramsey, Frank, on savings, 99 n. 1; on effect of proportionate taxes on production, 105-109

Rate of interest, money: and changes in money rates of wages, 221, 223; control of, by government, 223, 224; public investment and, 234

Rate of tax, average, 47, 49

Rates, local: as differentiating against property, 127, 128; in New Zealand, 148, 149

Rates of wages, money: money wages bill and effects of changes on, 221-224—aggregate

人转移支付，238

就业，201—267——援助，245—251；保险费的调整，254，255；财政手段，243，244；劳动力流动性，228—230；货币趋势，263—267；私营企业，210；稳定货币工资额，219

公共企业，公共企业的财政，24—29

公共健康，21

"公共事业服务"，24

土地公（共）价值，定义，151

公共工程，就业与公共工程：其讨论，231，232；其本质，233

购置税，和平年代时的可能性，124

铁路，强制性购买，2，3

弗兰克·拉姆齐，论储蓄，99页注释1；论比例税对生产的影响，105—109

利率，货币利率：货币工资率的变化，221，223；政府对利率的控制，223，224；公共投资，234

税率，平均税率，47，49

地方税率：差别化对待财产，127，128；新西兰，148

工资率，货币工资率：
货币工资额及其变化带来的影响，221—224——货币总收入，221，

money income, 221, 222; bank loans, 221; employment, 221, 223, 224; expansion, 224; prospects of returns, 221, 222; rate of interest, 221-223; real income, 221, 223; resources of investment, 221, 224

time lag of, 217

unemployment relief and, 218

volume of employment and, 210

Ratio of interchange: defined, 177; equilibrium of, 179-186; marginal utility of, 178-184; market and, 177; reparation levies and, 174-186, 190-192; reparation payments, effects of on prices, and changes in, 187-189

Rationing: as alternative to gratis supply, 27

Raw materials, regressive nature of tax on, 125

Real income: government expenditure and, 22, 23; money income as index of, 80, 81, 111; money wage rates and, 221, 223; taxation and, 78

Reasonable expectation, and compensation, 12

Reflex movements in money rates of wages and effect on money wages bill, 221-224

Regression in taxes, degree of, 50

Regressive income tax, 47; income-utility curve and, 89

Regressive taxes, 50; on machinery, 125; on raw material, 125; when superior to

222；银行借贷，221；就业，221，223，224；扩张，224；预期回报，221，222；利率，221，222，223；实际收入，221，223；投资资源，221，224

滞后，217

失业救济，218

就业人数，210

进出口交换比率：定义，177；均衡，179—186；市场，177；赔款，174—186，190—192；赔款支付，对价格的影响与改变，187—189

配额制：作为免费供应的替代方案，27

原材料税的累退属性，125

实际收入：政府支出，22，23；货币收入作为实际收入的指标，80，81，111；货币工资率，221，223；赋税与实际收入，78

合理预期与补偿，12

货币工资率的反拨运动与对货币工资额的影响，221—224

赋税累退，程度，50

累退所得税，47；收入-效用曲线，89

累退税，50；设备税，125；原材料税，125；优于其他税种的时候，68，

other kinds, 68, 69, 74	69, 74
Relief, unemployment: and volume of unemployment, 215, 216; and wage rate, 218	救济，失业救济：失业人数，215，216；工资率，218
Rent of land, 151; industries of increasing supply price and, 95 n.	土地出租，151：增加供给价格的产业，95页注释
Rents, true: taxes on, 73, 74; value of land in relation to 151	租金，真租金：赋税，73，74；与之相关的土地价值，151
Reparation levies:	（战争）赔款：
compared with ad valorem import or export tax, 195, 197, 200, 201	与从价税、出口税比较，195，197，200，201
effect on ratio of interchange or terms of trade, 174-186—adjustment of industrial structures to, 178; basis of analysis of, 178; difference to normal trade, 177; equilibrium of, 179-180; marginal utility of, 178-184	对进出口交换比率或贸易条件的影响，174—186——产业结构调整，178；分析的基础，178；与正常贸易的不同，177；均衡，179—180；边际效用，178—184
loans compared with, 186	与借贷比较，186
methods of assessment of, 176-177	评估的方法，176—177
net contribution received, 190-192	收到的净收益，190—192
relative value of commodities and, 175	商品的相对价值，175
Reparation payments and prices under international gold standard, 187-189; effect of ratio of interchange, 187-189; money and, 188, 189	赔款与国际金本位制下的价格，187—189；进出口交换比率的影响，187—189；货币，188，189
Reparations-paying country and net contribution received by reparations-receiving country, 190-192	赔款支付国与赔款接收国所获得的净收益，190—192
Reparations-receiving country and net contribution from reparations-paying country, 190-192	赔款接收国与从赔款支付国获得的净收益，190—192
Residence: British, in relation to taxation,	定居：定居英国，与赋税的关系，166，

166, 167; definition of, for taxation purposes, 168, 169
Resources, optimum employment of, 99
Resources for investment, and changes in money rates of wages, 221, 223
Retaliation in taxation of foreigners, 172, 173
Revenue, least sacrifice and amount of, 76
Revenue raising, 33, 34, 40
Ricardo, distinction between true economic rent and profits from capital invested in land, 151
Rignano, Professor, plan for compound death duties, 145, 146
Rival commodities, taxation of, 54, 106
Roads, government maintenance of, 27
Robbery, protection against, 20
Robertson, Professor D. H., Pigou and, *Essays and Addresses*, referred to, 220 n.
Rostas, Shirras and, on burden of commodity taxes, 125
Rotten boroughs, compensation and, 12, 15
Rowntree, Mr., *Land and Labour*, referred to, 230 n.
Royal Commission on Coast Erosion and Afforestation, on state of trade and public work, 247
Royal Commission on the Financial Relations between Great Britain and Ireland (1896), 76, 125
Royal Commission on the Income Tax, Report of: on appreciation of capital values, 135; on wage-earners' income

167；定义，出于收税的目的，168，169
资源，最优利用，99
投资资源，货币工资率的变化，221，223
对外国人征税的报复，172，173
税收收入额与最小牺牲，76
财政收入，33，34，40
李嘉图，对真经济租金和投资于土地的资本所得利润之间的区分，151
里根纳诺教授，复合式遗产税方案，145，146
互斥性商品，其税收，54，106
道路，政府的维护，27
抢劫，防止抢劫，20
罗伯逊教授，D. H.，庇古，论文与演讲，220页注释
罗斯塔斯，薛莱士与罗斯塔斯，论商品税的负担，125
腐败选区，补偿，12，15
朗特里先生，土地与劳动，230页注释
海岸侵蚀与绿化造林皇家委员会，论经济活动的变化与公共工程，247
大不列颠及爱尔兰财政关系皇家专门调查委员会（1896），76，125
所得税皇家委员会报告：关于资本增值，135；关于工薪族所得税，116；被引用，168页注释

tax, 116; referred to, 168 n.
Royal Commission on Poor Laws, 1909: Majority and Minority Reports of, 210; on public work and state of trade, 247, 248, 249
Royalties, mining, 4
Russia, Soviet: control of industrial activity by public authorities in, 210; indirect taxation in, 126
Sacrifice:
 aggregate: amount considered, 69-71; announcement of tax formulae and, 55, 63; distribution of taxation and, 55; factors affecting, 55; in widest sense, 60; of community in tax systems, 40; varying with incomes, 59; whether accurate terminology, 41
 definition of, 42
 distribution of, accuracy of terminology, 41
 equal: accuracy of terminology, 41; amount of work performed and, 84, 86-88; different rates of commodity taxes and, 76, 77; equal incomes and, 81; family allowance and, 81, 82; income-utility curve and, 88-93; investment income and, 83, 84; J. S. Mill on principle of, 57; as a principle of taxation, 42, 43-45; principle not given in intuition, 44; progressive tax formulae and, 85, 86, 87
 equal proportionate, and diminishing

济贫法皇家委员会，1909：多数派与少数派报告，210；论公共工程与经济活动的变化，247，248，249
特许权，矿采，4
苏维埃俄国：政府对工业活动的控制，210；间接税，126
牺牲：
总牺牲：程度大小，69—71；赋税规则的宣告，55，63；赋税分配，55；影响因素，55；广义而言，60；不同税制下的社会形态，40；随收入而不同，59；术语的准确性，41

定义，42
分布情况，术语的准确性，41

同等牺牲：术语的准确性，41；工作量，84，86—88；商品税的不同税率，76，77；同等收入，81；家庭补贴，81，82；收入－效用曲线，88—93；投资所得，83，84；J. S. 穆勒论同等牺牲原则，57；作为一项税收原则，42，43—45；不是凭直觉给出，44；累进税制，85，86，87；

同等比例牺牲，效用递减，86

utility, 86
  equimarginal, and principle of least sacrifice, 58-60
  future, and taxation, 57, 58
  least: amount of revenue and, 76; amount of work under tax formulae and, 64; distribution of taxation and, 55-62; equal sacrifice and, 76; equimarginal sacrifice and, 58-60; J. S. Mill on, 57; optimum means of raising tax revenue, 72; ultimate principle of taxation, 42-45
  marginal, of taxpayers, 57
  ultimate and immediate, produced by taxation, 61
Salaried persons, effect of taxation on incomes of, 70
Satisfaction:
  aggregate: damage of tax announcement to, 65
  equal net: legal system and, 44; taxation and, 44; whether measurable, 41
  good and evil embodied in, 40
  marginal, of income, 89
  net, of taxpayers, 42, 44
  present and future, compared, 97, 98
  "virtual", and saved income, 85
Satisfaction-yield of incomes, 90, 91; partly due to relative magnitude, 91
Saving:
  differentiation against: least-sacrifice principle and, 121, 122; proposal to eliminate, 132, 133

均等边际，最小牺牲原则，58—60

未来牺牲与赋税，57，58
最小牺牲：税收收入，76；一定赋税规则下的劳动量，64；赋税分配，55—62；同等牺牲，76；均等边际牺牲，58—60；J. S. 穆勒，57；税收收入的最优解，72；赋税最根本的原则，42—45

边际牺牲，纳税人，57
最终的与直接的牺牲，由赋税产生，61
工薪族，所得税的影响，70

满足感：
总满足感：赋税宣告对总满足感的损害，65
同等净满足感：司法体系，44；赋税，44；是否可测量，41
善与恶的体现，40
收入的边际满足感，89
纳税人净满足感，42，44
比较当前与未来满足感，97，98
"虚拟"满足感与储蓄性收入，85
满足感收益，90，91；部分由于其相对的规模，91
储蓄：
针对储蓄的差别化：最小牺牲原则，121，122；提议将其消除，132，133

effect of death duties upon, 139-145
effect of tax on investment income on, 143-145
family obligations and, 143
motives in, 143, 144
transfer expenditure and, 61 n.
Savings: differentiated against by British income tax, 120; effect of taxation on, 59, 59 n. 2, 60; equal-sacrifice principle and, 85; hoarding and effect of taxes on, 59 n. 3, 120; income tax and, 118-126; of joint-stock companies, 59 n. 2; non-transfer expenditure and, 61 n.; practicability of exempting from income tax, 123; proportion of consumption to, 59
Scheftel, *Taxation of Land Value*, referred to, 151 n. 2, 159 n. 3
Schilling, Austrian, and old money, 16
Schloss, report on avoiding unemployment, 246
Script, interest-bearing government, 2
Securities, government, repurchases of, 19
Seligman, Professor: on excess profits duty, 158 n. 1; report on double taxation, 170 n.
Services: difficulties of including under a commodities tax scheme, 124; uncompensated, 94, 95
Shirras and Rostas, on burden of commodity taxes, 125
Sick-club subscriptions, principle of, 26
Sickness benefit, 19

遗产税对储蓄的影响，139—145
投资所得税对储蓄的影响，143—145
家庭义务，143
动机，143，144
转移性支出，61页注释
储蓄：英国所得税的差别化，120；赋税的影响，59，59页注释2，60；同等牺牲原则，85；囤积与税收影响，59页注释3，120；所得税，118—126；股份制公司，59页注释2；非转移性支出，61页注释；免征所得税的可行性，123；消费占比，59

谢弗特尔，土地价值税，151页注释2，159页注释3
奥地利先令，旧货币，16
施洛斯，应对失业的报告，246

文契，有息政府券，2
债券，政府，回购，19
塞利格曼教授：论超额利润税，158页注释1；双重赋税的报告，170页注释
服务：将服务包括在商品税机制内的困难，124；无补偿服务，94，95

薛莱士与罗斯塔斯，论商品税的负担，125
加入健康俱乐部的原理，26
医疗补助，19

Sidgwick: on graduated taxation, 89, 92; on intuitive knowledge of principle of equity, 5, 44; on protection in practice, 209; on uncompensated services, 94

Sinking fund: buffer nature of, 35, 36, 37 n.

Slavery, abolition of, 15

Slump of 1930, economies in, 232, 234

Social advantage of protective duties, 205

Social net product of resources, marginal, 94, 95

Social welfare: differential charges and, 28 n.; differential taxation and, 28; the end of government, 43; legal system and, 44

Sokolnikoff, G., on Russian taxation, 126

South Australia, tax on unimproved land values in, 148

Sovereignty, private property and, 5

Stamp, Sir Josiah: on differentiation against types of work by taxes, 71; Report on double taxation, referred to, 170 n.

Standard, gold, and effect on prices of reparations, 187-189

Stock Exchange, discounting of future returns and, 98

Strikes, effect on volume of employment, 219

Subsidies:
    to industries, 30, 256, 257; for production and industrial peace, 19, 256

西奇威克：累进税，89，92；对公平原则的直觉认知，5，44；论实践中的保护，209；无补偿服务，94

偿债基金：缓冲性质，35，36，37页注释

奴隶制，废除，15

1930年大萧条时期的经济，232，234

保护性关税的社会优势，205

社会净产值，边际，94，95

社会福利：差别化收费，28页注释；差别化赋税，28；政府的目标，43；司法体系，44

索科尔尼科夫，G.，论俄罗斯税收，126

南澳大利亚，未改善土地价值税，148

主权，私有财产与主权，5

乔赛亚·斯坦普士：论税收带来的不同工作类型的差别化，71；双重赋税的报告，170页注释

标准，金本位制，对赔款价格的影响，187—189

证券交易，未来收益的贬损，98

罢工，对就业的影响，219

补贴：
    对不同行业的补贴，30，256，257；促进生产与工业和平，19，256

for wages to employers, 256-260—by employers' contribution to insurance benefit, 258; effect of, on money wages bill, 256; finance of, 256; for additional wage-earners, 257; for all wage-earners, 258; ideal, 259, 260; non-wage-earners and, 260

Succession duties, British, effect on saving of, 145

Supply gratis: general rule for, 27, 29; inelastic demand and, 26, 27

Supply price, industries of: decreasing, 95; increasing, 95, 95 n.

Surplus, consumers': as measure of sacrifice, 104 n. 2; taxation and, 43

Sur-tax, 120

System of taxation, effect upon work, 42

Tariff policy and import and export duties, 202

Taussig, Professor, on tax yield of staple commodities, 124

Tax:
    ad valorem on imports or exports, 193-202— compared with reparation levy, 195, 197, 200, 201; effect of, 193, 200; England's position with regard to, 197, 198; ethical issue of, 201, 202; tariff war and, 202
    average rate of, 47, 49
    bread, 52
    champagne, 53

雇主的工资补贴，256—260——雇主对失业保险的缴款，258；补贴对货币工资额的影响，256；资金来源，256；新增工资收入者，257；整个工薪阶层，258；理想状况，259，260；非工资收入者，260

遗产税，英国，对储蓄的影响，145

供应免费：一般规则，27，29；刚性需求，26，27

供给价格：降低供给价格的产业，95；提高供给价格的产业，95，95页注释

剩余，消费者剩余：测量牺牲的手段，104页注释2；赋税与消费者剩余，43

附加税，120

税制，对劳动的影响，42

关税政策与进出口关税，202

陶西格教授，论常用商品的税收收入，124

赋税，税收：
    进出口从价税，193—202——与战争赔款（赔款税）进行比较，195，197，200，201；进出口从价税的影响，193，200；英格兰的地位，197，198；伦理问题，210，202；关税战，202
    平均税率，47，49
    面包，52
    香槟，53

commodity: see Commodity Taxes	商品：另见"商品税"
earned income, 52	劳动所得，52
equal-sacrifice income, structure of, 76-93	同等牺牲所得，所得税结构，76—93
expenditure, compared with income tax, 118-126	支出，与所得税比较，118—126
income: see Income Tax	所得，收入：另见"所得税"
land: see Land Tax	土地：另见"土地税"
marginal, formula for, 49	边际税率，赋税规则，49
on imports: see Import Duties	关于进口：另见"进口税"
proportionate, formulae of, 48	比例税，赋税规则，48
sur- 120	附加（税），120
Tax announcements, principle of least sacrifice and, 63-71	赋税宣告，最小牺牲原则，63—71
Tax constants, 48 n., 53 n. 1	税收常数，48页注释，53页注释1
Tax finance: in general preferable to loan finance, 38, 39; versus loan finance, 35-39	税收融资：一般比贷款融资更可取，38，38；税收融资与贷款融资对比，35—39
Tax formulae, 46-51; defined, 46; aggregate sacrifice and announcement of, 55; algebraic expression of, 47-51; effect of, on work, 63-65; families of, 48; interaction of, 52-54; least sacrifice and amount of work under, 64, 65; marginal utility of income and, 64; progressive and diminishing utility, 86, 87; equal sacrifice and, 86	赋税规则，46—51：定义，46；总牺牲与赋税宣告，55；代数表达式，47—51；对劳动量的影响，63—65；税族，48；相互影响，52—54；最小牺牲与一定赋税规则下的劳动量，64，65；收入的边际效用，64；累进税与效用递减，86，87；同等牺牲，86
Tax function: defined, 46; limitations on, 47; of equal-sacrifice income tax, 86, 87	税赋函数：定义，46；限制条件，47；同等牺牲所得税，86，87
Tax revenue, 40-173	税收收入，40—173
Tax schemes, 46-51; announcement aspects of, 101, 102-113; cost of collection of,	赋税方案，46—51；赋税宣告方面，101，102—113；课税成本，101，115—117；

101, 115-117; distributional aspects of, 101, 114-115; effect upon work, 42; objective standard of, 51; technique of, 101, 115-117

"Taxable capacity" of different individuals, considered, 114-115

Taxation:
  aggregate money outlay and, 238-240
  aggregate sacrifice and distribution of, 55
  annual accumulation of capital and, 59, 60, 60 n.
  consumers' surplus and, 43
  differential: between kinds of expenditure, 101-117; social welfare and, 28
  distribution of, *optimum*, 56
  double: as economic barrier between states, 170; in the British Empire, 166
  effect of, on employment of resources, 95
  equity, principle of, and, 44
  fluctuating value of property and, 135
  of foreigners, 112, 113, 168-173, 193-202; as compensatory retaliation, justified, 172, 173; ethics of, 171, 172, 173
  future sacrifices and, 57, 59
  government: enterprises as means of, 29; expenditure and, 21
  hoarding and, 59, 60, 60 n.
  of monopoly revenue, 154, 155
  principles of, 40-45; equal sacrifice,

赋税分配方面，101，114—115；对劳动的影响，42；客观的标准，51；技术问题，101，115—117

不同个体的"纳税能力"，114—115

赋税：
货币总支出，238—240
总牺牲与赋税分配，55

资本年增长，59，60，60页注释

消费者剩余，43
赋税差异：不同支出类别之间，101—117；社会福利，28
赋税分配，最优，56
双重赋税：国与国之间的经济壁垒，170；大英帝国，166

赋税的影响，资源的利用，95

公平，公平原则，44
财产价值的波动，135
外国人的赋税，112，113，168—173，193—202；补偿性报复的合理性，172，173；伦理，171，172，173

未来牺牲，57，59
政府：企业作为赋税的手段，29；支出与赋税，21
囤积，59，60，60页注释
垄断税，154，155
税收原理，40—45；同等牺牲，42，

42, 43-45; least sacrifice, 42, 43, 44, 45; maximum good, 45; property income and, 129-133	43—45；最小牺牲，42，43，44；最大福利，45；财产性收入，129—133
quantity of work done and, 63-65, 67, 69, 70	劳动量，63—65，67，69，70
of real income, 78	实际收入，78
of windfall, 156-164	偶然所得，156—164
Taxes:	税：
domestic, international reactions of, 165-167	国内、国际反应，165—167
distributional aspects of, 114	赋税分配方面，114
progressive, 48, 50	累进，48，50
regressive, 48, 50	累退，48，50
yield of, 52-54	税收收入，52—54
yield of further: affected by interaction, 52, 53; affected by nature of existing taxes, 53; data required to estimate, 52, 53; income distribution and, 53	后续赋税的收入：受相互作用的影响，52，53；受现有税的性质的影响，53；评估需要的数据，52，53；收入分布，53
"Taxing the foreigner", 194, 195; compared with reparation levy, 201; ethical issue of, 201, 202; past position on, 197, 198	"向外国人征税"，194，195；与赔款比较，201；伦理问题，201，202；过去的地位，197，198
Taxpayers, temperaments of, assumed alike, 58	纳税人，假设秉性相似，58
Technique: of British taxation, 115-116; of different tax schemes, 101, 115-117; of taxation, and proposal to eliminate differentiation against saving, 133	技术：英国税制的技术，115—116；不同赋税方案的技术，101，115—117；税制技术，提出消除针对储蓄的差别化，133
Telephones, compulsory purchase of, 3	电话，强制性购买，3
Temperaments of taxpayers, assumed similarity of, 58	纳税人的秉性，假设相似，58
Terms of trade, and reparation levies, 174-186	贸易条件与战争赔款，174—186

Tourists, taxes on, 169
Trade:
 analysis of foreign, 174, 175
 free, and employment, 204
 labour as unit of measurement of, 175
 reparation levies and terms of, 174, 186
 values of commodities and modification of, 175
Trade depressions, public expenditure and employment in, 245, 249, 250
Trade union records of employment cycles, 215, 216
Tramway, municipal service, 19
Transfer expenditure: defined, 19, 20; fees and, 30; foreign debt and, 20; government contracts and, 30; proportion in budgets, 23; saving and, 61 n.
Transfers, of money and real income, 80, 81
Transvaal Indigency Commission, Report of, 1908, on public finance and aggregate money income, 231
"Treasure View, The", on power of public authorities over aggregate money income, 232, 233
True rent, value of land and, 151
Uncompensated services, 94, 95
Unemployment: aggregate money outlay and, 227, 227 n., 263; collective bargaining and, 215, 218; competitive imports and, 204; effect of war on, 219; employment and, 212; free trade

旅游者，旅游税，169
贸易：
 外贸分析，174，175
 自由贸易与就业，204
 劳务作为贸易的测量单位，175
 （战争）赔款与贸易条件，174，186
 商品价值与贸易条件的改变，175

商业萧条，公共支出与就业，245，249，250
工会对就业周期的记录，215，216
有轨电车，市政轨道交通，19
转移性支出：定义，19，20；费用，30；外债，20；政府合约，30；预算占比，23；储蓄，61页注释

转移，货币与实际收入转移，80，81

南非德兰士瓦贫困委员会的报告，1908，关于公共财政与货币总收入，231

"财政部观点"，论政府对货币总收入的权力，232，233

真租金，土地价值，151
无补偿服务，94，95
失业：货币总支出，227，227页注释，263；劳资谈判，215，218；竞争性进口，204；战争的影响，219；就业，212；自由贸易，204；借贷，39；货币工资额，214—220，224；失

and, 204; loans and, 39; money wages bill and, 214-220, 224; unemployment relief and, 215, 216; number of wage-earners and, 212, 212 n.; psychological factors and, 215, 216, 217; stabilisation of, by public authorities, 218, 219, 246-250, 263-267; wage rates and, 263-267

Unemployment Grants Committee, 256

Unemployment insurance: adjustment of benefits of, to state of trade, 254, 255; effect on employment, 264; government expenditure on, 19, 22

Unemployment Insurance Fund: budget and, 238; variations in contributions to, 244

Unemployment relief and wage rate, 218

Unimproved value of land, how distinguished, 149-151

United States, Bureau of Labour, 92

Utility:
diminishing, equal proportionate sacrifice and, 86; progressive formulae and, 86, 87

marginal, of taxpayers' money, 53, 57; and income tax, 187; of income and poll-tax, 64, 65; tax and tax formulae, 64

Value of land: improved, how distinguished, 149-151; public and private, distinguished, 151; taxes on, 147-153

"Value, unimproved", of land, 147

Values, current, taxation and, 147

"Virtual satisfaction", saved income and, 85

业救济，215，216；工薪族的数量，212，212页注释；心理因素，215，216，217；政府对就业的稳定，218，219，246—250，263—267；工资率，263—267

失业救助委员会，256

失业保险：保险金调整以适合经济活动的变化，254，255；对就业的影响，264；政府支出，19，22

失业保险基金：预算，238；失业保险金缴款的不同，244

失业救济与工资率，218

未改善土地价值，如何区分，149—151

美国，劳工局，92

效用：
递减，同等比例牺牲，86；累进税规则，86，87

边际，纳税人的货币边际效用，53，57；所得税，187；收入的边际效用与人头税，64，65；税收与赋税规则，64

土地价值：改善，如何区分，149—151；公价值与私价值，区分，151；土地价值税，147—153

"价值，未改善价值"，土地，147

价值，当前价值，赋税，147

"虚拟"满足感，储蓄性收入，85

Viviani, R., on timing of expenditure of public revenue, 245, 246

Volume of employment and public authorities, 210, 211

Wage-earners: number of and volume of employment, 212, 212 n.; percentage of population, 212; unemployment and number of, 261-267

Wage rates, and unemployment, 261-267

Wages:
employers' subsidies for: 256-260; by employers' contribution to insurance benefit, 258; effect of, on money wages bill, 256; finance of, 256; for additional wage-earners, 257; for all wage-earners, 258; ideal, 259, 260; non-wage-earners and, 260

money rate of, and effects of changes in money wages bill, 212-224—aggregate money income, 221, 222; bank loans, 221; employment, 221, 223, 224; expansion of, 224; prospects of returns, 221, 222; rate of interest, 221, 222, 223; real income, 221, 223; resources of investment, 221, 223

Wages bill, money: aggregate money outlay and, 225-230; changes in money rates of wages and, 217, 221-224; collective bargaining and, 215, 218; employers' wages subsidies and, 256; employment in relation to, 210, 211, 214-220; expansion of, 224, 261,

维维安尼，R.，论公共收入支出的时机，245，246

就业人数与政府，210，211

工薪族，工薪收入者：其数量与就业人数，212，212页注释；人口百分比，212；失业与工薪族的人数，261—267

工资率与失业，261—267

工资：
雇主的工资补贴：256—260；雇主对失业保险的缴款，258；补贴对货币工资额的影响，256；资金来源，256；新增工资收入者，257；整个工薪阶层，258；理想状况，259，260；非工资收入者，260

货币工资率，货币工资额变化的影响，221—224——货币总收入，221，222；银行借贷，221；就业，221，223，224；扩张，224；预期回报，221，222；利率，221，222，223；实际收入，221，223；投资资源，221，223

货币工资额：货币总支出，225—230；货币工资率的变化，217，221—224；劳资谈判，215；雇主的工资补贴，256；与就业的关系，210，211，214—220；扩张，224，261，262；稳定性，218，219，224；失业救济，215，216

262; stabilisation of, 218, 219, 224; unemployment relief and, 215, 216

War: effect on unemployment, 219; loans and, 39; tax-free interest on foreign loan during 1914-1918 war, 171; windfalls and the two German wars, 157

War fortunes, windfall nature of, 157, 158

War pension, 30

War profits, windfall nature of, 157

War-time needs of government, how met, 1, 4

Waste: apparent and real, 26; in consumption of products of government enterprises, 25, 26

Water-rate, basis of, 26

Water supply, inelastic demand for, 26

Weber-Fechner law, analogy of, 90

Welfare:

    maximum aggregate, the goal of government, 43

    social: differential charges and, 28 n.; differential taxation and, 28; legal system and, 44; the end of government, 43

Wheat crop, commandeering of, 1

Windfall profits, commandeering and, 9, 10

Windfalls: announcement aspect of taxes on, 156; defined, 156; distributional aspect of taxes on, 156-164; during the two German wars, 157; integral and partial, defined, 157; taxes on, 74, 156-

战争：对失业的影响，219；贷款，39；1914—1918年大战期间对国外贷款的免税利息，171；偶然所得与两次德国战争，157

战争财，偶然所得的性质，157，158

战争抚恤金，30

战争利润，偶然所得的性质，157

政府的战时需求，如何满足，1，4

浪费：表面上的浪费与真正的浪费，26；国营企业产品的消费，25，26

水费的基础，26

水供应，刚性需求，26

韦伯－费希纳定律，类比，90

福利：

    总福利最大化，政府的目标，43

    社会福利：差别化收费，28页注释；差别化赋税，28；司法体系，44；政府的目标，43

小麦收成的征用，1

意外之财与征用，9，10

偶然所得：偶然所得税的赋税宣告方面，156；定义，156；偶然所得税的赋税分配方面，156—164；两次德国大战期间，157；部分偶然所得，整体偶然所得，定义，157；偶然所得税，

164
Wool crop, commandeering of, 1
Work done, quantity of, and taxation, 63-65, 67, 69, 70
Work supply: elasticity of, and taxation, 63, 65, 69-71, 75; rigidity of, 70, 71, 75; tax formulae related to, 64
Workmen's compensation for accidents, 15
Yield of taxes, 52-54
Yield of new taxes: affected by interaction, 52, 53; data required to estimate, 54; income distribution and, 53; nature of existing taxes and, 53

74, 5, 1—164
羊毛产量与征用, 1
劳动量与赋税, 63—65, 67, 69, 70
劳动供给：弹性与赋税, 63, 65, 69—71；无弹性, 70, 71, 75；与之相关的赋税规则, 64
工伤的补偿, 15
税收收入, 52—54
新税收入：相互作用的影响, 52, 53；评估需要的数据, 54；收入分布, 53；现有赋税的性质, 53

译后记

——散谈庇古

阿瑟·塞西尔·庇古，虽未必如雷贯耳，但身为英国著名经济学家、剑桥学派创始人、"福利经济学之父"，在经济学界却是广为人知。随着环境经济学的发展，庇古税是绕不开的研究主题；进入21世纪后，随着低碳经济、生态经济、绿色税收等的兴起，对庇古的研究自有一番雅趣。而面对贫富差距悬殊再加之疫情对经济发展的冲击，庇古所倡导的财富税（wealth tax）时有被议论。一项研究表明，财富税最有可能在重大经济衰退之后被引入，[1] 美国也有学者主张征收财富税，以实现该国各阶层、各族裔之间的社会公平与公正（fairness and equity）。[2] 庇古税也好，财富税（其课征与否另论）也罢，按照庇古的思想，都要求符合最小牺牲原则（《公共财政研究》第二部分第一章第8节），也即实现社会

---

[1] J. Limberg & L. Seelkopf, "The Historical Origins of Wealth Taxation," *Journal of European Public Policy*, 2021. DOI: 10.1080/13501763.2021.1992486.

[2] I. Kumekawa, "We Need to Revisit the Idea of Pigou Wealth Tax," *Financial Times*, June 7, 2020. Retrieved from https://www.ft.com/content/fe3abaa6-a5ab-11ea-a27c-b8aa85e36b7e.

总福利最大化。

庇古与同时代另一位以《就业、利息和货币通论》(简称《通论》)发起凯恩斯革命，进而撼动马歇尔等共同缔造并由庇古等忠心维护的新古典学派经济学大厦的伟大经济学家凯恩斯之间相爱相杀，庇古不幸成为凯恩斯的"稻草人"，即假想的对手。这位享有盛誉、顶着经济学界无数光环的经济学家竟成为世人眼中因循守旧的怪人，"古典经济学、传统经济学、旧经济学的遗老"。在对凯恩斯的批判中，庇古一方面提出所谓"庇古效应"，另一方面，在其《凯恩斯"通论"的回顾》中，称凯恩斯做出了"极其重要的、具有创造性且富有价值的"贡献，并称"所有经济学家，不论是否为其追随者，也不论是受到激励还是引来论战，都因《通论》而深受凯恩斯的影响"。庇古果然是一位倔强而又可爱的老头。时光荏苒，斗转星移，当凯恩斯主义逐渐暴露出其缺陷并在不断修正时，庇古当年所谓的顽固与保守也被拿来加以重新审视。

庇古一生开创性成果丰硕，被评价为"一代杰出的经济学家"。然而限于马歇尔和凯恩斯的光环，很长时间成为被遗忘的经济学人，"被忽视数十年"。庇古究其主要成就终归是追求社会公平、公民平等、收入均等化，《公共财政研究》乃其构建自身理论体系的一部分，另外两部相关著作为《福利经济学》和《产业波动》。《福利经济学》的有些内容，例如偶然所得税，拿到了《公共财政研究》里面详细阐述；而《公共财政研究》里面有的内容，例如资源错配，则因《福利经济学》已详细论述而一带而过；为阐明政府应对经济周期的调节稳定作用，《公共财政研究》则采取拿来主义，将《产业波动》的部分内容，如政府支出的时机，直接摘取过来再加以拓展。

也正因为如此，《公共财政研究》这样一部宏大、广博、专业、严谨的著作给译者带来不小的挑战。庇古的著作素来格调上高雅，学术上苛刻，对读者要求极高，而其上世纪40年代学术性著述的行文风格也给译者出了不少难题。故而，译文中难免有不当甚至错讹之处，敬请各位读者批评指正，以期日后能够加以完善。

最后，我要感谢李彬编辑：一是对我的信任，将这样一部重要的著作交于我的手上；二是其本人的敬业与严谨，保证了译稿的质量。有了李编辑的无私帮助，才有了这本译著付之梨枣。

王建伟
于斯洛伐克
2022年2月3日

图书在版编目（CIP）数据

公共财政研究 /（英）阿瑟·塞西尔·庇古著；王建伟译. —北京：商务印书馆，2022
（财政学名著丛书）
ISBN 978-7-100-20744-7

Ⅰ.①公… Ⅱ.①阿…②王… Ⅲ.①公共财政—研究 Ⅳ.① F810

中国版本图书馆 CIP 数据核字（2022）第 028165 号

权利保留，侵权必究。

财政学名著丛书
公共财政研究
〔英〕阿瑟·塞西尔·庇古 著
王建伟 译

商 务 印 书 馆 出 版
（北京王府井大街36号 邮政编码100710）
商 务 印 书 馆 发 行
北京市十月印刷有限公司印刷
ISBN 978-7-100-20744-7

2022年7月第1版　　　开本 850×1168 1/32
2022年7月北京第1次印刷　印张 11¾

定价：76.00元